POCHES ODILE JACOB

# MA PROMESSE ANTI-ÂGE

DU DE MÊME AUTEUR
CHEZ ODILE JACOB

*La Méthode acide-base. Perdre du poids, ralentir le veillissement, prévenir les maladies*, 2007.

Dr HERVÉ GROSGOGEAT
Avec la collaboration de Helena COMPER

# MA PROMESSE ANTI-ÂGE

Odile Jacob
poches

15, RUE SOUFFLOT, 75005 PARIS

www.odilejacob.fr

ISBN : 978-2-7381-2609-2
ISSN : 1621-0654

# Sommaire

PREMIÈRE PARTIE

## L'APPROCHE DE LA MÉDECINE ANTI-ÂGE ET ANTI-INFLAMMATOIRE

CHAPITRE PREMIER

### Rajeunir c'est lutter contre l'inflammation silencieuse



DEUXIÈME PARTIE

## L'INFLUENCE DE L'INFLAMMATION CHRONIQUE SUR LES MALADIES, LE SURPOIDS ET L'ACCÉLÉRATION DU VIEILLISSEMENT

CHAPITRE 2

### Les causes du vieillissement et des maladies chroniques



CHAPITRE 3

### L'inflammation silencieuse est-elle en vous ?

TROISIÈME PARTIE

## ACCÉDER AU JUSTE ÉQUILIBRE DE L'INFLAMMATION

CHAPITRE 4

### Le meilleur système anti-âge : la Nutrimab²



CHAPITRE 5

### Les suppléments anti-inflammatoires et antioxydants



CHAPITRE 6

### Maigrir



QUATRIÈME PARTIE

## RÉTABLIR LA RELATION CORPS-ESPRIT AVEC LA NUTRIMAB²

CHAPITRE 7

### Vaincre les obstacles à votre succès

CHAPITRE 8

## Guérir des douleurs chroniques, combattre les maladies



CINQUIÈME PARTIE

# LE PROGRAMME

CHAPITRE 9

## Le programme intégratif de la Nutrimab²



# ANNEXES

## Les recettes

# Avertissement

Les informations présentées dans cet ouvrage ont pour but de vous aider à faire des choix éclairés concernant votre santé. Avant d'entreprendre tout programme nutritionnel et physique, il est recommandé de consulter un médecin.

# Introduction

## Ma promesse anti-âge

Écrire cet ouvrage fut pour moi un véritable plaisir. Il s'inscrit dans la continuité de mon premier livre *La Méthode acide-base* et de son programme nutrition minceur et prévention santé. *Ma promesse anti-âge* vous donne la méthode pour lutter durablement contre le vieillissement et le surpoids et prévenir l'apparition des maladies modernes. Quel que soit votre but, les trois phases de la méthode Nutrimab[2], présentée dans ce livre, vous procureront des bienfaits immédiats et durables.

Plus qu'un régime amincissant, la promesse « se sentir et paraître dix ans plus jeune » grâce aux bénéfices de la nutrition anti-âge est un programme à adopter au quotidien. Le socle en est la lutte contre un accélérateur majeur du vieillissement, des maladies et de la prise de poids : l'inflammation silencieuse.

Ma promesse anti-âge vous aidera à prendre en compte les exigences de votre corps dans sa totalité : physique, mentale et émotionnelle. Elle vous proposera de remédier aux dommages causés par une existence soumise au stress et à la sédentarité. Vous retarderez les effets du vieillissement et augmenterez vos défenses immunitaires tout en maintenant votre performance physique et mentale à son maximum. Vous atteindrez alors un niveau de bien-être remarquable.

Les aliments aux propriétés étonnantes recommandés par la méthode, comme les minéraux-bases, les antioxydants et les acides gras essentiels deviendront vos alliés et vous permettront de perdre sans effort les graisses superflues. Ces substances bénéfiques, naturellement présentes dans certains aliments, entrent également dans la composition des suppléments alimentaires.

## Quel est le but de ma promesse anti-âge ?

Mon objectif est d'identifier, des années avant, les déséquilibres clés et d'agir sur le développement des maladies chroniques.

Avec *La Méthode acide-base*, j'ai démontré l'intérêt de l'équilibre acide-base et l'existence d'un lien entre alimentation acidifiante et maladies chroniques. Dans ce nouvel ouvrage, vous découvrirez des techniques qui aident au contrôle de l'inflammation silencieuse. Ce phénomène microscopique est à l'origine d'un grand nombre de problèmes métaboliques dont le surpoids, les pathologies de l'âge telles que les maladies cardio-vasculaires, le diabète, l'arthrite, certaines pathologies auto-immunes ou encore les cancers.

La maîtrise permanente de ce phénomène invisible est le fondement de cette méthode et de sa nutrition anti-âge et anti-inflammatoire.

Avec ce livre, vous saurez si votre mode de vie est susceptible de produire une inflammation silencieuse et, si c'est le cas, vous pourrez adopter mon programme anti-inflammatoire. Des tests vous permettront de mettre en place les actions qui assureront votre bien-être.

L'objectif est d'optimiser notre alimentation et notre mode de vie pour prévenir les maladies liées à l'âge, ralentir le vieillissement et conserver un poids stable et une peau rayonnante.

Se sentir et paraître dix ans de moins, de manière naturelle, sans avoir recours à la chirurgie esthétique devient un objectif pour tous.

## Des preuves scientifiques sérieuses

Mon expérience m'a permis de constater qu'il est possible de contrôler l'inflammation chronique en suivant un programme qui équilibre des paramètres aussi essentiels que le rapport entre graisses pro- et anti-inflammatoires, les taux d'insuline, de sucre et de cortisol dans le sang ainsi que l'équilibre acide-base.

De simples mesures ultra-ciblées, faciles à mettre en œuvre au quotidien, auront pour effet de réduire très rapidement les méfaits destructeurs de l'inflammation silencieuse. Le protocole que j'ai mis en place repose sur un socle scientifique indéniable. Les conséquences de l'inflammation silencieuse ont été confirmées par des résultats d'études dont les bases scientifiques sont prouvées et reconnues.

Des années de recherches ont établi que la meilleure prévention contre le vieillissement, les maladies cardio-vasculaires, le cancer et bien d'autres maladies consiste en un mode de vie et une alimentation anti-inflammatoires prenant également en compte l'équilibre acide-base.

## Les bienfaits de la promesse anti-âge

Ce programme anti-âge ultra-préventif réduit l'inflammation silencieuse dans un délai rapide tout en agissant sur la perte de poids, les douleurs et le rajeunissement interne et externe. Suivre mon programme n'a rien de contraignant. Certes, il vous faudra apporter quelques changements à votre style de vie, mais sans trop modifier vos habitudes. Les exercices et techniques de relaxation que je vous propose peuvent se pratiquer n'importe où, à votre bureau, chez vous, en voyage. Tandis que l'inversion progressive du phénomène d'inflammation silencieuse vous procurera de réels bienfaits :

– une meilleure santé ;
– un renforcement de votre système immunitaire ;
– une plus grande longévité ;
– une plus grande sensation de bien-être et de sérénité ;
– un meilleur équilibre émotionnel ;
– une amélioration de la qualité de votre sommeil ;
– un corps et une peau rajeunis.

Avec le temps, le contrôle des médiateurs de l'inflammation permet également la réduction de nombreux symptômes de maladies chroniques et contribue à :

– prévenir les maladies cardio-vasculaires ;
– prévenir certains cancers et combattre le diabète de type 2 ;
– soulager les maladies auto-immunes comme la polyarthrite rhumatoïde ;
– atténuer les douleurs chroniques, migraine, arthrite, fibromyalgie…

L'inflammation silencieuse étant dépendante de l'équilibre hormonal, l'autre élément clé de ce livre sera de vous aider à rétablir l'équilibre entre les hormones pro-inflammatoires et les hormones anti-inflammatoires.

En conclusion, *Ma promesse anti-âge* vous permet de contrer les effets néfastes de l'inflammation silencieuse et vous offre une approche totalement naturelle de la prévention santé et de l'anti-âge.

Docteur Hervé Grosgogeat
Paris, octobre 2008

# La philosophie de la promesse anti-âge

## La médecine intégrative : médecine du futur et de l'ultra-prévention

La philosophie de la promesse anti-âge repose sur la médecine intégrative et son approche des maladies centrée sur la personne, le mode de vie et l'environnement. Selon les statistiques du ministère de la Santé, des maladies chroniques comme le cancer, le diabète, les accidents vasculaires cérébraux ou les maladies cardio-vasculaires sont aujourd'hui la première cause de mortalité en France. De nos jours, on assiste à une progression fulgurante des maladies chroniques, des maux liés au stress ainsi qu'à une épidémie d'obésité, dont l'origine première n'est pas seulement le mode de vie moderne.

Il s'avère que ces maladies, dites de « civilisation », ont toutes un lien direct avec la nutrition et l'inflammation silencieuse.

L'origine des maladies inflammatoires est liée à notre alimentation tout autant qu'à notre mode de vie. Les causes étant multifactorielles, la médecine intégrative est la plus adaptée au traitement des maladies inflammatoires de civilisation. Elle marque le recul des spécialisations à outrance qui segmentent et tronçonnent l'homme en morceaux, comme s'il était une somme de petits objets. Cette médecine représente le début d'une prise en charge globale qui considère l'être humain comme un tout, dont le corps et l'esprit sont indissociables.

## Le lien corps-esprit

La médecine intégrative m'a permis d'approfondir l'aspect psychologique du lien corps-esprit, une autre de mes passions, et d'analyser l'environnement et ses facteurs de stress. C'est ainsi qu'en poursuivant mes recherches, j'ai rencontré le Dr Éric Braverman, ancien chef de clinique du prestigieux Brain Bio Center de Princeton. Récompensé par le prix du meilleur médecin décerné par la très réputée Association médicale américaine, il anime les centres médicaux PATH de New York et Philadelphie. C'est avec beaucoup d'humour que, durant notre première rencontre, il me confia : « Vous savez, la science médicale a fait une découverte remarquable : chez la plupart des gens, la tête est attachée au reste du corps ! » Plus sérieusement, nous avons échangé nos résultats cliniques pour parvenir à la même conclusion : un cerveau, dont tous les médiateurs chimiques sont en équilibre et en harmonie, est synonyme d'énergie, de bonne humeur, d'absence d'addiction, de maintien d'un poids idéal, de sommeil réparateur et d'apprentissage continuel.

Ainsi, le lien corps-esprit est essentiel dans la compréhension des phénomènes du vieillissement.

Aujourd'hui, on comprend beaucoup mieux comment le phénomène du stress peut peser sur l'évolution de l'inflammation silencieuse. Nous savons que le stress déclenche la libération d'hormones qui activent les fonctions de sauvegarde de l'organisme et, de ce fait, les mécanismes de l'inflammation. C'est en considérant ces facteurs avec une attention toute particulière que j'ai pu affiner ma compréhension du vieillissement et développer une approche globale me permettant de compléter mon diagnostic.

## Du stress au vieillissement

Trop souvent, pendant mes consultations, j'entends cette phrase : « J'ai l'impression d'avoir vieilli de dix ans au cours des derniers mois. » Lorsque mes patients décrivent l'effet du stress permanent qui les mine chaque jour, il ne s'agit pas forcément d'une maladie grave ou des suites d'une intervention chirurgicale, mais davantage d'une inadéquation de leurs comportements face à ce qu'ils doivent gérer quotidiennement. Leur sentiment de vieillir prématurément est malheureusement confirmé par de nombreuses recherches. Elles indiquent que le stress accélère le vieillissement au niveau cellulaire. En effet, sous l'action du stress, nous avons tendance à moins bien manger, à moins dormir… et cessons souvent d'adopter des comportements sains, susceptibles de nous aider à mieux gérer les situations stressantes. C'est pourquoi j'encourage mes patients à essayer diverses méthodes de gestion du stress afin qu'ils trouvent celle qui leur convient le mieux. Je précise que cette pratique doit être quotidienne, ce que ma méthode permet par son approche intégrative.

Cette méthode anti-inflammatoire s'adresse donc à chacun dans sa façon de vivre, de dormir, de manger, de rêver, d'être optimiste ou pessimiste. C'est une médecine du style de vie.

Elle représente la médecine du futur car elle est, non seulement curative, mais surtout préventive. Elle cherche à diminuer les facteurs de risque à l'origine du vieillissement. Elle associe une nutrition anti-inflammatoire, des solutions efficaces de gestion du stress et une médecine du mode de vie qui offre une nouvelle approche de la jeunesse qui pourrait être comparée à une « chirurgie esthétique interne ».

## Conserver une apparence jeune

La chirurgie esthétique n'est pas le seul moyen de conserver un visage lisse ou un teint lumineux. Une belle peau, une jeunesse éclatante jusqu'à un âge avancé sont, avant tout, le résultat d'une bonne santé.

La chirurgie esthétique agit en surface. Elle ne peut pas, seule, réparer les dégâts que l'on impose à notre organisme en mangeant déséquilibré, trop sucré, trop acide ou trop inflammatoire. La peau n'est que le reflet de ce qui se passe à l'intérieur de notre corps ; il nous faut donc agir en profondeur, c'est-à-dire sur notre métabolisme interne. Ce sont ces mêmes dégâts qui apparaissent, avec leurs conséquences sur la peau et sur le vieillissement, lorsque nous négligeons notre santé en buvant trop d'alcool, fumant, ne faisant pas ou peu d'exercice, et enfin en ne dormant pas suffisamment, en ne respectant pas les phases de repos dont notre corps a besoin.

La médecine anti-âge de *Ma promesse anti-âge* est avant tout fonctionnelle. Elle a pour objectif d'améliorer chaque fonction du corps (cérébrale, digestive, cardiaque, sexuelle, pulmonaire ou musculaire) en rendant celui-ci plus fort et surtout plus jeune. La fonction rétablie entraînera l'amélioration des autres dans son sillage, créant ainsi une dynamique positive. Vous aurez l'air plus jeune en quelques semaines. Votre peau sera plus lumineuse, plus lisse et plus douce qu'elle n'a jamais été. Vous vous sentirez également plus tonique et en meilleure forme.

Beaucoup de mes patients ont obtenu des bénéfices remarquables en appliquant la méthode anti-inflammatoire.

Ainsi, Barbara, 45 ans, a perdu vingt-trois kilos en arrêtant de fumer et en faisant baisser son taux très élevé de cholestérol en un an. Ce faisant, elle a augmenté son espérance de vie d'environ dix ans ; Pierre, atteint d'une maladie cardio-vasculaire, au diagnostic vital engagé, a appliqué mon programme en complément de sa médication pour le cœur. Trois ans plus tard, il est en vie et surtout il se sent bien. Régis, quant à lui, souffrait d'un stress chronique depuis plus de quinze ans. Il avait essayé tous les antidépresseurs, avait fait de nombreux séjours en centres de repos. Mais rien ne marchait. Après avoir évalué ses habitudes de vie, son niveau de stress, j'ai pu déterminer l'origine de son problème, revoir sa médication et lui appliquer le programme anti-âge anti-inflammatoire. Aujourd'hui Régis me confie qu'il n'a jamais été aussi bien depuis plusieurs années.

## Une nouvelle approche esthétique qui vient de l'intérieur

Nous vivons dans une société où la jeunesse, plus que toute autre chose, est considérée comme le bien le plus précieux. Nombreuses sont les personnes qui essaient des produits ou des régimes « miracles » pour tenter de paraître plus jeunes.

Beaucoup ont recours au bistouri et risquent de sérieuses complications de santé dans cette recherche éperdue de la jeunesse et de la beauté.

Or nous savons bien qu'aucune chirurgie esthétique ni la plus performante des crèmes antirides ne nous feront sentir plus jeunes ou en meilleure santé. Le secret d'une vie longue et en bonne santé se trouve à l'intérieur de notre corps. La jeunesse et la beauté sont le reflet de ce qui se passe dans notre organisme. De la même manière que vous pouvez avoir une belle apparence, vous pouvez acquérir la beauté intérieure. Mais cela ne se limite pas à avoir une personnalité épanouie, il s'agit de quelque chose de plus complet.

J'appelle « chirurgie esthétique interne » cette nouvelle approche de la médecine qui agit à la source du vieillissement. Elle permet à la fois de rajeunir, de prévenir et de ralentir l'avancée des maladies liées à notre mode de vie comme le surpoids et les maladies chroniques.

## Êtes-vous prêt pour *Ma promesse anti-âge* ?

Ma méthode est simple et applicable partout et par tous, quel que soit votre rythme de vie. Grâce aux trois phases de la méthode vous pourrez agir à l'intérieur comme à l'extérieur de votre corps pour ralentir les effets visibles du temps qui passe.

C'est un véritable passeport d'ultra-prévention santé et de rajeunissement que vous tenez entre vos mains. Cet outil quotidien vous servira de « carte routière ». Suivez la route et découvrez alors les plaisirs d'une alimentation équilibrée qui vous permettra de vous sentir bien, d'avoir une peau resplendissante et de constater les bienfaits de la méthode et son efficacité.

PREMIÈRE PARTIE

# L'approche de la médecine anti-âge et anti-inflammatoire

CHAPITRE PREMIER

# Rajeunir c'est lutter contre l'inflammation silencieuse

## La médecine du style de vie

### ➤ *L'histoire de Bill*

Connaissez-vous Bill ? D'assez grande taille et de corpulence légèrement au-dessus de la moyenne (cent kilos pour environ un mètre quatre-vingt-sept, une chevelure abondante et argentée). À 58 ans, il avait l'image d'un homme de pouvoir en pleine force de l'âge (ayant accès aux meilleurs soins médicaux car issu d'un milieu plutôt favorisé). Bill discutait, négociait, concluait ou célébrait la plupart de ses affaires, comme beaucoup de dirigeants, autour de repas gastronomiques organisés dans les restaurants et clubs les plus sélects. De plus, il faisait régulièrement du jogging et jouait fréquemment au golf. Il ne souffrait d'aucun handicap dans sa vie quotidienne mais, sans le savoir, il était atteint d'un problème lié à l'inflammation silencieuse.

En effet, comme beaucoup d'Américains, Bill aimait la nourriture, plus particulièrement les graisses, les sucres et les aliments salés.

Cet homme représentatif d'un certain style de vie américain avait une pression artérielle, un taux de sucre et de mauvais cholestérol trop élevés. Il vivait en permanence dans un stress chronique. Aucun de ces indicateurs n'était vraiment très perturbé, cependant tous les signes d'un danger imminent pour sa santé étaient là.

Il souffrait sans le savoir d'inflammation silencieuse due à son alimentation déséquilibrée. Cet état inflammatoire sans manifestation et dont il ne soupçonnait pas l'existence lui a laissé supposer qu'il était en forme. Un jour, Bill ressentit une douleur à la poitrine et, la semaine suivante, son quadruple pontage coronarien faisait la une de tous les journaux car Bill était le plus influent des dirigeants américains.

Oui, à tout moment, n'importe qui peut être victime d'une maladie cardio-vasculaire, même les personnes les plus puissantes et les plus surveillées. Il faut savoir que cette maladie a une forte composante inflammatoire. Son pontage, qui visait à éliminer des dépôts graisseux bouchant une artère, a exigé une préparation lourde, avec ouverture du thorax, mise en place d'une circulation extracorporelle et refroidissement du sang pour permettre aux chirurgiens de travailler sur un cœur qui ne battait pas. Ses médecins l'ont ensuite prévenu : Bill allait devoir dire adieu aux hamburgers dont il raffolait, pour éviter une rechute. Il devrait s'interdire une alimentation pro-inflammatoire riche en graisses et en sucres pour ne pas boucher ses artères. Il avait semblé très aminci les mois suivants et déclarait suivre un régime alimentaire. Le malade avait reconnu, lors d'une intervention sur CNN, que son goût pour le fast-food pouvait avoir contribué à son état de santé. « Il y a une part héréditaire, et j'ai pu faire moi-même des excès pendant les années où je n'étais pas suffisamment attentif à ce que je mangeais », a-t-il avoué.

Maintenant Bill ne mange plus d'entrecôte ni de frites et participe activement à la lutte contre les maladies cardio-vasculaires dans son pays.

C'est lors d'un séminaire consacré aux médecines préventives aux États-Unis, que j'ai entendu cette histoire édifiante, racontée par Robert Vogel, éminent professeur de cardiologie de l'Université du Maryland, et directeur médical du centre Pritikin de médecine préventive et de longévité. Ce centre, réputé, a été créé il y a trente-cinq ans par Nathan Pritikin, un visionnaire associé à une équipe de médecins spécialistes en cardiologie et en nutrition. On y applique les principes de nutrition thérapeutique et de réduction du stress adaptés à la prévention des maladies chroniques. Son programme alimentaire et de style de vie a fait l'objet de nombreuses publications dans les plus grandes revues scientifiques comme le *New England Journal of Medicine*, les *Archives of Internal Medicine*, *Metabolism*. Les résultats de différentes études ont montré que les patients avaient une baisse significative des marqueurs sanguins (cholestérol, triglycérides, glycémie, insuline, protéine C-réactive) de risque de maladie lors de leurs séjours.

La philosophie de ce centre se fonde sur la thèse que de simples changements du style de vie, principalement dans l'alimentation et l'activité physique, ralentissent et peuvent même bloquer l'évolution des maladies cardiaques, du diabète, de l'hypertension et de l'obésité.

## ➤ *Le style de vie est essentiel*

Dès les premiers signes d'alerte (douleur, fatigue, insomnie...), il est donc fondamental de se pencher sur ses habitudes de vie afin de les modifier pour éviter un accident cardio-vasculaire ou pour prévenir toute aggravation d'un mauvais état de santé. C'est ce que la réadaptation cardio-vasculaire propose aux personnes ayant eu un infarctus. Cette discipline médicale consiste à réadapter l'environnement à l'organe malade ou fragilisé. Il faut donc réapprendre à vivre avec ce cœur sensible de manière à ne pas faire de rechute. Se réadapter, c'est-à-dire gérer son alimentation, son exercice physique et son niveau de stress.

Changer de comportement pour adopter de nouvelles habitudes protectrices est un des objectifs prioritaires de cette méthode.

Alors, pourquoi ne pas être préventif, c'est-à-dire améliorer ses habitudes de vie avant d'être confronté à l'accident de santé ? En effet, ne serait-il pas mieux de faire le nécessaire avant d'être obligé de subir une opération chirurgicale ? Je rappelle à tous mes patients qui se plaignent de ne pas avoir assez de temps pour faire de l'exercice et bien s'alimenter, que ce temps leur sera bien utile pour vivre agréablement leur futur.

Les maladies cardio-vasculaires sont le meilleur baromètre d'une bonne gestion du style de vie. Aujourd'hui, elles constituent une véritable épidémie, au même titre que l'obésité, l'hypertension artérielle, les attaques cérébrales et le diabète. Manifestement trop peu de gens tiennent encore compte des facteurs de risque cardio-vasculaire. Nous vivons dans la peur du cancer, alors que les maladies cardio-vasculaires sont la première cause de mortalité dans les pays occidentaux. J'aimerais pouvoir vous donner la solution miracle qui vous permettrait d'éviter la plupart des maladies de civilisation moderne. Malheureusement, je n'ai pas ce pouvoir. En revanche, je peux vous dire comment prévenir la plupart de ces maladies : tout simplement en changeant votre style de vie. Ce que vous mangez, la fréquence de vos exercices physiques, la manière dont vous gérez votre stress, la qualité de votre sommeil, la relation avec votre environnement, tout cela compte, et fait partie des choses que vous pouvez facilement améliorer.

Dans le cadre du programme de médecine naturelle que j'enseigne aux médecins et à d'autres professionnels de la santé, je recommande d'effectuer une enquête auprès des patients afin de mieux connaître leur façon de s'alimenter.

L'interrogatoire porte sur les compléments alimentaires et les stimulants qu'ils utilisent (alcool, caféine) mais aussi sur leurs activités physiques, leur sommeil, leurs relations sociales et familiales. Sans oublier ce qui les stresse et ce qui les aide à vivre, y compris la spiritualité.

Je rencontre assez peu de médecins qui considèrent la santé de manière globale et travaillent sur tous les fronts : physique, mental, émotionnel. C'est bien là le rôle de la médecine intégrative. Il est à déplorer qu'elle soit encore si peu pratiquée.

J'ai participé à un séminaire médical dans un centre destiné à favoriser la santé et la longévité, où l'on préconise un régime alimentaire riche en végétaux et la pratique régulière d'une activité physique. Certains chercheurs y affirmaient que les facteurs de risque émotionnels des crises cardiaques pouvaient être plus importants que les facteurs physiques. La colère, le manque d'amour peuvent influencer le déclenchement d'un infarctus. J'ai eu l'occasion de travailler avec le docteur Izan Tsou-Ho, directeur d'enseignement, spécialiste en médecines naturelles, qui m'a initié au rôle des émotions dans la genèse des maladies. L'exemple le plus courant est le mal de dos chronique qui est aussi l'expression corporelle d'un manque de soutien émotionnel.

Dans ce cas et pour d'autres maladies plus graves, le traitement proposé ne peut pas se limiter aux médicaments, les patients ont besoin d'une stratégie globale tenant compte de l'origine de leurs symptômes.

Pour illustrer ce propos, laissez-moi vous raconter l'histoire d'Anne, une femme d'une cinquantaine d'années qui est venue me consulter pour une arthrose des mains lui occasionnant de terribles douleurs. Son médecin traitant habituel lui avait prescrit à plusieurs reprises des médicaments anti-inflammatoires qu'elle avait du mal à supporter et qu'elle utilisait seulement lorsqu'elle souffrait trop. Mais elle n'avait finalement pas trouvé de solution durable à ses douleurs.

Je lui ai donc prodigué quelques conseils afin d'atténuer les poussées inflammatoires.

Je lui ai expliqué que certains aliments pouvaient favoriser ou au contraire retarder le processus inflammatoire et qu'elle pouvait par exemple remplacer l'huile de tournesol, utilisée deux fois par jour en bonne quantité pour les salades et autres préparations froides, par de l'huile d'olive et de l'huile de colza. Comme elle mangeait trop de viandes grasses, je l'ai fortement incitée à prendre des poissons gras des mers froides, de préférence le saumon sauvage, le hareng, la sardine ou le maquereau. Les acides gras polyinsaturés oméga-3 qu'ils contiennent retardent le processus inflammatoire. Je lui ai suggéré de prendre des compléments nutritionnels à base d'huile de poissons sauvages ou d'huile de bourrache de bonne qualité qui ont aussi une bonne action anti-inflammatoire. Pour rééquilibrer son régime alimentaire, Anne devait aussi consommer davantage de légumes, de fruits frais et d'aliments complets, utiliser régulièrement des épices comme le gingembre et le curcuma, qui sont deux anti-inflammatoires naturels. Je lui ai prescrit une formule antioxydante et lui ai conseillé de commencer des séances de massages et de s'initier aux techniques de relaxation profonde afin de soulager ses douleurs.

Après avoir suivi mes recommandations pendant quelques semaines, Anne a observé une amélioration de son état et a eu moins besoin de ses médicaments anti-inflammatoires habituels. Quelques mois plus tard, constatant encore une amélioration de son état, elle fut en mesure de s'en dispenser totalement. Aujourd'hui, son arthrose est maîtrisée et ses douleurs ont disparu.

## ➤ *Mon histoire*

Les recherches qui m'ont inspiré ce livre ont commencé lorsque j'ai réussi à juguler ma propre rhinite allergique en modifiant mon alimentation et mon mode de vie. Malgré tous les charmes du lieu où je travaille, les marronniers environnants étaient au printemps à l'origine de mon allergie. Celle-ci n'était pas sévère, et je pouvais facilement en gérer les symptômes avec les médicaments usuels. Mais je n'aimais pas l'idée d'être obligé de les prendre de manière permanente. De plus, je savais que les allergies pouvaient au bout d'un certain temps toucher d'autres parties du corps et accélérer le processus de vieillissement. J'ai donc cherché une solution plus naturelle pour arrêter cette allergie qui était devenue récurrente. Sachant que l'allergie est, comme de nombreuses maladies chroniques, directement liée à l'inflammation, mes recherches se sont axées essentiellement sur une approche nutritionnelle ciblée et naturelle ainsi que sur le mode de vie.

En tant que médecin nutritionniste qui respecte les principes d'une alimentation à haute valeur biologique, j'avais déjà intégré dans ma vie de bonnes habitudes nutritionnelles. Mais, au fur et à mesure de mes recherches, j'ai constaté qu'une « alimentation-santé » doit tenir compte de l'équilibre de l'inflammation. En effet, les aliments affectent la réponse inflammatoire de façon subtile, complexe et parfois surprenante. C'est le cas des huiles qui sont pour certaines pro-inflammatoires alors que d'autres sont anti-inflammatoires. La méthode de *Ma promesse anti-âge* a été conçue afin de faire connaître les effets pro-inflammatoires et anti-inflammatoires d'une grande variété d'aliments. Pour compléter ce programme nutritionnel, j'ai également instauré un rythme de vie plus sain, avec des périodes de sommeil et de repos plus régulières. J'ai, avant toute chose, supprimé les produits laitiers et diminué ma consommation de café et de sucre que j'utilisais comme stimulant lors des journées de travail très longues, et je les ai remplacés par des ingrédients beaucoup plus naturels comme les fruits et le thé vert, afin de réparer mon système immunitaire.

J'ai ouvert mon esprit à de nouvelles manières de soigner, douces, naturelles mais aussi efficaces comme l'acupuncture, les massages, la relaxation…

À présent, lorsque mon corps parle, je l'écoute. Cela m'a permis de guérir complètement, tout en exerçant une forte influence sur ma pratique de la médecine, et de prendre une longueur d'avance sur le processus de vieillissement.

## ➤ *La nouvelle approche anti-âge intégrative*

### Quel est le lien entre la promesse anti-âge et le vieillissement ?

Il existe de nombreuses théories qui promettent d'inverser ou même d'arrêter le vieillissement. Pour ma part, je ne pense pas que cela soit très sérieux. En effet, je ne crois pas que le processus de vieillissement puisse être inversé. Nul ne peut échapper complètement aux effets du temps et aux conséquences d'une vie plus ou moins difficile. Le vieillissement n'est pas un mystère du hasard. Il s'agit d'un processus cellulaire que l'on peut ralentir en réduisant les dommages qui se sont développés au sein de la cellule.

C'est en allant à la source des mécanismes des maladies et du vieillissement que nous pouvons déjà apporter une réponse. C'est pour cette raison que j'ai choisi d'agir sur le plan cellulaire car il est démontré que l'inflammation silencieuse est à l'origine des processus de dégradation de notre corps : le vieillissement prématuré, le surpoids, les maladies et les douleurs chroniques.

Lors de leur visite à mon cabinet, mes patients me posent souvent cette question : « Quel est le lien entre l'inflammation et le vieillissement ? » Je leur explique qu'en premier lieu la beauté vient de l'intérieur et que lorsque nous avons dans notre organisme un certain nombre de déséquilibres cela se voit à l'extérieur, notamment au niveau de la peau. Il convient donc de prendre en compte les deux sources de vieillissement : interne et externe.

Le vieillissement est accéléré par un fonctionnement interne (ou métabolisme) défaillant, par exemple en cas d'hyperacidité ou d'inflammation silencieuse. Mais il peut être aussi activé et amplifié par des facteurs environnementaux (externes).

Toutefois, ce qui explique le mieux le lien entre l'inflammation et l'accélération du vieillissement, ce sont les changements alimentaires occasionnés par notre alimentation moderne. En effet, nombre de maladies liées à l'âge sont attribuées à la consommation d'aliments pro-inflammatoires qui vont accélérer le vieillissement et rejaillir sur la peau.

Dans mon premier livre, j'ai mis l'accent sur l'équilibre acide-base. Ma nouvelle approche m'a permis de mettre au point une stratégie de médecine anti-âge qui offre les avantages de la médecine préventive et ceux d'une chirurgie esthétique interne. J'ai baptisé cette approche intégrative : la Nutrimab[2] (nutrition et méthode anti-inflammatoire base balance). Celle-ci vous permettra d'atteindre l'équilibre général en allant à la source des mécanismes de fonctionnement de l'organisme. S'il ne fallait retenir qu'une chose, c'est que pour réduire les risques de développer une maladie liée à l'âge et pour ralentir le vieillissement, nous devons apprendre à maîtriser l'inflammation silencieuse.

Notre environnement (lumière du soleil, pollution de l'air, utilisation de détergents agressifs, produits cosmétiques inadaptés) est un accélérateur du vieillissement.

Les dégâts perceptibles sont augmentés par le fait qu'avec l'âge, la capacité d'autoréparation de l'organisme ralentit considérablement. Lorsqu'on est jeune, les cellules se régénèrent presque à la perfection ; avec l'âge, cette capacité de réparation diminue et le processus de vieillissement s'accélère.

Parmi toutes les hypothèses sur les causes du vieillissement, celle des radicaux libres est la plus universellement acceptée. Ce sont des particules chimiques qui endommagent les cellules et influencent le vieillissement cutané. L'un des responsables les plus insidieux de l'activation des radicaux libres est la lumière du jour qui déclenche l'action des précurseurs des molécules pro-inflammatoires.

Heureusement, dans sa lutte permanente contre les radicaux libres, l'organisme possède des alliés (les antioxydants et les acides gras essentiels), capables de bloquer les dégâts commis par ces derniers, mettant ainsi un terme à l'inflammation.

La nutrition anti-inflammatoire que je préconise est donc riche en antioxydants, un groupe de nutriments qui comprend certaines vitamines, des acides aminés, des minéraux, des polyphénols et d'autres substances naturelles comme les acides gras essentiels dont le pouvoir anti-âge agit au-delà de toute attente sur la prévention des maladies chroniques et du vieillissement prématuré. Ils combattent tous les signes de l'âge.

En lisant ce livre, vous comprendrez qu'il ne s'agit pas seulement d'une alimentation anti-âge mais d'une approche complète et d'un programme de supplémentation qui combat le vieillissement de tout l'organisme. Cette stratégie alimentaire peut contrer les méfaits de l'âge et optimiser la santé. Au fil de la méthode, vous constaterez plusieurs améliorations notables : votre peau deviendra plus souple parce que mieux hydratée, votre chevelure sera plus volumineuse, vous vous sentirez plus léger et plus énergique.

Je me réjouis toujours de voir mes patients revenir vers moi, enchantés parce qu'ils remarquent différents changements dans leur apparence et leur bien-être. Chacune de ces expériences est toujours bénéfique car elle me donne la possibilité d'établir un dialogue plus complet afin d'accompagner au mieux chacun d'entre eux et d'affiner mes recherches.

Ma méthode anti-âge vous propose donc des solutions qui sont destinées à réduire l'accélération du processus de vieillissement et à mettre tout en œuvre pour vivre de façon plus active et le plus longtemps possible en bonne santé.

## Le rapport entre inflammation et maladie

Il est important de souligner l'importance de la découverte de l'inflammation silencieuse en tant que socle commun des maladies chroniques.

Ce sujet est d'une telle actualité qu'il a fait l'objet en juillet 2008 d'un numéro spécial de la plus prestigieuse revue scientifique internationale, *Nature*, et aussi de *Time Magazine*, en 2004 et plus récemment le 22 décembre 2008, où un dossier spécial lui a été consacré.

Nombre d'études ont mis en relief les innombrables problèmes que l'inflammation chronique cause à l'organisme. L'inflammation silencieuse a des effets néfastes sur les artères et entraîne des accidents vasculaires cérébraux ou des crises cardiaques. Elle affaiblit le système immunitaire et contribue à favoriser la formation de tumeurs cancéreuses. Elle ouvre la voie à la maladie chronique, et cette inflammation que l'on ne peut ressentir est un vrai fléau, responsable de bon nombre de maladies modernes. Or on traite celle-ci par des médicaments anti-inflammatoires qui ne s'adressent qu'aux symptômes et non aux véritables causes. La toute première cause de cette inflammation est l'inadaptation de notre mode de vie d'homme moderne à nos gènes, qui n'ont pas changé depuis les origines de l'Homme.

Les scientifiques confirment après des années de recherches que les maladies telles que les affections cardio-vasculaires, le cancer, le diabète, l'obésité et la maladie d'Alzheimer, sont liées à l'inflammation chronique. En effet, elles ont toutes une importante composante inflammatoire. Mais, fait surprenant, l'inflammation est une réaction de défense efficace de notre système immunitaire qui, lorsqu'elle est bien gérée, nous sauve la vie en repoussant les agresseurs que sont les bactéries, les microbes et les virus. Elle permet à notre organisme de se régénérer à la suite de blessures et traumatismes. Cependant, son action devient négative lorsqu'elle est constamment activée. Deux points importants : fort heureusement, il y a un antidote à ce problème et puis il est possible de détecter un début d'inflammation silencieuse longtemps avant l'apparition d'une maladie chronique, même si aucune douleur ne laisse soupçonner sa présence. Ma méthode Nutrimab[2] vous offre le programme le plus complet pour prévenir son apparition par une alimentation qui équilibre votre milieu hormonal. Ses recommandations alimentaires ainsi que la supplémentation en compléments nutritionnels naturels anti-inflammatoires permettent de contrôler le processus à l'origine de ces déséquilibres. Notre mode de vie moderne étant un facteur d'inflammation, j'associe à ce programme un arsenal de techniques antistress ainsi que des exercices physiques spécifiques qui permettent d'en contrer les effets et de retrouver une bonne santé, tout en ayant l'avantage de vous aider à perdre du poids et à ralentir votre vieillissement.

### Une combinaison subtile de trois médecines pour renforcer le système immunitaire

La recherche scientifique a montré que les méfaits de l'âge étaient principalement causés par une hyperactivation du système immunitaire qui génère une inflammation chronique. En d'autres termes, notre système immunitaire, qui est censé nous aider à nous protéger des agresseurs, est trop stimulé et accélère le processus de vieillissement.

C'est un phénomène insidieux qui peut couver pendant des années. En effet, longtemps avant que des troubles n'apparaissent, les déséquilibres biochimiques engendrent les maladies. Cette hyperstimulation du système immunitaire est induite par la génétique bien sûr, mais surtout par notre alimentation et notre mode de vie.

La solution repose sur la gestion non pas des symptômes mais de leur cause profonde. Ce qui signifie que nous devons revoir et réadapter notre mode de vie et notre alimentation.

## La médecine intégrative

Chacune des approches que j'utilise couramment dans ma pratique exploite à sa manière des traitements qui agiront sur les mécanismes déclencheurs de l'inflammation silencieuse. Malgré leur efficience, elles sont rarement intégrées aux traitements classiques. Pourtant, utilisées en traitement complémentaire ou incluses dans un programme de traitements multiples, elles se révèlent efficaces pour soulager un grand nombre d'affections chroniques dont celles liées au stress et à la douleur. J'utilise, entre autres, l'acupuncture, médecine pratiquée depuis cinq mille ans à travers le monde, qui considère que l'homme ne fait qu'un avec son environnement.

Les résultats que j'obtiens en médecine intégrative démontrent clairement à quel point il est nécessaire d'adopter un programme multidisciplinaire de traitement de l'inflammation chronique, d'apprendre à neutraliser le stress et à réguler ses variations émotionnelles. Pour cela, je recommande la consommation de compléments alimentaires anti-inflammatoires qui renforcent les défenses naturelles de l'organisme.

Or, actuellement, deux visions de la médecine cohabitent dans notre société. La première est centrée sur l'administration de médicaments qui traitent les symptômes de la maladie et non la cause sous-jacente. La seconde considère la personne dans sa globalité et stimule ses capacités d'autoguérison et de prévention des maladies.

La fusion de ces deux médecines correspond à la médecine intégrative qui vise à restaurer l'équilibre dynamique de l'organisme, lui permettant ainsi de mieux fonctionner pour améliorer la santé. Elle considère les symptômes d'une maladie comme une alerte signalant ce qui se déroule dans les profondeurs de notre corps.

La médecine intégrative repose avant tout sur la complémentarité des théories et des techniques de soins. Elle inclut, par exemple, la médecine conventionnelle, l'acupuncture, les massages, le yoga, la relaxation profonde dans une vision à la fois unitaire et diversifiée.

Son action s'exprime à deux niveaux : interne et externe.

- Au niveau interne, elle cherche à préserver nos organes en conservant un équilibre hormonal et un apport suffisant en micronutriments de qualité tels que les antioxydants, les vitamines, les oligo-éléments et les acides gras essentiels, pour une santé optimale.
- Au niveau externe, elle retarde et améliore les signes visibles du vieillissement tels que les rides, la déshydratation, la cellulite et les cernes. Les soins cosmétiques de la Nutrimab[2] aident à y remédier.

Ainsi, à partir des recherches sur l'origine des maladies et sur la longévité, j'ai mis au point une méthode thérapeutique fondée sur une vision globale de l'être humain à laquelle j'intègre la relation corps-esprit. Cette approche peut s'appliquer aux symptômes gênants les plus courants.

## La médecine préventive

Un des problèmes de la médecine moderne est la tendance à penser qu'en l'absence de symptômes tout va bien. C'est ignorer la médecine préventive, celle de l'anticipation. On peut anticiper la maladie en s'intéressant à différents facteurs de risque qui peuvent laisser présager des maladies futures.

Ces facteurs sont les antécédents personnels et familiaux, les habitudes alimentaires, le niveau de stress, les émotions (peur, espoir, rêves…), les habitudes sportives et l'environnement au sens large du terme (milieu familial, professionnel, pollution, tabac, alcool…). D'où l'intérêt de la rédaction ou « journaling » : l'expression écrite de sa vie quotidienne, à la fois spontanée et réfléchie, est essentielle à une meilleure compréhension de la vie du patient. Elle apporte une pierre à l'édifice de la médecine préventive.

Longtemps passionné par la médecine d'urgence, je me suis ensuite intéressé à la médecine préventive et aux techniques naturelles de lutte contre les effets du vieillissement. Il s'agissait pour moi d'une véritable recherche d'équilibre dans mon approche du patient. En effet, la médecine d'urgence est plutôt à l'opposé de la médecine préventive qui fait tout pour éviter la situation d'urgence. Finalement, cette approche préventive m'a permis d'enrichir mes consultations en cherchant des indices cachés comme le phénomène de l'inflammation silencieuse.

Chaque jour, je rencontre ainsi des patients qui me demandent ce qui pourrait les aider à ralentir le vieillissement. Je leur réponds que, s'ils souhaitent le prévenir efficacement, ils doivent en premier lieu connaître et comprendre leurs facteurs de risque d'inflammation silencieuse et de maladies. C'est justement là tout l'intérêt de l'interrogatoire, de l'examen clinique, du travail écrit (journaling) spécifiques et ciblés. Une fois ces facteurs identifiés, il convient de comprendre l'enjeu de l'inflammation silencieuse et de développer une attitude proactive qui consiste à adopter les gestes simples d'un mode de vie anti-inflammatoire. Cette nouvelle attitude renforcera le système immunitaire et favorisera le rajeunissement cellulaire.

## La médecine du style de vie

Il existe aux États-Unis une spécialité médicale à part entière qui n'est pas développée et tout à fait ignorée en France : la médecine du style de vie (*Lifestyle medicine*). Elle est pourtant intéressante car elle étudie l'impact de nos comportements de vie quotidienne sur la prévention et le traitement des maladies. La Nutrimab[2] entre parfaitement dans le cadre de la médecine du style de vie car elle repose sur la nutrition, les exercices physiques et la gestion du stress avec pour but ultime la prévention et le traitement des maladies chroniques.

## Pourquoi adopter un mode de vie anti-inflammatoire ?

Aujourd'hui on assiste à une progression fulgurante des maladies chroniques dont l'origine se situe dans notre mode de vie moderne et notre alimentation. La situation est préoccupante et les chiffres sont alarmants.

- En France, selon le ministère de la Santé, près de quinze millions de personnes, soit 20 % de la population, sont atteintes de maladies chroniques. Ces maladies sont à l'origine de 60 % des décès dont la moitié avant l'âge de 70 ans.
- En 2003, d'après l'enquête Santé de l'Insee, 30 % des personnes de 15 ans et plus (et plus de 60 % des personnes âgées) déclaraient avoir des douleurs physiques d'une intensité importante. Par ailleurs, deux personnes sur dix déclaraient que ces douleurs avaient des répercussions sur leur vie domestique ou professionnelle. Ces douleurs chroniques et rebelles sont source d'incapacité, de handicap, et d'altération majeure de la qualité de vie.
- Les études suggèrent que 50 % à 75 % des consultations chez le médecin sont motivées avant tout par le stress ou les douleurs chroniques.

Lors de ces consultations, les médicaments anti-inflammatoires sont les premiers utilisés dans les pays occidentaux, mais les patients se plaignent de leurs effets secondaires néfastes. Cette prescription est-elle toujours justifiée ? Ne faudrait-il pas aller au-delà du symptôme ?

### ➤ *Code d'usage des médicaments anti-inflammatoires*

Bien qu'ils aient des effets bénéfiques à court terme, les médicaments ne sont pas la solution la plus complète pour traiter les maladies inflammatoires. Pour quelles raisons ? Parce qu'ils ne s'attaquent pas à la source du problème et sont impuissants lorsqu'il s'agit d'enrayer les causes.

Les anti-inflammatoires qui connaissent tant de succès auprès des médecins et des malades depuis quelques années peuvent, s'ils sont utilisés sur une courte période, soulager rapidement les douleurs et traiter les manifestations inflammatoires. Mais ce n'est pas toujours sans conséquences. En cas d'utilisation prolongée, ils ont des effets secondaires parfois très importants, comme dans le cas de maladies inflammatoires chroniques ou lors d'inflammations aiguës répétées.

Leur toxicité se manifeste sous forme d'irritation de la muqueuse de l'estomac allant de la simple brûlure d'estomac à l'hémorragie fatale. Chaque année, on constate des cas de décès de personnes traitées aux anti-inflammatoires non stéroïdiens, victimes de cette terrible hémorragie. En outre, les traitements aboutissent souvent à un retour en force des douleurs inflammatoires dès l'arrêt des médicaments, ce qui crée une sorte de dépendance à ces traitements.

Ce sont donc des armes à double tranchant car elles peuvent soulager mais aussi se retourner contre leur utilisateur en déclenchant une sensibilité anormale ou des maladies. Pourtant, nous devons enrayer l'inflammation qui peut avoir des conséquences graves sur notre santé. En effet, toutes les statistiques tendent à prouver que la durée de vie des personnes souffrant de maladies inflammatoires chroniques est réduite comparée à l'ensemble de la population.

### ➤ *La Nutrimab², une arme de défense contre l'inflammation*

La méthode que je vous propose, la Nutrimab², exploite les capacités naturelles de notre corps à se soigner lui-même. Elle renforce notre système immunitaire en augmentant son activité et son efficacité. À long terme, elle est moins risquée et plus efficace que les médicaments anti-inflammatoires, même si elle réclame un peu plus de patience.

La méthode et ses cinq niveaux représentent une approche complète qui tient compte de la relation corps-esprit. Elle peut avoir un impact spectaculaire en influençant la production des messagers pro- et anti-inflammatoires.

Ses mesures simples, ultra-ciblées et faciles à mettre en œuvre au quotidien ont pour effet de réduire très rapidement les effets destructeurs de l'inflammation silencieuse. Au-delà de la perte de poids, l'effet final de cette méthode intégrative est de retrouver le bien-être, la minceur et la jeunesse.

### ➤ *Éliminer l'inflammation en adoptant un nouveau mode de vie*

Les habitudes sont des comportements répétitifs et familiers. Les changer peut donc, au début, sembler difficile. Cependant, sur le long terme, les changements liés à l'adoption d'un mode de vie plus sain ont des effets bénéfiques.

Je rencontre souvent des patients qui me demandent pourquoi ils devraient adopter un nouveau mode de vie qu'ils estiment contraignant, même s'ils sont conscients que cette action peut être positive sur la durée. Ils estiment que les anti-inflammatoires soulagent la douleur en quelques heures, alors que l'action des méthodes naturelles prend des semaines. Je leur explique que l'inflammation, malgré ses désagréments, est une composante naturelle des mécanismes d'autoguérison et de défense de l'organisme. Elle est l'aspect visible et perceptible de l'activité immunitaire destinée à faire cesser les infections et les blessures et à favoriser la réparation des tissus lésés. Trop d'excès n'est jamais bon, et lorsqu'une réaction inflammatoire devient trop intense ou se prolonge trop longtemps, l'inflammation induit la maladie plutôt que la guérison. Quand on est en bonne santé, les médiateurs inflammatoires qui régulent cette réaction immunitaire sont en équilibre, de sorte que l'inflammation ne se manifeste que là où et au moment où elle est nécessaire à la défense et à la guérison. Mais cette action doit être contrôlée de façon qu'elle ne s'amplifie pas et disparaisse à temps, sinon elle induit un état de déséquilibre.

Qu'en est-il des changements de mode de vie comme, par exemple, faire de la marche active quotidienne ? L'exercice physique, la gestion du stress complètent l'approche nutritionnelle et correspondent à la mise en place d'un mode de vie anti-inflammatoire. Ce sont des gestes simples qui contribuent à contrer l'inflammation silencieuse, ce phénomène invisible mais essentiel dans la genèse des maladies chroniques liées à notre mode de vie moderne.

Ayant fait ces recommandations à de nombreux patients venus me consulter, je pense que cette stratégie est de loin la plus naturelle et la meilleure à long terme. Elle correspond au juste équilibre car elle fait travailler de concert corps et esprit. Elle nécessite de la motivation, de la détermination et un peu de temps pour s'accoutumer à de nouvelles habitudes.

**Une vie plus saine et plus équilibrée : L'histoire de Thomas**

Thomas, un homme âgé de 33 ans, est venu me voir en se plaignant de douleurs lombaires aiguës. Les symptômes étaient si fréquents qu'il avait pris l'habitude de pratiquer l'automédication en achetant des médicaments sans ordonnance. C'était un banquier surmené, jeune père, heureux en ménage. Il fumait un paquet de cigarettes et buvait six tasses de café par jour, prenait deux verres d'alcool à chaque repas, jouait au rugby pour faire de l'exercice. Il mangeait des plats relativement sains à la maison mais, au bureau et pour ses repas d'affaires, il avait une préférence marquée pour la cuisine régionale ou les tartares-frites. Les problèmes de dos de Thomas sont apparus alors qu'il était en pleine effervescence suite à la crise boursière. Les douleurs furent aussi violentes que soudaines sans aucun symptôme avant-coureur. Il s'est retrouvé du jour au lendemain cloué au lit avec pour seul compagnon son ordinateur branché sur les marchés boursiers. Lorsqu'il arrivait à soulager ses douleurs avec des anti-inflammatoires, il avait du mal à pratiquer le rugby et à s'entraîner en salle de musculation, activités qui occupaient son temps quatre à cinq fois par semaine. Ce handicap soudain l'a paniqué. Après une semaine, il allait un peu mieux mais il n'osait pas arrêter ses médicaments. En écoutant cet homme répondre à mes différentes questions sur son mode de vie, j'ai suspecté un état d'inflammation chronique que j'ai pu faire confirmer grâce à des tests de laboratoire. Je lui ai donc donné un traitement visant à modifier son alimentation et ses habitudes de vie ainsi que sa manière de gérer le stress.

Je lui ai proposé de suivre un programme, en commençant par modifier son régime alimentaire afin de diversifier et d'équilibrer la part des aliments anti- et pro-inflammatoires, de réduire fortement sa consommation de café, rechercher d'autres types de restaurants que ceux qu'il avait coutume de fréquenter ainsi que d'autres traiteurs pour ses repas pris au bureau. Comme il se montrait réticent à ces changements, je dus expliquer à Thomas les dangers d'une alimentation déséquilibrée et l'intérêt qu'il avait à rompre la monotonie qu'il avait instaurée.

Je ne lui ai pas interdit la prise d'alcool mais lui ai suggéré d'en diminuer sa consommation jusqu'aux signes visibles d'amélioration de ses symptômes et lui ai recommandé également de reprendre une activité sportive plus douce que celle qu'il avait eue auparavant, en pratiquant notamment les exercices aux effets relaxants de la méthode Nutrimab[2].

Étant donné que Thomas commençait à souffrir de troubles digestifs et de brûlures d'estomac liés à la prise prolongée des médicaments qu'il supportait de moins en moins, il comprit l'intérêt à court et à long terme d'une approche plus naturelle. Je lui expliquai pour l'encourager que ses symptômes étaient le signe qu'il était temps de changer de vie. Il accepta ces recommandations et m'a semblé décidé à les mettre en pratique. Je pris l'initiative de le suivre régulièrement dans sa démarche afin de mesurer ses progrès.

Au bout d'un mois, nous avons fait le point : certains de mes conseils lui avaient semblé faciles à suivre, d'autres nettement moins. Thomas avait découvert avec surprise de nouveaux restaurants et par là même une nouvelle façon de s'alimenter. Les compléments nutritionnels l'ont aidé à se détacher des anti-inflammatoires. Il avait également pu constater rapidement les effets bénéfiques des exercices de relaxation, ce qui lui permit d'entreprendre un programme pour arrêter de fumer. Cependant, diminuer sa consommation de café lui était d'autant plus difficile qu'elle lui était indispensable pour affronter son stress quotidien. Il s'efforçait d'entreprendre un programme d'activités sportives plus modérées que le rugby dont les traumatismes répétés étaient source reconnue d'inflammation silencieuse à long terme.

Il avait réduit sa consommation de vin, ne prenant plus qu'un verre à chaque repas de midi au lieu de ses deux verres quotidiens. Je l'ai félicité pour ses progrès et lui ai conseillé d'essayer le thé vert comme substitut au café pour son effet anti-inflammatoire et une action préventive anticancéreuse dont le café est dépourvu.

Après quelques semaines de traitement, Thomas me fit un rapport meilleur encore. Il avait remplacé le café du matin par du thé vert et, même si ce changement lui était difficile et que le café lui manquait toujours, il était heureux d'avoir pris cette décision. Les exercices respiratoires l'avaient enthousiasmé. Il me dit que c'était devenu comme une habitude. Il s'était mis à utiliser le Vélib après le travail, et prenait plaisir à se balader avec ses enfants. Il surveillait la qualité de ses repas pris à l'extérieur, me dit que son sommeil était plus profond et que, d'une manière générale, il avait plus d'énergie.

## La solution de la promesse anti-âge

### ➤ *Que faire pour prolonger les années et améliorer sa qualité de vie ?*

La réduction de l'inflammation chronique repose sur le choix d'un nouveau style de vie anti-âge qui consiste à :

- surveiller la consommation d'aliments industrialisés ;
- diminuer fortement la consommation de mauvaises graisses ;
- se recharger en aliments et nutriments protecteurs ;
- entretenir notre corps par un exercice physique régulier adapté à la solution anti-inflammatoire ;
- respecter nos cycles de sommeil ; diminuer les excitants, réfléchir à son organisation familiale et professionnelle ;
- gérer le stress en insistant sur la respiration et la relaxation ;
- contrôler notre poids ;
- réduire l'exposition au soleil et à la pollution ;
- privilégier une meilleure communication émotionnelle entre notre corps, notre esprit et notre environnement.

Pour simplifier, si nous voulons réduire nos risques de développer une maladie liée à l'âge en ralentissant le processus du vieillissement, nous devons apprendre à maîtriser l'inflammation.

### ➤ *La méthode nutritionnelle en un clin d'œil*

La méthode nutritionnelle anti-inflammatoire Nutrimab[2] est facile à appliquer. Elle a été créée pour vous permettre d'adopter une alimentation-santé en réduisant votre consommation d'aliments raffinés et de graisses saturées, tout en privilégiant les aliments riches en vitamines, en bonnes graisses mono- et polyinsaturées et en bons glucides. Protéines maigres, fruits et légumes frais de couleurs variées, poissons des mers froides, grains complets sont ainsi naturellement privilégiés.

Cette approche nutritionnelle réserve toutefois quelques surprises notamment en ce qui concerne les laitages. Ils ont la réputation d'être bénéfiques pour leur richesse en calcium, mais certaines études ont montré leur effet allergisant et souvent pro-inflammatoire, dû notamment à leur richesse en graisses saturées. Cela ne signifie pas qu'il ne faut plus en manger, mais il vaut mieux en consommer avec modération, en gardant à l'esprit l'équilibre entre aliments pro-inflammatoires et anti-inflammatoires, car ils influencent notre santé, notre longévité et même notre beauté. Vous apprendrez donc que si vous cherchez une bonne source de calcium, vous pourrez prendre certains légumes comme le brocoli, le chou frisé, l'épinard et les fruits secs qui n'ont rien à envier aux laitages.

Vous apprendrez également que la consommation importante de poissons gras va de pair avec une réduction des maladies inflammatoires. Les acides gras oméga-3 contenus dans les poissons gras, diminuent la production de composés pro-inflammatoires. En privilégiant dans votre alimentation la part d'acides gras oméga-3 par rapport à celle des acides gras oméga-6, plus abondants dans notre alimentation moderne, on crée un environnement qui décourage l'inflammation.

Dans ce livre, vous apprendrez que les graisses ne sont pas toutes équivalentes. Autrement dit, certaines sont meilleures que d'autres pour la santé et doivent être intégrées à votre alimentation. Consommer davantage de ces bons gras et éviter les mauvais constitue la meilleure stratégie nutritionnelle à adopter pour lutter contre l'inflammation silencieuse. Connaître cette différence est essentiel car les mauvais gras sont à l'origine de la maladie coronarienne. Faut-il rappeler que cette maladie est la première cause de décès dans la plupart des pays industrialisés, et bientôt dans le monde entier ? Consommer moins de gras saturés et davantage de gras insaturés réduit l'inflammation chronique, ce qui améliore les taux de cholestérol et contribue aussi à prévenir la maladie coronarienne.

Concernant la consommation de sucre, vous découvrirez tout l'intérêt du choix du bon type de glucides pour mettre en place une stratégie alimentaire anti-inflammatoire et anti-âge. En effet, le choix du bon type de glucides consommés, c'est-à-dire ceux que l'on retrouve dans les fruits et légumes frais, dans les céréales les plus intactes et les moins transformées, est tout aussi important que le choix du type de gras dans la lutte contre l'inflammation silencieuse.

Dans la méthode nutritionnelle anti-inflammatoire et anti-âge Nutrimab[2], nous tiendrons également compte des effets de la cuisson et des transformations industrielles sur la qualité nutritionnelle des aliments. Vous apprendrez à éviter les composés indésirables liés à la cuisson des aliments.

Pour préserver la qualité nutritionnelle des aliments, il faut les cuire correctement, ce qui évite de les altérer. Le choix du mode de cuisson est capital pour conserver les protéines, les vitamines et les bonnes graisses. Ce livre répond de manière simple et claire à toutes ces questions dans un but unique : vous guider vers la meilleure méthode de cuisson permettant de profiter pleinement des effets anti-inflammatoires d'une alimentation de qualité.

L'exercice physique, la gestion du stress ainsi que la mise en place d'un mode de vie anti-inflammatoire complètent cette approche nutritionnelle, enrichie par des traitements externes de la peau.

Je vous propose donc de faire le point sur vos habitudes de vie et de tout mettre en œuvre pour repousser l'inflammation silencieuse afin de profiter plus longtemps d'une vie active. Cette approche est aussi la solution idéale si vous cherchez une façon sûre et simple de perdre du poids ou de le stabiliser.

Les bienfaits de mon programme sont visibles très rapidement. Cette stratégie révolutionnaire naturelle de régénération cellulaire est une véritable cure de jouvence, pour la peau et l'organisme, une des meilleures armes pour ralentir les effets de l'âge et de notre mode de vie trop stressant. La nutrition anti-inflammatoire s'adresse à tous ceux qui veulent réduire le risque de ces maladies chroniques et qui souhaitent ralentir le processus d'un vieillissement prématuré avec des résultats sur leur métabolisme et leur apparence.

Une nouvelle médecine anti-âge est en train de naître. Elle révolutionne les approches classiques en ce domaine et a un objectif : aller à la source du vieillissement en favorisant la régénération cellulaire.

## ➤ *Les grands principes de la nouvelle médecine anti-inflammatoire et anti-âge*

### Le juste équilibre entre pro- et anti-inflammatoires

La stratégie de vie et d'alimentation que je préconise permet d'atteindre l'état de bien-être, de performance physique, de santé et de longévité appelée l'« équilibre métabolique optimal anti-inflammatoire ». Accéder à cet équilibre et s'y maintenir permet au corps et à l'esprit de conserver leur jeunesse et de fonctionner au maximum de leurs capacités.

Mais vous vous demandez sûrement en quoi consiste cette méthode qui vous permettra de connaître enfin l'équilibre métabolique optimal, clé de la longévité ?

La réponse est simple : il s'agit de savoir quel rapport existe entre l'équilibre des aliments de notre assiette et le vieillissement de l'organisme. En effet, la bonne mesure des nutriments va permettre d'éviter un excès de sucres et de mauvaises graisses qui génèrent des hormones médiatrices de l'inflammation chronique, et qui accélèrent finalement le processus de vieillissement.

L'intérêt de la Nutrimab[2] tient à sa facilité et à son efficacité. C'est un système accessible qui ne prône pas l'interdiction d'aliments, au contraire, il privilégie les aliments savoureux.

### L'équilibre émotionnel

Le respect de l'équilibre émotionnel (système nerveux) est un facteur primordial de stabilité du système de défense de notre corps. En effet, de nombreuses études scientifiques, aussi bien américaines qu'européennes, ont démontré que rétablir l'équilibre émotionnel en luttant contre le stress réduisait l'inflammation silencieuse et entraînait des améliorations notables concernant les ulcères de l'estomac, l'hypertension, les maladies coronariennes, le diabète ou encore la dépression. Il existe donc une connexion évidente entre le bien-être mental (psychique) et l'absence de symptôme ou de maladie.

### L'équilibre physique

La promesse anti-âge est basée sur la recherche de l'équilibre, équilibre de l'alimentation mais aussi de l'activité physique. Il est en effet important de souligner que, même dans la pratique d'exercices physiques, la recherche de l'équilibre doit rester une constante, car le manque ou l'excès (générateurs de stress) d'exercice sont pro-inflammatoires. Pour cela, il existe un éventail très large d'activités susceptibles d'améliorer la forme physique que nous détaillerons page 298.

### La régénération cellulaire

Par les mesures nutritionnelles simples et efficaces et le mode de vie sain qu'elle prône, la Nutrimab[2] favorise une régénération cellulaire optimale. Son approche comprend différents composants efficaces, doux et complètement naturels. En adoptant son mode de vie sain, vous arborerez tous les jours un teint plus jeune, plus radieux. La nutrition qui agit à l'intérieur embellit la peau et lui procure une meilleure résistance face à l'inflammation silencieuse et aux facteurs de vieillissement comme le stress oxydant et la pollution. Comme la peau est moins démunie face aux phénomènes silencieux, le processus de vieillissement s'en trouve ralenti : la peau retrouve plus d'éclat, de fraîcheur et de tonicité. Elle paraît visiblement plus jeune.

## Qui est concerné par la promesse anti-âge ?

### ➤ *Une méthode pour tous les âges*

La particularité de la Nutrimab[2] est qu'elle est modulable. Chacun peut donc l'adapter à son style de vie. Elle n'induit aucune limite d'âge ni de sexe, au point qu'elle peut être utilisée autant par les plus jeunes que par les personnes âgées, qui retrouveront dès lors leur force et leur énergie. Que l'on soit mère de famille, sportif, voyageur, habitué aux repas d'affaires, sensible à certains maux ou maladies (cardiaque ; diabétique ; en cours de traitement médical), la méthode pourra être personnalisée.

Presque toutes les personnes qui suivent le régime occidental sont dans une situation à risque d'inflammation silencieuse. Mais d'autres facteurs encore peuvent augmenter l'inflammation et les maladies qui y sont associées.

### ➤ *Les signes qui doivent vous alerter*

**Si vous êtes en surpoids** : les adultes et les enfants qui sont en surpoids ont tendance à avoir des taux plus élevés de médiateurs pro-inflammatoires dans leur sang que ceux qui ont un poids normal. Ce surpoids contribue donc à l'inflammation.

**Si vous êtes malade** : des maladies comme les maladies cardio-vasculaires, la maladie d'Alzheimer, le cancer, le diabète, la polyarthrite rhumatoïde, le lupus et la sclérose en plaques sont liées à une inflammation excessive dans l'organisme.

**Si vous êtes sédentaire** : l'entraînement physique a l'avantage d'équilibrer les médiateurs pro- et anti-inflammatoires de l'organisme (à partir du moment où il n'y a pas de blessure). Une activité physique réduit aussi l'inflammation en « diluant » les effets du stress.

**Si vous êtes stressé** : le stress chronique change radicalement la chimie interne de l'organisme et crée de l'inflammation.

**Si votre peau montre des signes prématurés de vieillissement** : les premières manifestations visibles du vieillissement de l'organisme sont d'ordre cutané. La peau s'amincit, perd progressivement de sa souplesse, de son élasticité ; elle se déshydrate. Les rides apparaissent, principalement au niveau du visage, car la peau est la première barrière soumise en permanence aux agressions du monde extérieur.

Le vieillissement est également caractérisé par l'usure des tissus, la baisse des défenses immunitaires ainsi que par l'augmentation de la production d'éléments pro-inflammatoires par l'organisme. Un chiffre correspond à l'âge chronologique de la personne, alors que l'âge biologique est déterminé par l'usure de ses performances physiques et mentales.

Ces premiers signes du temps qui passe peuvent apparaître dès l'âge de 30 ans et, même s'il existe de grandes différences entre les individus, les patients qui recourent à des traitements esthétiques sont de plus en plus jeunes. Il existe certes une part génétiquement programmée et inéluctable du vieillissement sur laquelle on ne peut intervenir si ce n'est en ayant recours aux traitements esthétiques, mais d'autres facteurs vont accélérer les dégâts de l'horloge biologique.

**Si vous fumez** : fumer génère beaucoup de radicaux libres, qui produisent à leur tour de l'inflammation. Les zones les plus affectées sont les bronches et les petits vaisseaux sanguins menant au cœur. Les fumeurs, dans la plupart des cas, ont des taux élevés de produits pro-inflammatoires dans le sang et un risque accru de maladies.

**Si vous vous exposez au soleil sans protection suffisante** : la peau, comme tous les autres organes, subit les méfaits du vieillissement. Elle est directement en contact avec l'environnement, ce qui ajoute une dimension supplémentaire à son processus de vieillissement du fait de l'action des rayons UV, qui exercent un stress sur nos cellules cutanées. Les rayons ultra-violets du soleil créent des radicaux libres et de l'inflammation lorsqu'ils sont au contact d'une peau non protégée. Ce processus est le facteur principal du développement des rides, des taches liées à l'âge et du cancer de la peau. Peau sèche, rides plus marquées, perte d'élasticité, déshydratation et pigmentation sont autant de signes du vieillissement causé par les rayons UV. Bien sûr nos cellules possèdent une arme défensive constituée par les antioxydants (vitamines C, E et CoQ10) qui préviennent la destruction de nos cellules par les radicaux libres des UV ; toutefois nos réserves en antioxydants s'épuisent très vite au soleil. Ce vieillissement de la peau n'est malheureusement pas la seule conséquence d'une exposition prolongée aux rayons solaires. On dénombre également chaque année, au niveau mondial, deux millions de nouveaux cas de cancers de la peau. Les effets négatifs du soleil sont essentiellement liés soit à une absence de protection solaire adéquate, soit à un abus d'exposition. Protéger sa peau face aux radiations du soleil constitue donc une stratégie anti-âge essentielle qui doit être suivie tout au long de l'année, et pas seulement en été.

**Pour déterminer votre niveau d'inflammation**, vous pouvez observer des symptômes montrant très clairement que l'inflammation est un problème qui vous concerne, mais la plupart du temps il n'y en a pas. Il est alors important d'être à l'écoute de votre corps et des symptômes suggérant des déséquilibres inflammatoires.

En voici quelques exemples :

– les allergies ;
– la douleur et la raideur des articulations ;
– l'asthme ;
– l'eczéma ;
– le psoriasis ;
– un vieillissement cutané prématuré ou excessif.

**Témoignages**

Mieux qu'un long discours, j'ai préféré vous livrer quelques témoignages très représentatifs de ce que la méthode Nutrimab[2] peut apporter à chacun d'entre vous.

*Hélène, 36 ans,*
*expert-comptable : « un regain d'énergie »*
« Je suis la méthode Nutrimab[2] depuis maintenant un mois et je ne me suis jamais sentie aussi bien. Je suis en forme dès le réveil et j'arrive encore pleine d'énergie pour entamer le week-end. Avant, je remettais toujours tout à plus tard parce que la moindre chose me paraissait insurmontable. J'étais constamment épuisée, je n'avais envie de rien et je bâillais toute la journée. C'était un cauchemar pour moi de me réveiller fatiguée, de me sentir barbouillée et nauséeuse malgré le fait que je me couchais très tôt tous les soirs pour tenter de récupérer. De plus, j'avais constamment mal quelque part. À tel point que me rendre au travail me semblait chaque jour un peu plus insurmontable… Après seulement quelques jours, je me suis sentie revivre. Cela me paraissait même trop beau pour être vrai, mais cela s'est confirmé les semaines suivantes : les douleurs se sont envolées. Aujourd'hui, je me sens plus dynamique, plus épanouie et j'ai même perdu plusieurs kilos ! J'ai enfin trouvé la clé du bien-être ! Je n'ai qu'un seul regret : ne pas l'avoir découverte plus tôt. »

*Mathilde, 68 ans,*
*retraitée : « une souplesse articulaire retrouvée »*
« J'étais esthéticienne donc habituée à rester debout de longues heures pendant des années. J'ai, pour cette raison, attribué dans un premier temps mes douleurs aux genoux à cette station prolongée et je n'y ai pas prêté tellement garde. Mais avec le temps, la douleur s'est amplifiée et je suis arrivée à ne plus pouvoir rester debout plus de cinq minutes et monter les escaliers était devenu un vrai calvaire. J'ai pris ma retraite plus tôt à cause de cette invalidité. J'étais tellement persuadée qu'il n'y avait rien à faire, que c'était l'usure du corps, que je ne suis pas allée voir le médecin à ce sujet mais pour faire un check-up. Devant mes difficultés à me mouvoir, celui-ci m'a interrogée sur mes douleurs et m'a parlé de sa méthode. Comme j'ai toujours fait attention à ma ligne, le programme était facile à suivre pour moi et après trois semaines de traitement, je pouvais monter les marches de mon immeuble ! Et

pour fêter cela, je me suis offert une journée shopping avec ma fille qui en est restée ébahie. Elle a également adopté cette méthode. »

*Dominique, 42 ans,*
*agent d'assurance : « douze ans de moins »*
« Après mon divorce, j'ai voulu renouer des liens avec des amis que j'avais perdus de vue depuis des années, notamment une camarade de classe dont j'avais été très proche et que la mésentente de nos maris respectifs avait éloignée. Elle avait, elle aussi, divorcé entre-temps et j'ai eu un choc en la revoyant. Elle avait la même silhouette d'adolescente qu'à 18 ans tandis que j'avais accumulé autant de kilos que d'années de mariage, c'est-à-dire seize. J'avais bien fait un régime par-ci par-là, mais il se soldait toujours par une fringale irrépressible et des kilos supplémentaires. Quand je suis allée consulter pour des problèmes cardio-vasculaires, mon médecin m'a proposé de suivre la méthode Nutrimab[2], j'étais moyennement convaincue. J'ai d'ailleurs entamé le programme, plus motivée par mes ennuis de santé que par la perte de poids. J'ai eu un peu de mal durant la première phase car j'ai dû réapprendre à cuisiner alors que, depuis des années, je ne mangeais plus que des plats surgelés ou tout préparés. En fait, je grignotais plus que je ne faisais de repas, mon mari étant la plupart du temps en déplacement à l'étranger. Mais j'ai tout de suite senti que mon corps réagissait à ce nouveau régime. C'était même assez impressionnant pour moi car j'en prenais conscience alors que je l'avais négligé depuis si longtemps. Je n'ai jamais eu faim, je mangeais de grandes quantités de légumes verts. Je me suis sentie peu à peu plus dynamique, mieux dans ma peau et je ne pensais même plus à mes kilos quand j'ai constaté que j'avais perdu une taille de pantalon. Ce sont d'ailleurs les autres qui me l'ont fait remarquer, j'avais tellement peu l'impression de m'être privée que je ne pensais pas maigrir autant. J'ai perdu six kilos le premier mois puis trois kilos environ les mois suivants – mais j'ai fait quelques écarts, car j'avais beaucoup de déjeuners professionnels – pour arriver à un total de moins seize kilos. En plus, tout le

monde me trouve rajeunie tant ma peau et mes cheveux sont devenus éclatants. J'ai même rencontré le nouvel homme de ma vie qui me donnait… 30 ans ! Cela fait maintenant dix-huit mois et je n'ai pas repris un gramme mais j'ai gardé cette hygiène de vie car je me sens vraiment au top de ma forme et mes petits ennuis cardio-vasculaires se sont stabilisés. »

*Jean, 32 ans,*
*ingénieur en informatique : « moins de kilos et plus d'énergie »*
Quand je suis arrivé d'Alsace à Paris, j'ai pris rendez-vous, sur les conseils de mon médecin traitant, pour faire un bilan cardiaque. Je pesais alors cent dix-neuf kilos, mais comme je suis grand, un mètre quatre-vingt-dix, je ne me sentais pas particulièrement gros, juste un peu enveloppé, comme dirait Obélix ! Toutefois, j'étais essoufflé très rapidement et c'est ce qui m'a incité à me rendre à cette consultation. D'autant que mon père ayant subi un triple pontage, j'étais assez inquiet de mes taux de cholestérol et de triglycérides assez élevés. Il faut dire que j'étais un grand adepte des fast-food, du Coca-Cola et des pizzas. Pour moi, faire la cuisine se résumait à cuire des pâtes – j'adore ça – au moins une fois par jour. En plus, j'étais persuadé que les féculents me donnaient de l'énergie supplémentaire même si j'avais du mal à traîner ma grande carcasse. Pour moi, la seule chose qui faisait vraiment grossir était la bière que je consommais en assez forte quantité. Je n'avais vraiment aucune notion de diététique et je dois dire que je ne cherchais pas à en avoir.
Ma petite amie mangeait comme moi sans prendre un gramme, nous n'avions *a priori* aucune raison de changer de mode d'alimentation si ce n'est mes taux de cholestérol et de triglycérides… Mon médecin me l'a fait comprendre et je dois dire que, sans l'aide de mon amie, je n'y serais peut-être pas arrivé. Elle a également adopté le programme Nutrimab[2]. La première semaine a été terrible car il a fallu éliminer les pâtes et la bière mais j'ai découvert quantité de saveurs que j'avais oubliées comme celle des haricots verts frais et du poisson grillé. Je me suis même mis à la cuisine et depuis j'adore jouer avec les épices et les herbes. Je suis

devenu un chef salade ! En six mois, j'ai perdu vingt kilos et j'ai retrouvé toute mon énergie. Mon amie a perdu un kilo et a une pêche d'enfer. D'ailleurs, nous nous sommes mis au sport tous les deux. Ce régime a enfin modifié notre façon de vivre. Avant nous courions tout le temps, nous étions stressés et peu disponibles l'un pour l'autre. Maintenant, nous partageons beaucoup plus de choses et nous sommes moins sédentaires. Et, cerise sur le gâteau, au bout de trois semaines de régime, le cholestérol et les triglycérides avaient fait marche arrière. »

DEUXIÈME PARTIE

# L'influence de l'inflammation chronique sur les maladies, le surpoids et l'accélération du vieillissement

CHAPITRE 2

# Les causes du vieillissement et des maladies chroniques

## Pourquoi l'inflammation devient-elle dangereuse pour notre santé ?

Une blessure à l'orteil ou une écharde dans un doigt peuvent-elles provoquer un risque d'accélérer le vieillissement ou de développer une maladie chronique ? Bien plus que vous ne pouvez l'imaginer !

Les scientifiques, en cherchant de façon approfondie les facteurs à l'origine de maladies chroniques, ont fait des liens entre ces maladies et notre mécanisme de défense le plus archaïque, appelé l'inflammation. L'inflammation que l'on ne peut ressentir est le chaînon manquant qui explique la recrudescence spectaculaire des maladies chroniques. C'est une épidémie silencieuse qui peut affecter la majorité d'entre nous.

Nous connaissons tous l'inflammation aiguë : c'est une réaction bien visible lorsque nous nous blessons ; elle s'accompagne de rougeur, de chaleur, de gonflement, de douleur. Bien sûr, nous avons tous eu un jour une infection ou une blessure et il nous est également arrivé à tous de tomber malade et naturellement nous espérions bien guérir ou voir la blessure se cicatriser après coup.

Mais que ferions-nous si la guérison ne se produisait pas et si la douleur persistait ou devenait chronique ?

Que se passerait-il si le système immunitaire dont nous dépendons commençait à ronger nos articulations, toucher nos artères et accélérer notre vieillissement ?

Normalement, l'inflammation aide l'organisme à réparer les tissus endommagés et à se régénérer après une blessure ou une maladie. Mais lorsqu'il y a déséquilibre, le système de défense et de réparation s'emballe. L'inflammation persiste et le mécanisme se retourne contre nous. Il peut alors devenir la cause (source) de nombreuses maladies chroniques.

Aujourd'hui, ce qui a changé, c'est que le syndrome inflammatoire responsable de bon nombre de maladies chroniques, des plus bénignes telles que les allergies, les rhumatismes et l'asthme aux plus graves comme les maladies cardiaques et le cancer, peut être largement prévenu.

Le monde scientifique commence tout juste à identifier la responsabilité de l'inflammation dans de nombreuses maladies chroniques et à la considérer comme dénominateur commun d'affections qui semblent à première vue n'avoir aucun lien.

Selon la prestigieuse revue scientifique internationale *Nature*, l'inflammation a de nombreuses causes, comme les virus, le manque d'oxygène, les radicaux libres, les allergènes, les corps étrangers et la pollution environnementale. La surproduction constante de médiateurs pro-inflammatoires peut également être le fait d'une prédisposition génétique, d'une mauvaise alimentation ou d'un surpoids. Quelle qu'en soit la cause, l'inflammation silencieuse peut être constamment activée. Elle est la réponse nécessaire à la survie de notre organisme, inadapté au stress du mode de vie et de l'alimentation modernes. Mais elle finit alors par endommager nos vaisseaux sanguins, nos cellules et nos tissus, ce qui est à l'origine des maladies chroniques.

Les conclusions de la recherche actuelle avancent une interprétation radicalement nouvelle des maladies chroniques. Ces phénomènes pourraient être le résultat d'une activité exagérée et anormale des hormones entraînant l'inflammation.

En 1997, des études ont suscité l'intérêt des chercheurs en neurologie en découvrant que les personnes qui prenaient des médicaments anti-inflammatoires (comme l'Ibuprofène) semblaient avoir une fréquence plus faible de maladie d'Alzheimer que la population générale. Cette première conclusion a été publiée dans le journal scientifique *Neurology*. En novembre 2001, une seconde étude publiée dans the *New England Journal of Medicine* a aussi montré une réduction du risque de la maladie d'Alzheimer chez les personnes sous traitement anti-inflammatoire quotidien depuis deux ans. De même, en cancérologie, il a été démontré que l'aspirine, anti-inflammatoire bien connu, protège contre le cancer colorectal. Il n'en fallait pas plus pour créer le bouleversement que nous connaissons aujourd'hui !

### ➤ *Pourquoi mettre en cause l'inflammation ?*

Tout simplement parce que l'on sait aujourd'hui qu'il existe une composante inflammatoire dans la quasi-totalité des maladies chroniques. Pour comprendre son rôle dans la médecine de la longévité, il faut savoir que chaque maladie, chaque douleur, chacun des troubles que nous pouvons ressentir est lié à l'inflammation. Même nos rides prématurées sont dues au processus inflammatoire qui se déroule au niveau de notre peau.

L'inflammation est une des causes du développement de l'arthrite, des allergies, de l'asthme et de certains problèmes cutanés. Elle est aussi à la base des maladies les plus dévastatrices comme les maladies du cœur, les maladies d'Alzheimer et de Parkinson, certaines pathologies auto-immunes et la plupart des cancers.

Chacun de nous est un candidat potentiel à une inflammation qui peut induire un vieillissement prématuré et des maladies graves.

Si tout cela semble difficile à croire, il suffit de se reporter aux statistiques liées aux ventes d'anti-inflammatoires : leur augmentation permanente est le reflet de cette épidémie. Or le but de ce livre n'est pas de vous inciter à prendre des médicaments pour réduire l'inflammation : ils peuvent avoir des effets secondaires trop souvent supérieurs à leurs bénéfices. À long terme, ils ne sont pas la meilleure solution.

## Une gastronomie diététique pour guérir

En tant que médecin nutritionniste, mes patients viennent souvent me consulter pour résoudre des problèmes de poids, de stress, de douleurs chroniques, mais aussi tout simplement pour les transformations que l'âge crée sur leur apparence. C'est en leur prescrivant, lors de cures régénérantes, des aliments très riches en minéraux et en antioxydants que j'ai remarqué les effets bénéfiques de cette stratégie nutritionnelle, sur leur silhouette et sur leur peau.

J'ai été surpris de constater que cette prescription santé et minceur débouchait sur des bienfaits bien plus grands que ceux que j'avais envisagés. Cette méthode contribuait non seulement à une meilleure santé, mais elle améliorait l'apparence par son action sur les dérèglements hormonaux liés à l'inflammation chronique. Cette stratégie révolutionnaire de régénération cellulaire agissait comme une véritable cure de jouvence pour le cerveau, la peau et tout l'organisme. Elle rendait enfin accessible le rêve d'une approche traitant autant la santé que l'apparence.

Mes recherches aux États-Unis m'ont permis d'apporter la touche finale à cette approche. Déçu par la fadeur de l'alimentation, je compris dès lors qu'il me fallait trouver une solution plus proche de notre art culinaire à la française. La nutrition jouerait le rôle primordial dans une « gastronomie diététique » qui nous laisserait le choix d'un bon verre de vin entre amis, de bons pains complets aux céréales oubliées, de riz brun et de basmati parfumé, de flocons d'avoine à l'ancienne, de pâtes cuites selon des méthodes reconnues bénéfiques. Une gastronomie où l'on apprécierait un chocolat noir de belle origine, des salades fraîches, mélanges de longues feuilles vertes, de pourpier, de roquette assaisonnés à l'huile d'olive extra-vierge, de poivrons et d'aubergines grillés à l'ail, de mousse d'avocat aux langoustines ou encore d'huiles parfumées de noix, de colza, de sésame.

Pour conserver tous ces ingrédients dans ma corne d'abondance, je décidai de compenser ces choix avec beaucoup de fruits et légumes frais, des boissons aux fruits frais mixés, des veloutés, des potages, des noix, des amandes, des yaourts riches en probiotiques. Cette gastronomie diététique apporte de bonnes graisses et je préconise l'utilisation de bonnes matières grasses, c'est-à-dire d'acides gras oméga-3, que l'on trouve dans le saumon sauvage, les sardines grillées...

Ces aliments apportent les acides gras essentiels, les vitamines, les minéraux et les antioxydants, et nous offrent donc une régénération cellulaire optimale.

Les bienfaits de ce programme sur mes patients furent immédiatement visibles. Ils revenaient me voir pour me dire à quel point leur apparence et leur santé s'étaient améliorées après avoir suivi les étapes de mon programme.

## Pourquoi sommes-nous si nombreux à souffrir de l'inflammation silencieuse ?

La réponse est difficile mais tient au fait que nous avons perdu notre équilibre en « subissant » le mode de vie et l'alimentation modernes.

L'inflammation silencieuse est liée à notre régime alimentaire ; or il n'est pas toujours facile de comprendre comment certains changements diététiques ont pu stimuler la partie la plus active de notre système immunitaire pour créer cette inflammation silencieuse.

La cause sous-jacente des maladies chroniques est liée à la production d'un acide gras naturel appelé acide arachidonique (AA) qui est extrêmement toxique quand il est produit en trop grande quantité dans l'organisme. C'est cet acide gras en excès qui explique l'épidémie d'inflammation et son cortège d'affections chroniques.

## Le cycle surpoids et inflammation

Pour ne citer qu'un exemple, nous sommes nombreux à lutter contre les kilos superflus souvent sans succès parce que, ignorant leur cause, le traitement est inadapté. Ce que nous apprenons à la lueur des découvertes sur l'inflammation, c'est que le surpoids est pro-inflammatoire car les graisses stockées provoquent la sécrétion de médiateurs pro-inflammatoires et donc des complications sous forme de maladies chroniques (diabète, maladies cardio-vasculaires, certains cancers). *Le surpoids et l'obésité sont donc des facteurs de risque de maladies chroniques.*

Les personnes n'ayant pas de problème de poids ont tendance à penser que le surpoids est lié à un manque de volonté. Je crois pour ma part que, tel un cancer qui menacerait notre organisme, la cause majeure de ce problème est beaucoup plus insidieuse qu'on pourrait le penser. D'ailleurs, même les messages nutritionnels des magazines sont sans effet puisque le surpoids continue d'augmenter. Il nous faut donc attaquer le problème sous un autre angle.

Le surpoids apparaît de plus en plus comme une maladie inflammatoire d'origine alimentaire dont la cause première serait liée à la consommation de graisses toxiques. Il est la partie visible d'un iceberg. Les personnes qui souffrent de surpoids présentent des valeurs élevées des deux marqueurs de l'inflammation que sont la protéine C-réactive ultra-sensible (CRP u-s) et l'interleukine-6.

## Le cycle inflammation et maladies

Le diabète de type 2, fréquemment associé à la résistance à l'insuline et à l'obésité, est lui aussi considéré comme une maladie inflammatoire. La résistance à l'insuline qui caractérise cette maladie a des effets désastreux sur la masse grasse en empêchant les cellules de brûler leurs réserves.

L'inflammation est également une caractéristique des infarctus et des angines de poitrine. Lors d'un infarctus, il se produit une réaction inflammatoire démesurée qui correspond à une forte activation des cellules inflammatoires.

L'inflammation chronique peut aussi générer des cancers ; plus elle se prolonge, plus le risque d'en développer un est grand.

Plusieurs études ont démontré que les personnes souffrant de dépression avaient également, dans leur cerveau, des niveaux de médiateurs pro-inflammatoires élevés.

Une autre étude menée en 2003 dans revue *Neurology* a montré que les seniors dont la mémoire diminuait avaient des valeurs plus élevées de marqueurs pro-inflammatoires.

## Un nouveau syndrome

Au cours des cinquante dernières années, l'alimentation moderne est devenue majoritairement pro-inflammatoire, faisant ainsi le lit de beaucoup de maladies comme l'obésité, le diabète et les maladies cardio-vasculaires pour n'en citer que quelques-unes.

Cette inflammation explique le vieillissement prématuré. Les facteurs à l'origine de cette épidémie, regroupés sous le terme de *syndrome des mauvaises graisses pro-inflammatoires*, sont dus à l'omniprésence dans notre alimentation des graisses toxiques ou nuisibles pour notre santé, notre apparence et notre mode de vie, auxquelles s'ajoutent des sucres et des protéines.

### ➤ *La cascade inflammatoire*

Notre alimentation moderne, trop riche en sucre et en mauvaises graisses, entraîne des maladies par le biais d'une cascade de réactions. Celle-ci fonctionne grâce à deux chaînes complémentaires : *pro-inflammatoire* et *anti-inflammatoire* dont l'équilibre n'est plus respecté.

Bien qu'une inflammation puisse affecter des zones spécifiques, telles que les genoux, elle a tendance au bout d'un certain nombre d'années à affecter d'autres parties de notre organisme et peut devenir une cause de l'apparition de certaines maladies chroniques.

Voici quelques exemples de la cascade inflammatoire. Tout d'abord, prenons celui d'une personne en surpoids, un phénomène qui touche plus des deux tiers des personnes vivant dans les pays développés.

Dans un premier temps, les cellules graisseuses des personnes en surpoids sécrètent des produits chimiques comme la protéine C-réactive et l'interleukine-6, les deux principaux marqueurs du développement de l'inflammation.

Le surpoids favorise donc l'inflammation qui, elle-même, augmente le risque de développer un diabète qui a lui-même une forte composante inflammatoire. Par ailleurs, l'inflammation chez les diabétiques est la conséquence, d'un niveau élevé de glycémie et d'insuline et d'une consommation importante de glucides raffinés (pain blanc et céréales sucrées).

La cascade ne s'arrête pas là. Le diabète augmente aussi le risque de maladies cardio-vasculaires, elles aussi inflammatoires. Chaque inflammation ajoute ainsi à l'inflammation, augmentant son niveau général et les risques de développer des maladies très graves.

Les infections peuvent déclencher des réactions immunitaires et des inflammations chroniques responsables de plus de 30 % des cancers.

Des blessures aux articulations déclenchent très fréquemment une réaction d'inflammation à l'origine d'une arthrose. De graves blessures crâniennes, comme les coups à répétition que subissent les boxeurs lors de combats, provoquent une inflammation cérébrale qui augmente le risque de développer des maladies inflammatoires neurologiques (Alzheimer, Parkinson). Cette cascade est décrite par les médecins comme étant un processus inflammatoire affectant sérieusement les cellules cérébrales.

La percée scientifique, observée dans ce domaine depuis peu de temps, ouvre des perspectives nouvelles qui nous permettent d'influer sur l'origine des maladies chroniques et sur l'accélération du vieillissement et ainsi d'en inverser le processus. La méthode exposée dans cet ouvrage est une application pratique de cette nouvelle vision. Elle permet d'agir sur le long terme d'une manière souvent aussi efficace et moins dangereuse que les médicaments. La solution au problème de l'inflammation chronique se trouve dans son origine : l'alimentation et le stress chronique. Votre santé est un enjeu important. Mon but est de vous montrer que l'inflammation chronique et la cascade inflammatoire peuvent être soignées et stoppées. Ce livre vous montre comment.

## Le double visage de l'inflammation

### ➤ *L'inflammation réparatrice ou destructrice ?*

On pense souvent que l'inflammation est à l'origine de douleurs et qu'il s'agit d'un phénomène à éviter. En dehors des douleurs qu'elle peut provoquer, l'inflammation a un rôle de protection face aux agressions diverses. Perpétuellement cernés par les envahisseurs que sont les bactéries, les virus, les champignons et les parasites, nous sommes obligés de nous défendre. Sans réaction inflammatoire, nous serions les proies faciles des microbes et des blessures qui nous tueraient. D'ailleurs notre réponse inflammatoire a permis à nos ancêtres d'évoluer dans un monde hostile où les médicaments n'existaient pas. Les Grecs la décrivaient comme le « feu interne » alors que les Romains la décrivaient en termes de douleur, rougeur et gonflement. Ces termes employés il y a deux mille ans sont essentiellement les mêmes que ceux utilisés par la plupart des médecins aujourd'hui pour décrire l'inflammation. C'est ce que j'appelle l'inflammation classique, celle qui fait mal et pour laquelle on consulte.

Par exemple, lorsque vous vous coupez un doigt une douleur, un gonflement puis une rougeur se produisent qui sont tout à fait caractéristiques de l'inflammation aiguë. L'envahisseur (en général des microbes) se trouve donc encerclé dans une zone de combat. C'est ainsi qu'il sera détruit avant de laisser place au processus anti-inflammatoire de réparation et de guérison.

## L'histoire de Julie

C'est une soirée comme les autres, Julie revient du travail et s'affaire à préparer le dîner. Distraite par la télévision et les cris des enfants, son attention se détache du couteau avec lequel elle tranche les aliments et... Aïe ! La lame affilée s'enfonce dans sa chair. Rien de très grave. Quelques minutes sous l'eau, un petit peu de désinfectant, un pansement et tout revient à la normale, ou presque !...

Sur le site de la coupure, c'est l'effervescence, un véritable branle-bas de combat.

Par le processus d'inflammation, le système immunitaire de Julie s'est activé. Aux abords de la coupure, les cellules du système immunitaire ont détecté la présence de bactéries et ont sécrété une substance (histamine) qui augmente le flux de sang vers le doigt de Julie. Le processus de guérison est mis en action grâce aux cellules de défense du système sanguin qui circulent et veillent en permanence, toujours prêtes à intervenir en cas de besoin. Ces cellules mobilisées libèrent une panoplie de médiateurs chimiques, destinés à tuer les envahisseurs potentiels comme certaines bactéries qui pourraient pénétrer dans l'organisme.

Lorsque l'invasion bactérienne est maîtrisée par l'intervention complexe de médiateurs chimiques qui orchestrent le processus de réparation, le gonflement disparaît, le doigt de Julie refroidit et la vie reprend son cours. Ce que nous venons de décrire est une réaction inflammatoire. Elle permet la cicatrisation de la coupure en plusieurs étapes. Grâce à la réponse inflammatoire, une infection qui aurait pu se répandre dans tout le corps a été isolée et vaincue. Ce mécanisme de guérison banal est quotidiennement activé en nous.

Dans le cas de Julie, tout est revenu à la normale en seulement quelques jours. La plaie est cicatrisée, les cellules du système immunitaire patrouillent à nouveau dans son corps à l'affût de la moindre agression.

Mais que se passerait-il si cette inflammation ne s'arrêtait pas, si elle évoluait à bas bruit et se transformait en inflammation chronique silencieuse ?

Pour répondre à cette question, il nous faut bien comprendre ce phénomène.

## L'inflammation aiguë

Il existe deux types d'inflammation. La première, l'inflammation « aiguë » est la réponse visible à une agression extérieure dont nous connaissons tous les effets. Elle est associée à quatre signes cardinaux observables : gonflement, rougeur, chaleur, douleur. C'est un phénomène ressenti qui ne dure généralement qu'un temps bien défini et cesse après la phase de guérison. Cette réaction saine et efficace du système de défense protège notre organisme. Elle est absolument essentielle pour neutraliser l'agresseur puis reconstruire les tissus endommagés. La neutralisation de l'agresseur repose sur l'intervention des médiateurs pro-inflammatoires, molécules importantes car elles sont des instruments de communication entre les cellules, qui jouent un rôle dans le processus inflammatoire. La phase suivante de reconstruction est, elle, conditionnée par l'intervention d'autres médiateurs qui sont anti-inflammatoires. Finalement, après l'intervention successive et harmonieuse de ces deux types de médiateurs complémentaires, le tissu attaqué revient à son état de base. Lorsque ces processus sont bien réglés, c'est-à-dire en équilibre, ils sont parfaitement limités dans le temps et dans l'espace ; la croissance des nouveaux tissus s'arrête dès que le remplacement des tissus lésés a été effectué.

Le processus d'inflammation aiguë est ainsi activé de façon ponctuelle, ce qui lui donne une extraordinaire efficacité. Mais, activé trop longtemps, comme dans une situation d'infection chronique ou d'alimentation déséquilibrée, il peut être perverti : on parle alors de réaction d'inflammation silencieuse.

## L'inflammation silencieuse

Qu'en est-il du second type de réaction qui n'est associée à aucune douleur ?

L'inflammation silencieuse procède des mêmes phénomènes profonds et intimes que la première mais, à l'inverse de celle-ci, elle est invisible et non ressentie par la personne. Cette inflammation agit de façon sournoise puisqu'il n'y a ni gonflement, ni rougeur, ni chaleur, ni douleur. Elle est aussi appelée « inflammation chronique » car elle couve pendant de longues années avant d'être décelée. Elle persiste et ne s'arrête pas.

L'intrus n'étant pas évident à détecter, on n'a pas conscience de son existence. Ce qui la rend particulièrement dangereuse, c'est le silence qui la caractérise. Elle est corrélée aux affections chroniques, au surpoids, aux fringales, aux addictions alimentaires et à la difficulté à maigrir. La production constante d'inflammation silencieuse est liée à une combinaison de facteurs nutritionnels et environnementaux, conséquence de l'inadaptation de l'homme à son alimentation et à son mode de vie.

C'est bien ce qu'illustre notre assiette : il faut y restaurer l'équilibre entre aliments pro- et anti-inflammatoires, c'est-à-dire les aliments qui entraînent la sécrétion des médiateurs pro-inflammatoires et ceux qui favorisent la sécrétion des médiateurs anti-inflammatoires.

**Histoire de Reine**

**Une prise de conscience difficile**

Certaines personnes ont une réelle difficulté à admettre l'existence même d'une inflammation silencieuse dans leur organisme.

Elles n'arrivent pas à en prendre conscience car elles ne ressentent aucune douleur dans leur chair. Elles sont dans l'incompréhension totale de ce qui leur arrive.

C'est le cas de Reine, qui s'est retrouvée aux urgences de l'Hôpital américain un matin de l'année 1992. Reine souffrait depuis quelque temps de migraines, de vertiges, se sentait plus stressée qu'à l'accoutumée et avait du mal à trouver le sommeil. Elle attribuait ces symptômes à ses problèmes financiers et à sa vie matérielle qu'elle essayait d'oublier au travers de son projet d'accession à la propriété afin d'assurer ses vieux jours. Pas n'importe quel projet, celui d'acheter une magnifique demeure entourée d'arbres et de fleurs où elle pourrait recevoir enfants et petits-enfants.

Lorsque les médecins lui annoncèrent sa maladie elle n'admit pas son existence et la nia car elle ne la ressentait et ne la voyait pas. L'inflammation silencieuse dont elle souffrait ne faisait aucunement partie de sa logique, celle qui consistait à relier forcément une maladie à un symptôme. De plus, elle pensait avoir toujours vécu assez sainement pour ne pas développer de maladie. Elle était convaincue d'avoir adopté un mode de vie irréprochable : couchée tôt, aucune activité à risque, une vie très réglée entre ses rosiers et ses nombreuses lectures. Elle pensait qu'elle allait bien et rien ne pouvait lui laisser supposer qu'elle pourrait être atteinte d'une maladie. Elle ne connaissait pas l'importance des facteurs génétiques ni le risque d'une vie sédentaire et d'une alimentation peu variée.

Tous ces facteurs ont progressivement créé une inflammation silencieuse. C'est à ce moment que ses médecins lui ont annoncé qu'elle était atteinte d'un diabète de type 2.

Le déséquilibre alimentaire que subissait Reine avait conduit à un dérèglement métabolique.

En établissant ma prescription pour Reine je l'ai donc fortement incitée à diversifier sa nourriture afin de stabiliser sa glycémie. Même si cela a représenté de réels efforts, elle est arrivée à la stabiliser et elle a ainsi pu reconnaître les bienfaits de ma méthode.

Le mode de vie moderne nous soumet régulièrement à des agressions de tous ordres (mauvaise alimentation, pollution, stress…) qui provoquent cette inflammation silencieuse et génèrent des maladies graves telles que les maladies cardio-vasculaires, première cause de mortalité, les cancers, les allergies, le diabète, les maladies auto-immunes (exemple des maladies de la glande tyroïde) qui progressent de manière considérable.

L'agression peut aussi débuter par des traumatismes répétés, un mode de vie trop stressant ou une alimentation déséquilibrée. Par exemple, la consommation d'aliments industriels comme un paquet de gâteaux apparemment inoffensif : très riche en sucres et en mauvaises graisses, cet aliment n'est pas seulement un facteur potentiel de surpoids ; trop régulièrement consommé, il finit par créer dans votre corps une cascade de réactions qui généreront un surcroît de cellules graisseuses produisant à leur tour des agents pro-inflammatoires.

Pour rester en bonne santé et accroître notre longévité, nous devons penser à l'équilibre en permanence, chercher à compenser les facteurs pro-inflammatoires. Pour cela il nous faut adopter un mode de vie anti-inflammatoire capable de renforcer notre système immunitaire, qui sera en mesure de nous préserver des agressions de la vie moderne. Le programme de la Nutrimab[2] a été conçu dans cet esprit.

## Les mécanismes hormonaux en action

### ➤ *L'équilibre des hormones*

L'inflammation silencieuse est liée à la présence dans l'organisme de trois hormones distinctes : les médiateurs pro-inflammatoires, l'insuline (liée au sucre) et le cortisol (lié au stress).

Elles participent toutes les trois aux mécanismes de l'inflammation. Ces trois hormones sont liées car la sécrétion des médiateurs pro-inflammatoires est sous l'influence de l'insuline et du cortisol. L'inflammation silencieuse est le témoin du déséquilibre de ces hormones. Par exemple, un taux élevé d'insuline active directement l'enzyme qui génère les médiateurs pro-inflammatoires.

L'hormone du stress, le cortisol, est une autre composante majeure de cet équilibre ; en effet notre mode de vie stressant suractive la sécrétion de cette hormone.

Toutefois, ce sont les graisses qui mettent le mieux en évidence le rapport entre le régime alimentaire et l'inflammation.

## ➤ *Le rôle des graisses dans l'inflammation*

### Les graisses toxiques

Notre alimentation et notre mode de vie conditionnent le bon équilibre entre les médiateurs pro- et anti-inflammatoires.

Ce qu'il est important de comprendre dans ce processus est que notre organisme produit des médiateurs de l'inflammation en utilisant les graisses provenant de produits alimentaires. Il utilise des acides gras présents dans certains aliments pour fabriquer des médiateurs pro-inflammatoires tandis que d'autres sont utilisés pour fabriquer des médiateurs anti-inflammatoires. Actuellement, nous consommons beaucoup de produits alimentaires raffinés, riches en oméga-6 à l'origine de graisses toxiques pro-inflammatoires, alors que notre organisme, pour maintenir son équilibre, doit assimiler une juste proportion d'aliments pro- et anti-inflammatoires. Autrement dit nous consommons trop d'oméga-6 (en général pro-inflammatoires) par rapport aux oméga-3 et aux antioxydants (anti-inflammatoires).

C'est pour cette raison que nous avons tendance à produire en surabondance des médiateurs pro-inflammatoires et très peu de médiateurs anti-inflammatoires.

La Nutrimab[2], en inversant cette tendance néfaste, aide à rétablir un équilibre naturel.

Pour lutter contre l'inflammation silencieuse, il est donc important de contrôler la présence de ces mauvaises graisses toxiques dans notre organisme. L'apparition de chacune des maladies inflammatoires peut être considérée comme la manifestation de la présence de ces graisses en quantité excessive.

Pour mieux comprendre ce processus imaginez les médiateurs pro-inflammatoires comme des allumettes et les médiateurs anti-inflammatoires comme des extincteurs ou des pompiers qui cherchent à éteindre l'incendie. Lorsque vous êtes en état d'inflammation, c'est votre corps qui « brûle ». En faisant appel à un extincteur qui ferait office de « pompiers » contre le « feu inflammatoire », vous pouvez rétablir un équilibre qui contribuera à faire disparaître l'inflammation chronique.

## L'équilibre des médiateurs pro- et anti-inflammatoires

Les recherches médicales récentes ont remis en question de nombreuses théories sur l'alimentation, les régimes et la diététique anti-âge, notamment sur les graisses. On a longtemps cru par exemple que les acides gras nous fournissaient principalement de l'énergie. Or de nouvelles recherches ont montré que les graisses donnent naissance à des dérivés hormonaux. Ce sont des médiateurs de l'inflammation qui voyagent dans tout l'organisme *via* la circulation sanguine et permettent à nos cellules de communiquer entre elles. Le prix Nobel de médecine de 1982, le Suédois Bengt

Samuelsson, a montré leur importance et leur action dans l'inflammation. Les médiateurs de l'inflammation, provenant de la transformation des acides gras oméga-3 et oméga-6, modulent les phénomènes inflammatoires de l'organisme. Ces hormones contrôlent tout notre organisme, de notre système immunitaire à notre cerveau, et peuvent avoir des effets opposés.

Les aliments produisent des *médiateurs pro-inflammatoires qui favorisent l'inflammation ou bien des médiateurs anti-inflammatoires qui la stoppent* et favorisent la guérison.

Ces deux types de médiateurs sont communs aux deux types d'inflammation : on les rencontre aussi bien dans la forme aiguë que dans la forme silencieuse.

Pour être en bonne santé, les médiateurs pro- et anti-inflammatoires doivent s'équilibrer. Or, parmi les acides gras, l'acide arachidonique (AA) a un rôle capital car il est le principal précurseur des médiateurs pro-inflammatoires. Il est à l'origine de la synthèse des médiateurs pro-inflammatoires et de leurs conséquences sur notre organisme, maladies et vieillissement prématuré.

### Les « allumettes » pro-inflammatoires

**Comment en arrive-t-on à fabriquer trop d'acide arachidonique ?**

Les médiateurs pro-inflammatoires sont en excès lorsque l'organisme produit beaucoup d'acide arachidonique (AA), ce qui dépend directement de notre alimentation et de notre mode de vie. Cet acide gras naturel, présent à un taux élevé, peut être extrêmement toxique.

**Où trouve-t-on l'acide arachidonique (AA) ?**

– **Certains aliments gras** en sont naturellement riches : ce sont ceux issus de poissons et de viandes provenant d'animaux nourris industriellement de céréales.

– **Les glucides** interviennent aussi dans la synthèse de l'acide arachidonique. Une alimentation trop riche en sucre stimule la sécrétion de l'insuline qui active la fabrication de cet acide gras.
– **Un mode de vie trop stressant augmente la sécrétion du cortisol** qui stimule la sécrétion d'insuline qui, elle-même, favorise la synthèse d'acide arachidonique.

### *L'acide arachidonique dans l'alimentation des animaux d'élevage*

– **L'acide arachidonique issu des poissons.** Beaucoup de poissons comme le saumon d'élevage, provenant des fermes d'aquaculture, nourris aux grains, ont un taux d'acide arachidonique très élevé en comparaison des saumons sauvages.
L'adage « Vous êtes ce que vous mangez » est également valable pour les animaux : « Ils sont ce qu'ils mangent. » Le saumon sauvage provient obligatoirement des mers froides. Il se nourrit d'algues et de plancton extrêmement riches en bons acides gras oméga-3 EPA et DHA, qui lui donnent sa grande richesse en précurseurs des médiateurs anti-inflammatoires, contrairement au saumon d'élevage dont la nourriture est principalement dérivée de graines et d'huile de maïs ou de soja riches en précurseurs des médiateurs pro-inflammatoires. Même si tous les poissons d'élevage ne sont pas toujours nourris de la sorte, cela reste assez fréquent et doit inciter à être vigilant quant à leur qualité et leur provenance.
– **L'acide arachidonique issu des viandes d'élevage et des abats.** Les animaux domestiques nourris au grain ont un niveau beaucoup plus élevé d'AA que le gibier. La viande de bœuf et d'agneau contient moins d'AA que les autres viandes. Signalons aussi que la plupart des abats (cœur, foie, cervelle, panse, tripes) en ont un taux très élevé.
– **L'acide arachidonique issu des œufs.** Une des plus importantes sources d'AA se trouve dans le jaune d'œuf et dans les aliments à base d'œufs. La supplémentation des œufs en oméga-3 réduit-elle la nature inflammatoire de l'œuf ? En

partie seulement. Des études ont démontré que la quantité d'acides gras oméga-6 reste toujours supérieure à la quantité d'acides gras oméga-3. Seul le blanc d'œuf n'a pas les inconvénients inflammatoires de l'AA.
Des recherches démontrent que la viande d'animaux élevés en plein air nourris naturellement est beaucoup plus riche en acides gras anti-inflammatoires que celles des animaux domestiqués et nourris avec une alimentation à base de céréales ; ils contiennent environ deux fois moins de graisses saturées et six fois plus de bonnes graisses. Sur le plan nutritionnel, ils sont donc tout à fait distincts.

### *Les autres activateurs pro-inflammatoires*

L'acide arachidonique crée le lien entre surpoids, douleurs et accélération du vieillissement, mais il existe d'autres déclencheurs, ou « allumettes », qui provoquent et activent l'inflammation :
– **Les acides gras oméga-6** fournissent les composants essentiels des substances pro-inflammatoires. L'acide linoléique (LA) est l'acide de base de ce groupe et le plus courant des acides gras oméga-6. Il est essentiel pour la santé, mais sa consommation excessive entraîne une inflammation chronique car il se transforme en acide arachidonique (AA), précurseur des médiateurs pro-inflammatoires. On le trouve dans la margarine, dans les viandes d'animaux nourris aux céréales et les huiles végétales raffinées (huile de maïs, huile d'arachide, huile de soja, huile de tournesol, huile de carthame), mais aussi dans les aliments transformés et dans certaines conserves (attention, il existe un oméga-6 dont l'activité anti-inflammatoire est importante. Il s'agit de l'acide gamma-linolénique : le GLA dont je parlerai pages 85 et 183).
– **Les acides gras trans** ont une action pro-inflammatoire. Ils sont issus des huiles transformées et des aliments fabriqués à partir de ces graisses. On les trouve principalement dans les aliments composés d'huiles végétales hydrogénées (modifiées industriellement pour les rendre solides) : les produits

de boulangerie, les gâteaux et les cookies, les céréales, les biscottes, les barres céréalières et chocolatées, les graisses végétales, la margarine et aussi dans les plats cuisinés ou les aliments frits. En plus d'être nocifs, les acides gras trans perturbent le métabolisme en interférant avec les acides gras anti-inflammatoires tels que les acides oméga-3.

### Les allumettes de l'environnement

*Les facteurs environnementaux pro-inflammatoires*

**Les radicaux libres** sont des molécules dangereuses qui endommagent considérablement les cellules, stimulent et prolongent les réactions inflammatoires. Ils contribuent à la détérioration du collagène de la peau provoquant rides et vieillissement prématuré, et augmentent les risques de nombreuses maladies graves comme les cancers.

On les retrouve lorsqu'on est exposé à des produits chimiques dangereux comme la fumée de cigarette ou à la pollution de l'air et aux radiations émises par les rayons du soleil. Les radicaux libres sont également générés lors de l'assimilation de la nourriture et lorsque l'organisme lutte contre les infections. En effet, les globules blancs, pour détruire les bactéries et les virus s'attaquant aux cellules, produisent une large quantité de radicaux libres.

## ➤ *Le rôle du sucre dans l'inflammation*

### L'équilibre de l'insuline

Après les médiateurs de l'inflammation, la deuxième hormone impliquée dans l'inflammation silencieuse est l'insuline. Elle en est une des causes principales ainsi que du vieillissement. Cette hormone provient du pancréas et a pour fonction première de capter le glucose (sucre sanguin) dans notre sang pour l'acheminer vers nos muscles et les cellules où il sera utilisé. Notre alimentation est trop riche en sucre ou aliments rapidement transformés en sucre dans le sang (pain, pâtes, gâteaux) et elle devient pro-inflammatoire par l'intermédiaire de l'insuline. Toute alimentation qui accentue la sécrétion de cette hormone augmente la production de médiateurs pro-inflammatoires.

Le niveau d'insuline dépend de ce que nous mangeons. Lorsque le métabolisme de l'insuline est perturbé, la graisse se fixe dans la région abdominale et elle sécrète des médiateurs pro-inflammatoires.

Plus le taux de gras excédentaire est élevé, plus on sécrète d'insuline et plus les cellules risquent de résister à son action, de sorte que l'organisme doit produire plus d'insuline pour surmonter cette résistance.

L'insuline excédentaire prépare le terrain des maladies chroniques inflammatoires, comme les maladies cardio-vasculaires, le diabète de type 2, le cancer et la maladie d'Alzheimer.

Si l'on veut combattre l'inflammation silencieuse et retrouver la santé, il est essentiel de faire en sorte que son alimentation n'augmente pas le taux d'insuline.

Dans notre parcours anti-inflammatoire, il est important de retrouver l'équilibre glycémique en consommant les bons glucides, c'est-à-dire ceux dont l'index glycémique est le plus faible. Pour y parvenir, il convient d'augmenter l'apport de fruits et légumes. Une bonne raison de consommer sept à dix portions de fruits et légumes par jour. Différents composés naturels végétaux (dont les pigments donnant les couleurs foncées rouge, orange, jaune et vert aux fruits et aux légumes) présentent de puissantes propriétés antioxydantes qui réduisent l'inflammation causée par les radicaux libres. Par ailleurs, les fruits et légumes sont des aliments riches en fibres alimentaires. Non seulement elles réduisent l'inflammation, mais les fibres solubles (des agrumes, des pommes, des prunes) contribuent à réduire les taux de cholestérol et de sucre dans le sang.

Pour compléter notre stratégie anti-inflammatoire, il faudra donc veiller à réduire la consommation de sucre et de farine blanche. Les glucides transformés et raffinés (produits à base de farine blanche) ainsi que les sucreries sont pro-inflammatoires et donc à éviter. Malheureusement, les produits à base de farine blanche se retrouvent dans bon nombre d'aliments courants tels que le pain, les pâtes, les céréales. Il est plus sain de les remplacer par leur version complète, comme les pâtes complètes ou semi-complètes et le pain complet.

## ➤ *Le rôle du stress dans l'inflammation*

### L'équilibre du cortisol

Le stress est un important déclencheur de l'inflammation. L'hormone du stress, le cortisol, est la troisième hormone produite en excès lors de l'inflammation. Cette hormone est sécrétée en cas de stress pour combattre un agresseur. En réaction à un stress chronique, l'organisme augmente la libération de cortisol. Sa production prolongée et exagérée a des conséquences néfastes pour la santé et rend l'organisme plus vulnérable aux infections et à la maladie. À plus ou moins long terme, un taux élevé de cortisol est nocif pour les organes, car il augmente le risque de prise de poids et de diabète, détruit certaines cellules du cerveau (acuité intellectuelle diminuée, perte de mémoire), affaiblit le système immunitaire en le rendant vulnérable aux infections et provoque également un vieillissement prématuré. De plus les émotions stressantes nous rendent plus vulnérables aux maladies.

Médiateurs pro-inflammatoires, insuline et cortisol contribuent donc à l'inflammation silencieuse lorsqu'ils sont produits en quantité excessive. Nous avons vu que l'alimentation moderne, en nous apportant trop de mauvaises graisses (oméga-6), de mauvais sucres et pas assez d'huiles de poisson (oméga-3), entraîne une surproduction de ces médiateurs pro-inflammatoires. La stratégie permettant d'inverser ce problème repose sur sa cause, l'alimentation. La solution se trouve dans notre assiette avec une approche nutritionnelle anti-inflammatoire.

La majorité d'entre nous produit une trop grande quantité de médiateurs pro-inflammatoires liés à une mauvaise alimentation, mais aussi à un mode de vie déséquilibré (stress, manque de sommeil ou d'exercices physiques).

Des changements d'habitudes contribueront donc grandement à retrouver un équilibre anti-inflammatoire : il faudra intégrer la pratique d'exercices, éviter de fumer, gérer le stress et atteindre puis maintenir un poids santé. Ces stratégies aident à protéger l'organisme tout au long de la vie contre les méfaits du stress.

### Les « extincteurs et les pompiers » anti-inflammatoires

Pour mettre fin à l'inflammation, le corps a recours à quatre types d'extincteurs.

1. **Les acides gras oméga-3** ont une activité anti-inflammatoire. On les retrouve souvent sous forme d'acide alphalinolénique (ALA). Le corps humain utilise plusieurs enzymes pour transformer l'ALA (oméga-3) en acide eicosapentaenoïque (EPA), le plus puissant des oméga-3, puis en acide docosahexaénoïque (DHA). Les acides gras oméga-3 sont sur le plan biologique moins actifs que les acides gras oméga-6, il est donc recommandé de consommer des aliments ou des compléments riches en acides oméga-3 pour remédier à ce déséquilibre.

Comme nous l'avons vu, si votre régime alimentaire est riche en oméga-6, votre corps développera un nombre important de médiateurs pro-inflammatoires. Il vous faudra donc consommer de façon accrue de l'ALA (oméga-3) ou de l'EPA (oméga-3) aux effets anti-inflammatoires.

D'importantes recherches ont démontré que les personnes ayant un régime alimentaire riche en oméga-3 (ALA, EPA et DHA) ont plus de chances de ne pas développer des maladies liées à l'inflammation. Les oméga-3 ont des propriétés anti-inflammatoires pour les cas d'arthrose, d'allergies, d'asthme, et d'autres maladies.

On trouve les oméga-3 ALA dans les légumes à feuilles vert foncé, dans certaines graines de fruits oléagineux comme les noix, l'huile de colza, les graines de lin et dans les algues ; les oméga-3 EPA se trouvent dans les poissons gras des mers froides, comme le saumon, la morue, la sardine, le hareng et le maquereau.

2. Un acide gras oméga-6 : le GLA (acide gammalinolénique). Bien qu'il soit un oméga-6, il agit comme un anti-inflammatoire oméga-3. Indispensable à un métabolisme sain et actif contre le vieillissement de la peau, il joue un rôle clé dans la régulation des mécanismes cellulaires. Aussi précieux soit-il, il est quasi introuvable dans l'alimentation moderne. On le trouve dans des huiles de qualité non chauffées comme l'huile de bourrache ou l'huile d'onagre de bonne qualité, et dans le cassis.

3. Les acides gras oméga-9 possèdent aussi d'impressionnantes propriétés. Ils coopèrent avec les oméga-3 dans l'action anti-inflammatoire. La principale composante des acides gras oméga-9 est l'acide oléique que l'on retrouve dans l'huile d'olive extra-vierge, l'avocat, la noix de macadamia et son huile. Plusieurs études ont démontré qu'un régime alimentaire riche en huile d'olive réduit le risque de maladie coronarienne et d'arthrose.

4. Les antioxydants, nutriments qui neutralisent les radicaux libres, répriment ainsi les réactions inflammatoires. On les trouve principalement sous forme de vitamines C et E (fruits et légumes) ; sélénium (poissons, champignons et légumineuses) ; zinc (produits laitiers, viandes et huîtres) ; tanins (café, thé, cacao, raisin) ; anthocianes (fruits rouges) ; flavonoïdes (légumes) ; pro-vitamine A (carotène).

En conclusion, la majorité des personnes vivant dans les sociétés industrialisées consomment beaucoup trop d'AA et fabriquent trop de messagers pro-inflammatoires. Selon l'Afssa (Agence française de sécurité sanitaire des aliments), au début des années 2000, la consommation française en bonne graisse anti-inflammatoire oméga-3 ne représentait que le tiers des apports recommandés. Si notre régime est déficient en aliments anti-inflammatoires, il est en revanche surchargé en aliments pro-inflammatoires ; et l'origine de ce désastre est notre dépendance toujours plus grande aux huiles végétales comme les huiles de maïs et de tournesol ainsi qu'aux glucides raffinés. Des aliments dont nous devrions fortement réduire la consommation car ils n'ont aucune place dans notre alimentation du point de vue de l'évolution de l'homme.

Les principaux aliments recommandés dans la Nutrimab[2] apporteront de grandes quantités d'anti-inflammatoires et peu de pro-inflammatoires dans une combinaison idéale et favorable à une bonne santé.

## L'origine et les causes profondes de l'épidémie d'inflammation silencieuse

### ➤ *Facteur n° 1 : nouveaux aliments et anciens gènes*

Le déséquilibre causé par les aliments pro-inflammatoires provoque des réactions inflammatoires excessives et prolongées qui sont à l'origine de la plupart des grandes maladies modernes. Pourquoi sommes-nous confrontés à ce déséquilibre ? La réponse est simple : nous avons remplacé la nourriture saine et anti-inflammatoire d'autrefois par une alimentation qui entretient le « feu » de l'inflammation.

On constate en effet que plus un pays est développé, plus l'inflammation est présente. Or, dans les pays riches, la viande et les produits transformés sont facilement disponibles et souvent moins chers que les fruits et légumes. Le développement de la restauration rapide et des fast-foods a, par ailleurs, amené un changement radical dans nos habitudes alimentaires.

Une des découvertes médicales les plus importantes de ces dernières années est qu'une alimentation équilibrée, riche en acides gras essentiels, en antioxydants et en minéraux, protectrice, nous rapproche d'une alimentation ancestrale anti-inflammatoire.

La solution qui permettrait de retrouver ce fameux équilibre anti-inflammatoire repose sur l'étude de l'histoire de l'humanité, de l'évolution de l'homme et de son alimentation.

Pour comprendre pourquoi cette nutrition nous protège de l'inflammation chronique, il nous faut remonter le temps jusqu'à l'époque où notre système de défense était le plus protecteur et analyser ce que nos ancêtres mangeaient et comment la transformation de l'alimentation au fil des siècles a pu faciliter l'épidémie d'inflammation silencieuse. Comment en sommes-nous arrivés là ? Pour connaître la réponse il faut remonter aux origines de l'inflammation aiguë, cette réponse du corps humain aux blessures, aux maladies, aux infections ainsi qu'au stress. Ce mécanisme de défense s'est développé il y a des milliers d'années, à une époque où l'homme devait faire face à des menaces multiples : prédateurs, infections et autres traumatismes.

## Les habitudes anti-inflammatoires de nos ancêtres

Nous sommes biologiquement identiques aux hommes de l'âge de pierre qui chassaient et s'approvisionnaient en plantes, feuilles, racines, fruits et noix. Ils mangeaient environ trois fois plus de fruits et végétaux que nous. Les protéines maigres et les acides gras oméga-3 provenant principalement de viande d'animaux sauvages ou de poissons étaient présents en abondance dans une alimentation pauvre en acides gras oméga-6. Les graisses étaient beaucoup plus équilibrées. Le ratio d'acides gras oméga-6 (qui développent l'inflammation) et oméga-3 (qui arrêtent l'inflammation) était autour de 1:1 à 2:1. Ce régime ne contenait ni amidon ni céréales. Les seules sources de glucides végétaux étaient les fruits, les baies sauvages et les légumes alors exceptionnellement riches en alcalins, vitamines, minéraux et antioxydants aux vertus anti-inflammatoires.

Certes, l'espérance de vie de nos ancêtres était courte. Les blessures et les infections étaient les causes principales de décès. Cependant, les comptes rendus des archéologues indiquent que les hommes de l'âge de pierre étaient généralement en meilleure santé que nous. Ils évoluaient dans un milieu qui leur fournissait une alimentation indispensable à la santé que nous avons perdue.

La conclusion est simple : l'homme est sur terre depuis quatre millions d'années et durant plus de 99 % de ce temps, il s'est comporté en chasseur-cueilleur. Notre patrimoine génétique a été programmé pour s'adapter à l'exceptionnelle richesse des vitamines et minéraux des produits naturels qui représentent l'équilibre parfait entre aliments pro- et anti-inflammatoires.

## Un système immunitaire hyperactif

Nous constatons l'importance des anciennes habitudes alimentaires pour un système immunitaire équilibré ne se mobilisant qu'à bon escient. Durant cette période où le climat planétaire était beaucoup plus froid, où les dangers que représentaient les bactéries, les champignons et les virus étaient permanents, seuls survivaient ceux qui avaient la capacité de produire une forte réaction inflammatoire et dont le système de défense était « entraîné » à réagir à toute nouvelle infection. Pour survivre, l'espèce humaine a eu besoin d'un bon système de défense.

Certes, nous ne connaissons plus ni les mêmes dangers ni la famine dans nos pays industrialisés, au contraire nous disposons d'une trop grande quantité d'aliments peu coûteux et riches en sucres. Les progrès médicaux et scientifiques nous permettent de survivre à la plupart des grandes maladies aiguës. Conséquences : nous disposons aujourd'hui d'un *système immunitaire hyperactif qui continue à générer de l'inflammation chaque fois qu'un intrus pénètre* l'organisme, que ce soit un aliment transformé qu'il ne reconnaît pas ou bien lorsque nous sommes soumis à un stress trop fréquent qui fait réagir l'organisme comme s'il se trouvait face à une menace extérieure. Nous ne sommes plus au temps de la préhistoire mais notre système immunitaire, lui, ne fait aucune différence ! C'est un peu comme s'il attaquait le plus banal de nos agresseurs, une poussière par exemple, en provoquant une réaction aiguë démesurée. D'où l'explosion des maladies inflammatoires accompagnées souvent de réactions auto-immunes (dirigées contre soi-même, donc inadaptées).

Ce dont nous devons prendre conscience, c'est que ces maladies inflammatoires sont le résultat d'un système immunitaire hyperactif dont l'activité est mal orientée et déséquilibrée.

### Les conséquences au plan génétique

Aujourd'hui, même si l'homme moderne doit encore faire face à des menaces, son environnement a changé. Les menaces correspondent davantage à une perception (stress) qu'à une réalité et son mode de vie est extrêmement sédentaire.

Mais son ADN demeure identique depuis le début de l'humanité et sa structure biologique favorise toujours une réponse inflammatoire.

L'alimentation moderne, raffinée et industrialisée, composée principalement de substances pro-inflammatoires (oméga-6) et d'acides gras trans, pauvre en vitamines, minéraux, fibres, protéines, manque de composants anti-inflammatoires, acides gras oméga-3 et antioxydants.

Les glucides raffinés augmentent le taux de sucre sanguin, instaurant un état prédiabétique ou une insulinorésistance qui créent des radicaux libres et des composants pro-inflammatoires. Ajouté à cela, cette nourriture riche en sucres provoque surpoids et obésité. Le résultat est que notre corps contient une quantité importante de substances pro-inflammatoires et peu de composants anti-inflammatoires.

Or nous n'avons pas été programmés génétiquement pour cette alimentation moderne. Au fil du temps, *notre nourriture a cessé d'être en harmonie avec nos gènes.* La meilleure approche des maladies inflammatoires et leur solution se situent sur ce plan. Les gènes sont la clé qui permet d'appréhender les causes de l'épidémie. *La manière dont nous pourrions influencer leur fonctionnement nous permettrait de mieux résister à l'inflammation silencieuse.*

### ➤ *Facteur n° 2 : le tournant de l'alimentation industrialisée*

Après la Seconde Guerre mondiale une rupture s'est produite dans l'alimentation qui a contribué au développement de l'inflammation silencieuse. En cinquante ans, nous avons assisté à des changements nutritionnels majeurs.

Avec le développement de l'agriculture, de l'élevage, nous consommons aujourd'hui en surabondance des aliments pro-inflammatoires. Les céréales, le pain, les produits laitiers et les huiles végétales partiellement hydrogénées sont des aliments nouveaux qui n'existaient pas au moment où nos gènes se sont développés. Ces céréales et ces huiles contiennent beaucoup de substances pro-inflammatoires... et nous en consommons plus que jamais. L'introduction dans nos assiettes de ces aliments modernes, principalement ceux à base de céréales et de lait, a désorienté nos systèmes digestif et immunitaire. Rien d'étonnant à ce qu'il y ait une épidémie de maladies inflammatoires.

Examinons de plus près chacune des grandes catégories de nutriments : glucides, graisses et protéines.

## Les glucides de mauvaise qualité

Pourquoi les glucides de mauvaise qualité comme les céréales sont-ils un problème ? La progression rapide de l'agriculture industrialisée a fait des céréales un de nos apports caloriques les plus importants. Malheureusement, ces glucides, en particulier ceux à index glycémique élevé, incitent l'organisme à produire de l'insuline en excès.

La profusion des aliments mis à notre disposition est un phénomène assez nouveau. Elle est corrélée à l'arrivée de produits alimentaires transformés et industrialisés. Parmi les premiers de ces aliments, on trouve les *céréales* du petit déjeuner. Leur consommation a introduit dans notre alimentation une protéine appelée gluten (provenant de céréales comme le blé, l'orge et le seigle). Une personne sur mille y est allergique et développe une réaction inflammatoire.

Il existe d'autres produits pro-inflammatoires, sources de calories, tels que les boissons sucrées non alcoolisées, les en-cas, bonbons et gâteaux. L'industrie agro-alimentaire a mis sur le marché beaucoup de glucides raffinés comme les céréales, toutes les sortes de pains et viennoiseries, les pâtes dont la transformation et la conservation ont été rendues possibles par un processus d'industrialisation et par un ajout de sucre raffiné de mauvaise qualité. Rappelons que la production de *sucre* a explosé à la fin du siècle dernier. Quand on sait que l'ingestion du *sucre* influe directement sur la production d'insuline, elle-même à l'origine de la réaction inflammatoire, on peut aisément comprendre les ravages qu'elle peut faire de nos jours : diabète, surpoids.

Mais ceci n'est toutefois pas un élément suffisant pour expliquer l'augmentation rapide de la formation des graisses toxiques. Un autre phénomène s'est conjugué : la présence des huiles végétales riches en acides gras oméga-6. Ce déséquilibre entre oméga-6 et oméga-3, associé à l'ennemi de notre organisme, l'excès d'insuline a, entre autres, pour conséquence le vieillissement.

### Les huiles et graisses végétales de mauvaise qualité

La production des huiles végétales a d'abord été très difficile et très coûteuse. Mais, dans les années 1920, le traitement industriel des graines de soja et de maïs a commencé à rendre la production d'huile végétale bien moins chère. Ces huiles végétales à base de maïs ou de soja particulièrement pourvues en oméga-6 sont, comme nous l'avons vu, la base même de la production croissante des graisses toxiques qui favorisent le surpoids et jouent un rôle non négligeable dans le développement de l'inflammation silencieuse. Rappelons qu'après le tabac, le surpoids est le second facteur de risque de développement d'un cancer.

### Les graisses industrielles de mauvaise qualité

Et ce n'est pas tout. Il y a aussi les aliments d'origine industrielle fabriqués à partir d'acides gras baptisés « trans » qui sont devenus des produits de grande consommation. C'est l'histoire d'un remède pire que le mal ! Ces acides gras trans sont partout ou presque : dans les biscuits, les céréales, les biscottes, les plats cuisinés, les viennoiseries en sachet, pâte à tarte, potages en poudre, barres chocolatées, pâtes à tartiner... L'Agence française de sécurité sanitaire des aliments (Afssa) a publié en 2005 un premier rapport qui concluait officiellement à la nocivité de cette graisse sur le système cardiovasculaire.

À l'origine, ces graisses industrielles étaient destinées à remplacer le beurre et permettre une plus longue conservation des produits. Elles passaient pour avoir des vertus anticholestérol. Mais selon Meir Stampfer, épidémiologiste à l'Université Harvard, « le produit de remplacement s'est avéré pire que l'original ». En 1997, l'école de santé publique de Harvard a accusé les gras trans artificiels d'augmenter de 132 % le risque de troubles cardio-vasculaires. Les gras trans sont dissimulés principalement dans des produits que les jeunes enfants et les adolescents dévorent allègrement : biscuits, gaufres, cookies. Or, en France, comme dans la plupart des pays industrialisés, c'est également dans cette tranche d'âge que le surpoids et l'obésité se développent le plus, faisant le lit de futures maladies qui demeurent longtemps silencieuses.

### Les protéines riches en graisses saturées de mauvaise qualité

Aujourd'hui nous absorbons trop de protéines animales, à teneur élevée en graisses saturées, et pas assez de protéines végétales. Leur teneur en acides gras saturés est un risque supplémentaire de développement de maladies cardiovasculaires et d'inflammation chronique. Nous faisons en effet la part belle à la viande et à ses dérivés comme la charcuterie, au détriment des protéines végétales telles que le soja et les légumineuses, haricots secs, pois chiches et lentilles, riches en fibres qui permettent d'atténuer les conséquences des apports en acides gras saturés. De plus cet excès de protéines génère une hyperacidité particulièrement nocive.

BÉTAILS NOURRIS AUX GRAINS
= VIANDES PRO-INFLAMMATOIRES

Non seulement notre régime a évolué vers la surconsommation de céréales, mais celui du bétail a suivi le même chemin. Il y a des milliers d'années, les hommes domestiquaient les vaches et les chèvres pour leur lait. Aujourd'hui, l'alimentation à base de céréales est utilisée pour rendre le lait plus gras, réduisant ainsi sa composition en anti-inflammatoires et augmentant la part de mauvaises graisses. Ce qui signifie que les aliments en provenance des animaux d'élevage, c'est-à-dire la viande, les œufs et les laitages, sont appauvris en oméga-3 et enrichis en oméga-6, donc riches en substances pro-inflammatoires.

POISSONS NOURRIS AUX GRAINS
= POISSONS PRO-INFLAMMATOIRES

Le poisson est également devenu un produit d'élevage nourri à base de céréales. Ses mauvaises graisses se retrouvent dans notre organisme. Par exemple le saumon d'élevage, riche en oméga-6 et pauvre en oméga-3, perd ses qualités anti-inflammatoires, sans compter qu'il risque d'être contaminé par des toxines. Il est donc conseillé d'en limiter la consommation et de choisir du saumon sauvage qui, lui, a toutes les qualités anti-inflammatoires.

Par ailleurs, si une augmentation de la consommation de poissons gras est un excellent moyen d'augmenter les apports en oméga-3, il faut savoir que les *poissons gras les plus lourds sont souvent contaminés par des toxines (mercure) qui affectent la santé.*

## La mauvaise répartition dans l'assiette

Il manquait encore des éléments pour que l'épidémie atteigne son paroxysme, par exemple : la baisse de la consommation de fruits et légumes frais. Largement raffinée, l'alimentation moderne est littéralement lessivée au cours des processus de transformation qu'elle subit. Elle perd ainsi ses éléments essentiels à savoir les fibres, les vitamines, les minéraux et les antioxydants alors que ces nutriments sont indispensables au bon fonctionnement de notre corps qu'ils protègent des agresseurs tels que l'inflammation, la pollution et le stress.

Ces mauvaises habitudes alimentaires, que je viens d'évoquer, reflètent le changement qui a eu lieu. En privilégiant largement les graisses de mauvaise qualité, les protéines animales saturées, les aliments sucrés ou raffinés au détriment des bonnes huiles (riches en oméga-3 et 9) et des végétaux, nous ne respectons pas le juste équilibre de l'inflammation.

Les aliments modernes contiennent nettement moins de vitamines, minéraux, acides gras oméga-3, essentiels aux fonctions de l'organisme que jadis. En revanche, il est évident qu'ils alimentent directement l'inflammation silencieuse. Cela se traduit par un afflux de médiateurs pro-inflammatoires qui envahissent notre organisme au détriment des médiateurs anti-inflammatoires.

Des enquêtes révèlent que 56 % de nos calories proviennent de ces bouleversements alimentaires. La présence combinée dans l'alimentation quotidienne de sucres raffinés, d'huiles de mauvaise qualité et de produits d'élevage moderne fait que toutes les caractéristiques sont réunies pour développer une inflammation silencieuse.

On comprend donc bien que tous ces changements jouent un rôle non négligeable dans l'épidémie d'inflammation. Ce processus d'industrialisation à outrance est comparable à un incendie.

### ➤ *Contrer l'inflammation*

Aujourd'hui notre régime alimentaire n'a plus vraiment de point commun avec une alimentation naturelle idéale pour notre organisme. Naturellement, il ne s'agit pas ici de renier les progrès de la science et de retourner à l'âge de pierre. Qui voudrait renoncer aux réfrigérateurs ?

Mais nous devons adapter nos habitudes alimentaires de façon à bénéficier à nouveau des effets anti-inflammatoires d'une alimentation en accord avec notre patrimoine génétique. Il faut pour cela retrouver un bon équilibre, revenir à une nourriture qui maintient le système immunitaire en alerte, sans créer d'inflammation silencieuse, et permet d'être en bonne santé.

C'est là l'approche nutritionnelle à suivre si nous souhaitons maîtriser l'inflammation silencieuse et atteindre, à terme, l'équilibre métabolique optimal.

La méthode que je préconise est la version moderne et améliorée de ce régime naturel qui a démontré son efficacité. C'est le régime le plus étroitement associé à la longévité. Il est remarquable parce qu'il diminue les substances pro-inflammatoires et qu'il écarte la consommation d'aliments industriels. Pour avoir un système immunitaire qui se mobilise dans les circonstances appropriées, les scientifiques ont compris l'importance de l'apport équilibré en certains acides gras anti-inflammatoires provenant d'huiles de poisson très concentrées et en certaines huiles végétales comme les GLA et l'ALA, qui ont la capacité de bloquer la synthèse des médiateurs pro-inflammatoires et d'« apaiser » un système immunitaire hyperactif.

La Nutrimab$^2$ est la clé pour retrouver l'équilibre idéal des acides gras et des glucides, pour lutter contre l'inflammation et son lot de répercussions sur la santé.

## Le remède anti-inflammatoire

J'ai mis au point une méthode globale dont les modifications alimentaires constituent une approche thérapeutique qui ne doit cependant pas être exclusive : je l'associe à l'exercice physique, à la relaxation, aux compléments alimentaires et aux plantes anti-inflammatoires. Cette approche agit sur les origines métaboliques profondes et va au-delà de l'élimination superficielle des signes de l'âge. La méthode nutritionnelle anti-inflammatoire de la Nutrimab[2] est la meilleure façon de ralentir le processus de vieillissement et de rétablir nos équilibres essentiels. C'est une diététique révolutionnaire, composée principalement d'aliments qui luttent contre l'inflammation comme les fruits et légumes frais à faible index glycémique, les protéines végétales, les viandes maigres, les poissons gras, les bonnes matières grasses ainsi que des épices telles que le curcuma ou le gingembre. Le tout est associé à des compléments nutritionnels anti-inflammatoires.

Cette approche intégrative, fondée sur le lien entre les équilibres alimentaire, hormonal et un mode de vie sain contribue à la santé du cœur, diminue le risque de certains cancers, permet de perdre du poids, d'améliorer notre santé, notre performance physique et de revitaliser la peau.

Dans le cadre de ce programme, je recommande de consommer des lipides de grande qualité nutritionnelle qui retardent le processus inflammatoire. Ces ajustements offrent ainsi l'opportunité thérapeutique de stimuler la production de médiateurs anti-inflammatoires. Si vous consommez des huiles et des graisses de mauvaise qualité, vous pourrez les remplacer par d'autres huiles de meilleure qualité ainsi que par des poissons gras qui aideront votre organisme à produire davantage de médiateurs anti-inflammatoires. Il y a toujours eu dans l'histoire des populations une arme naturelle contre l'alimentation pro-inflammatoire : une large consommation d'acides gras polyinsaturés oméga-3 à longue chaîne provenant de poissons gras (EPA), d'huiles végétales GLA et ALA agit comme de super agents anti-inflammatoires.

S'appuyant sur les recherches les plus récentes, ma méthode a pour but de vous indiquer comment modifier l'équilibre hormonal à l'origine de l'inflammation silencieuse. Cette stratégie vous permettra non seulement de repousser les maladies chroniques mais aussi de ralentir le vieillissement interne et externe. Ces bienfaits sont le résultat de la réduction de l'inflammation silencieuse.

**L'histoire de Clara Maria**

Clara Maria est antiquaire spécialisée dans les meubles anciens.

Au début, ce n'était presque rien, une simple douleur aux genoux et une raideur à la hanche vite dissipée. Puis, Clara Maria s'est aperçue que la pente et les nombreux escaliers qui mènent à l'entrée de son immeuble situé à Montmartre lui semblaient de plus en plus abrupts et difficiles à monter. Alors qu'elle a toujours apprécié ce quartier parisien pour son charme et ses rues piétonnes, à seulement 41 ans, Clara Maria rentre chez elle péniblement, comme si elle avait deux fois son âge. Malgré tout, de tempérament optimiste, elle fait tout ce qui est en son pouvoir pour améliorer son état et pratique des exercices réguliers pour conserver la souplesse de ses articulations.

Mais l'hiver dernier, elle a dû affronter une terrible réalité : ses quinze kilos en trop avaient aggravé son arthrose de la hanche, devenue si évoluée que Clara Maria n'arrivait même plus à mettre ses chaussures, à ramasser un objet, ou même à conduire sa voiture. Freiner lui était devenu impossible et les gestes les plus simples lui demandaient beaucoup trop d'efforts.

Aujourd'hui elle va bien et les choses ont changé. Cette période douloureuse est maintenant bien loin. Clara Maria a retrouvé son dynamisme, elle se déplace comme une femme de son âge et arrive à faire de longues promenades sans souffrir. L'entrée de son immeuble, qu'elle trouvait si raide, s'est considérablement adoucie et l'antiquaire a perdu tellement de kilos qu'elle songe à suivre des cours de yoga... Et c'est avec plaisir qu'elle retrouve l'ambiance des salles de ventes. « J'ai une vraie qualité de vie maintenant. Je suis en meilleure santé et je me sens beaucoup plus équilibrée mentalement. »

Est-ce une cure miracle dont a bénéficié Clara Maria ? Non, il s'agit des résultats de l'approche anti-inflammatoire de la Nutrimab[2], qu'elle a définitivement intégrée à son mode de vie. Elle n'a plus consommé d'aliments transformés, a ajouté à son alimentation un mélange de minéraux, d'antioxydants renforcés par les propriétés anti-inflammatoires de la formule oméga-3-6-9. Elle a réussi à se débarrasser de son surpoids, de son manque de dynamisme, de l'inflammation et donc de ses douleurs.

Si Clara Maria a été surprise des résultats, les scientifiques, eux, ne s'en étonnent pas. Depuis quelques années, ils sont nombreux à mettre en évidence le fait qu'une bonne alimentation soulage les symptômes de l'inflammation. *A contrario*, une alimentation et un mode de vie malsains sont parmi les causes sous-jacentes des maladies et peuvent même, dans certains cas, favoriser l'aggravation spectaculaire d'un état inflammatoire comme l'arthrite, l'asthme, le diabète, le psoriasis, certains cancers, la colite et les maladies du cerveau.

CHAPITRE 3

# L'inflammation silencieuse est-elle en vous ?

La bonne santé de chacun dépend du degré d'inflammation de l'organisme. Plus l'inflammation se développe en vous et plus votre santé est en danger.

Il est donc important de découvrir si vous, ou l'un de vos proches, êtes atteint de maladies inflammatoires. Vous serez surpris de savoir que peu de personnes cherchent à connaître les causes cachées d'une maladie. Lorsque je parle à mes patients de l'inflammation silencieuse et de la chance que nous avons d'avoir à notre disposition de nouveaux tests, la plupart du temps, ils me regardent avec de grands yeux, sans se douter de l'importance du phénomène. Mais lorsque je leur explique que j'étudie le mécanisme en jeu dans les allergies, l'asthme, les maladies cardio-vasculaires et le cancer, leur réaction est différente, car chacun de nous voudrait améliorer son état de bien-être et se maintenir en bonne santé.

Si vous souffrez de maladies telles qu'une maladie cardiaque, un diabète de type 2, une maladie auto-immune, un cancer, la maladie d'Alzheimer, une maladie dont le nom se termine en « -ite » ou bien simplement de douleurs, cela signifie que vous subissez une inflammation soit aiguë, soit silencieuse. Dans ce dernier cas elle n'engendre aucune douleur perceptible et ne se détecte pas à l'œil nu.

Depuis peu, nous avons les moyens de détecter l'inflammation silencieuse grâce à des tests biologiques. Si seul un moyen scientifique comme une analyse de sang est en mesure de déceler une inflammation dans l'organisme, d'autres, plus subjectifs tels que les « marqueurs secondaires » et différents questionnaires sur le mode de vie, peuvent alerter sur son existence.

Les progrès de la recherche médicale nous laissent penser que nous serons de plus en plus nombreux à atteindre un âge avancé. De nombreuses affections chroniques pourraient probablement être évitées si des mesures étaient prises tout au long de la vie pour réduire les facteurs de risque. Aujourd'hui la science nous invite à nous intéresser à la prévention. Des études permettent de déterminer avec certitude ce qui est bon ou non pour notre santé.

La médecine préventive est le moyen d'éviter les complications de l'âge. Elle implique de profonds bouleversements des mentalités car peu de personnes imaginent encore qu'il est possible et utile d'optimiser son capital biologique et d'entreprendre des bilans d'ultra-prévention ou d'anti-âge.

Il est important que nos années de vie future soient des années de vie active en bonne santé et en pleine possession de nos moyens, tant sur le plan physique que sur le plan intellectuel.

## Le bilan d'inflammation silencieuse

Il permet :

- de faire le point sur son état de santé ;
- de mettre en évidence les problèmes organiques plus ou moins silencieux pouvant être à l'origine d'un vieillissement prématuré ;
- d'évaluer le risque de développement de certaines maladies afin de les prévenir.

## ➤ *Les questionnaires*

### Test 1
### Votre corps parle-t-il ?

| | Oui | Non |
|---|---|---|
| Avez-vous fréquemment de l'eczéma, du psoriasis, des irritations mineures ? .......... | ☐ | ☐ |
| Avez-vous des allergies saisonnières (rhinite, conjonctivite, trachéite, asthme) ? ..... | ☐ | ☐ |
| Avez-vous des articulations souvent raides ou douloureuses, notamment le matin au lever ? . | ☐ | ☐ |
| Êtes-vous souvent fatigué, plus particulièrement après un exercice ? ....... | ☐ | ☐ |
| Vous sentez-vous faible à votre réveil ? ........ | ☐ | ☐ |
| Avez-vous souvent sommeil pendant la journée ? | ☐ | ☐ |

### La fatigue est un accélérateur du vieillissement

*En vieillissant, vous ressentez de la fatigue. Votre production de dopamine ralentit, votre métabolisme diminue, et vous perdez votre énergie. Or combler vos besoins énergétiques juste avec de la nourriture ne suffira pas à vous procurer de l'énergie. L'association fatigue-maladie-vieillissement est fréquente.*

La Nutrimab$^2$, méthode anti inflammatoire anti-âge, vous propose de reconstituer votre énergie. Écoutez plutôt l'histoire de Gérard F., un homme de 59 ans qui est venu dans mon cabinet un jour en se plaignant de fatigue constante durant la journée. Il mesurait un mètre quatre-vingts et pesait cent dix kilos. Il se plaignait également d'essoufflement, de troubles sexuels et d'un manque d'énergie qui influaient sur sa qualité de vie. Il entrait dans la catégorie des obèses. Néanmoins, en suivant la méthode de la Nutrimab$^2$, il réussit très vite à réduire sa graisse corporelle. En l'espace de quelques mois, sa fatigue avait considérablement diminué.

| | Oui | Non |
|---|---|---|
| Avez-vous un taux de cholestérol élevé ? ....... | ☐ | ☐ |
| Avez-vous du diabète ? ....................... | ☐ | ☐ |
| Avez-vous un excédent de poids ? ............ | ☐ | ☐ |
| Souffrez-vous de maux de tête ? .............. | ☐ | ☐ |
| Souffrez-vous d'hypertension ? ............... | ☐ | ☐ |
| Ronflez-vous la nuit ? ....................... | ☐ | ☐ |
| Souffrez-vous de constipation ? ............... | ☐ | ☐ |
| Ressentez-vous parfois une sensation de malaise ? | ☐ | ☐ |
| Manquez-vous de concentration ? ............. | ☐ | ☐ |

*Une glycémie équilibrée favorise la concentration.*

| | Oui | Non |
|---|---|---|
| Êtes-vous sujet aux trous de mémoire ? ........ | ☐ | ☐ |
| Avez-vous la peau sèche et squameuse ? ....... | ☐ | ☐ |
| Attrapez-vous rapidement des coups de soleil ? .. | ☐ | ☐ |
| Vos ongles sont-ils fragiles ou cassants ? ....... | ☐ | ☐ |
| Perdez-vous vos cheveux et manquent-ils de tonus et de volume ? .................... | ☐ | ☐ |
| Avez-vous des cas de cancers dans votre famille ? | ☐ | ☐ |
| Avez-vous des cas de crises cardiaques dans votre famille ? ....................... | ☐ | ☐ |

## La sérénité du cerveau

| | Oui | Non |
|---|---|---|
| J'ai plus de mal à rester endormi la nuit. | ☐ | ☐ |
| Je n'ai jamais très faim, mais parfois je mange excessivement. | ☐ | ☐ |
| Je n'ai plus envie de pratiquer mes activités favorites. | ☐ | ☐ |
| J'étais audacieux, mais maintenant je n'arrive même pas à prendre des décisions. | ☐ | ☐ |
| Je me surprends en train de penser à la même chose sans cesse. | ☐ | ☐ |
| J'ai l'impression d'être un spectateur de la vie. | ☐ | ☐ |
| Je ne peux pas gérer des crises. | ☐ | ☐ |
| Je suis extrêmement impatient, un rien m'énerve. | ☐ | ☐ |
| Je pense souvent au suicide. | ☐ | ☐ |
| On me dit que je suis lunatique. | ☐ | ☐ |

Catherine avait 46 ans lorsque je lui ai diagnostiqué une fatigue chronique. Malgré sa bonne volonté, elle n'avait plus d'énergie pour se lever le matin. Il était très difficile de l'imaginer en femme active, même si elle se considérait comme telle. Avant de venir consulter, Catherine avait perdu l'appétit et, sans le savoir, elle se privait de nourriture.

Je lui ai dit que même si elle avait 46 ans, son cerveau se comportait comme s'il en avait 80. Désormais, Catherine et moi travaillons ensemble pour arriver à mettre en phase l'âge de son cerveau avec son âge chronologique. À présent je constate certains signes d'amélioration et Catherine commence à aller mieux. Chaque jour apporte son lot de progrès et elle retrouve son énergie. Quand je la revois elle ne manque jamais de me dire que je lui ai sauvé la vie.

### L'usure du système cardio-vasculaire

| | Oui | Non |
|---|---|---|
| J'ai les pieds gonflés. | ☐ | ☐ |
| Je suis essoufflé lors d'un entraînement physique. | ☐ | ☐ |
| J'ai souvent des vertiges. | ☐ | ☐ |
| Mon cœur a des ratés. | ☐ | ☐ |
| J'ai des difficultés à respirer quand je suis allongé. | ☐ | ☐ |
| J'ai des battements de cœur rapides. | ☐ | ☐ |
| La journée je suis tout le temps fatigué. | ☐ | ☐ |
| Je tousse sans arrêt. | ☐ | ☐ |
| J'ai déjà eu des douleurs, un sentiment de malaise, une pression au cœur. | ☐ | ☐ |
| Mes lèvres sont souvent de couleur bleutée. | ☐ | ☐ |

## Test 2
## Souffrez-vous d'affections récurrentes ?

| | Oui | Non |
|---|---|---|
| Souffrez-vous de crises articulaires douloureuses ? | ☐ | ☐ |
| Êtes-vous sujet aux rhumes à répétition ? | ☐ | ☐ |
| Avez-vous des rougeurs et souffrez-vous de démangeaisons cutanées ? | ☐ | ☐ |
| Souffrez-vous souvent de maux de gorge ou de rhinite ? | ☐ | ☐ |
| Vos yeux sont-ils souvent rouges et irrités ? | ☐ | ☐ |

## Test 3
## Que mangez-vous et comment ?

Aujourd'hui nous vivons dans une société où être rapide est le mot d'ordre. Or on oublie que notre corps a des besoins et qu'il fonctionne à son rythme sans qu'on puisse forcément le contrôler.

## Comment mangez-vous ?

| | Oui | Non |
| --- | --- | --- |
| Avez-vous l'habitude de manger rapidement ? . . . | ☐ | ☐ |
| Mangez-vous souvent dans des fast-foods ? . . . . . | ☐ | ☐ |
| Consommez-vous régulièrement des plats à emporter ? . . . . . . . . . . . . . . . . . . . . . . | ☐ | ☐ |
| Consommez-vous régulièrement de la nourriture industrielle ? . . . . . . . . . . . . . . . . | ☐ | ☐ |
| Mangez-vous au restaurant chinois plus d'une fois par semaine ? . . . . . . . . . . . . . . . . | ☐ | ☐ |
| Mangez-vous des pâtes ou des pizzas au restaurant au moins une fois par semaine ? . . . . . . . . . . . . . . | ☐ | ☐ |
| Avez-vous souvent des fringales ? . . . . . . . . . . . . . | ☐ | ☐ |

*Moins d'insuline engendrera moins de fringales.*

| | | |
| --- | --- | --- |
| Mangez-vous tous les jours la même chose ? . . . . | ☐ | ☐ |
| Cuisinez-vous souvent avec de l'huile de qualité moyenne ? . . . . . . . . . . . . . . . . . . . . . . | ☐ | ☐ |

*Lorsque vous cuisinez, utilisez-vous l'huile de maïs, d'arachide, de tournesol, de carthame ou de soja ? Si oui, essayez, à partir d'aujourd'hui, de les remplacer par de l'huile d'olive ou de l'huile de colza.*

*Les huiles de grande qualité jouent un rôle crucial dans le contrôle de l'inflammation parce qu'elles contiennent des nutriments anti-inflammatoires très concentrés. Les plus bénéfiques de ces nutriments sont : les oméga-3 dans les huiles de poisson, l'acide oléique dans l'huile d'olive.*

*Un régime sain, tel que celui recommandé dans ce livre, fournit des quantités suffisantes de ces huiles. Mais vous pouvez avoir besoin de plus grandes quantités d'acides gras pour booster l'activité anti-inflammatoire de votre organisme. Les oméga-3 et l'acide gamma-linoléique peuvent s'acheter sous forme de gélules.*

### Êtes-vous accro au sucre ?

| | Oui | Non |
|---|---|---|
| Consommez-vous trop de sucre au petit déjeuner, au dessert ou en en-cas ? . . . . . . . . . . . . . . . . . . . | ☐ | ☐ |
| Ajoutez-vous du sucre dans vos salades de fruits, vos céréales du matin (sachant que ces aliments sont déjà sucrés) ? . . . | ☐ | ☐ |
| Buvez-vous beaucoup de boissons gazeuses sucrées ? | ☐ | ☐ |
| Êtes-vous dépendant du chocolat, des pâtisseries et des confiseries ? . . . . . . . . . . . . . . . . . . . . . . . . | ☐ | ☐ |

### Mangez-vous trop de farine de blé ?

| | | |
|---|---|---|
| Êtes-vous un inconditionnel des pâtes, céréales, pain, pizza ? . . . . . . . . . . . . . . . . . . . . . . . . . . . . | ☐ | ☐ |

*Si oui, je vous rappelle que le blé peut perturber le métabolisme en développant des maladies inflammatoires.*

## Test 4
## Votre style de vie

| | Oui | Non |
|---|---|---|
| Fumez-vous ? . . . . . . . . . . . . . . . . . . . . . . . . . . . . . | ☐ | ☐ |
| Avez-vous fumé au cours des dix dernières années ? | ☐ | ☐ |
| Dormez-vous mal ? . . . . . . . . . . . . . . . . . . . . . . . | ☐ | ☐ |

*Un sommeil de mauvaise qualité favorise la sécrétion de messagers pro-inflammatoires*

| | | |
|---|---|---|
| Vous situez-vous dans un environnement pollué ? | ☐ | ☐ |
| Faites-vous très rarement ou jamais de l'exercice physique ? . . . . . . . . . . . . . . . . . . . . | ☐ | ☐ |
| Chez vous, l'atmosphère familiale est-elle détendue ? | ☐ | ☐ |
| Votre travail vous occasionne-t-il un niveau de stress élevé ? . . . . . . . . . . . . . . . . . . | ☐ | ☐ |

*Si vous avez répondu oui à plus de 10 questions, vous êtes très probablement en état d'inflammation.*

### ➤ *Les tests biologiques*

Vous pouvez désormais détecter l'inflammation grâce à des tests qui font apparaître le rapport entre l'équilibre hormonal et l'état de santé. En d'autres termes, cela signifie qu'ils mettront en évidence le rapport entre bons et mauvais médiateurs dans votre organisme.

#### La protéine C-réactive ultra-sensible

Les recherches ont montré que la protéine C-réactive ultrasensible (CRP u-s) est l'indicateur le plus simple pour mesurer l'inflammation silencieuse. C'est une molécule produite par le foie en réaction à une inflammation. Elle permet de détecter l'inflammation silencieuse et sert de marqueur du risque de maladies cardio-vasculaires. Elle est utilisée depuis bientôt trente ans dans le diagnostic et la surveillance de l'évolution des infections, car la normalisation de son taux est un indice de maîtrise du phénomène infectieux. En cas d'obésité, son taux peut augmenter : cette élévation est corrélée au risque de développer un diabète de type 2 ou une maladie cardio-vasculaire.

Plus le taux de CRP est élevé et plus le risque de maladies chroniques est important. Si ce taux dépasse 3 mg/l vous encourez un risque élevé. Dans l'absolu, il est donc préférable de se rapprocher d'un taux situé entre 1 et 2 mg/l.

Cependant, même si cet outil permet de s'orienter une fois que d'autres éléments ont déjà conduit dans une direction, pris de façon isolée, il ouvre un champ de possibilités très vastes mais ne permet pas de conclure précisément.

### Mesurer le rapport entre les acides gras oméga-6 pro-inflammatoires et oméga-3 anti-inflammatoires (AA/EPA)

De nombreuses études ont démontré que nous sommes presque tous déséquilibrés, avec un excès considérable d'oméga-6. En moyenne, dans les pays industrialisés, nous avons dix à quinze fois plus d'oméga-6 dans notre corps que d'oméga-3. C'est une des raisons pour lesquelles toutes les maladies qui sont liées à l'inflammation telles que l'arthrite, les allergies, les troubles cardiaques, l'Alzheimer, le cancer sont en augmentation constante.

Le rapport entre les acides gras oméga-6 (pro-inflammatoires) et les acides gras oméga-3 (anti-inflammatoires) est l'un des principaux tests déterminants de l'inflammation silencieuse.

Un test sanguin mesure le rapport entre les acides gras produisant des médiateurs pro-inflammatoires (acide arachidonique – AA) et les acides gras produisant des médiateurs anti-inflammatoires (acide eicosapentaenoïque – EPA). Il permet donc de déterminer l'équilibre entre les différents médiateurs de l'inflammation.

Ce bilan est réalisé par des laboratoires spécialisés. Votre laboratoire habituel adressera à l'un d'eux votre échantillon de sang pour analyse.

Plus tôt vous prendrez des mesures préventives et mettrez en place les changements indispensables pour maîtriser l'inflammation silencieuse et plus vous retarderez le risque de développer une maladie chronique.

### L'insuline à jeun

On se sert de ce test pour dépister le diabète et les maladies cardiaques. Il est étroitement lié au rapport TG/HDL (voir page suivante) (d'ailleurs celui-ci peut lui être substitué) car la hausse du taux de l'un entraîne celle de l'autre. L'insuline stimule la sécrétion d'acide arachidonique, et plus votre taux d'insuline est élevé plus votre organisme crée de l'inflammation silencieuse.

Si votre taux se situe au-delà de 15 µUI/ml (micro-unités par millilitre) vous courez un risque très élevé de développer une inflammation.

### Le rapport TG/HDL

Ce test est le rapport entre votre taux sanguin de triglycérides (TG) et celui de votre bon cholestérol (HDL cholestérol).

Si votre taux de triglycérides est supérieur à celui de votre HDL cholestérol, cela signifie que vous risquez l'inflammation silencieuse.

Comme précédemment dans le cas de l'insuline à jeun, il existe un lien entre le niveau du taux d'insuline et le rapport TG/HDL. Plus le rapport TG/HDL est élevé, plus celui de l'insuline l'est aussi et entraîne de l'inflammation.

De même que pour le test d'insuline à jeun, celui du rapport TG/HDL permet de mesurer les risques de maladies cardiaques.

Pour équilibrer ce rapport, il vous faudra donc adopter un programme nutritionnel spécifique qui implique d'équilibrer glucides, lipides, protéines et compléments alimentaires, comme le préconise la Nutrimab[2].

## Les marqueurs secondaires

Il existe des marqueurs très simples à observer soi-même qui traduisent un risque d'inflammation silencieuse, si le résultat de leur mesure ne correspond pas aux paramètres prédéfinis. Ils sont étroitement liés au taux d'insuline.

### ➤ *Le tour de taille*

Mesurer votre tour de taille (au niveau du nombril) ne vous indiquera pas de façon très précise si vous souffrez d'inflammation silencieuse mais servira d'alerte. Selon les sexes, les résultats seront différents.

Il faut donc savoir que pour les femmes un tour de taille de moins de quatre-vingt-huit centimètres est une référence normale et que moins de soixante-quinze centimètres est un tour de taille idéal. Pour les hommes, un tour de taille de moins de un mètre est une bonne moyenne et de moins de quatre-vingt-huit centimètres est idéal.

Cela peut paraître surprenant, mais perdre du poids est moins important que perdre du gras abdominal, signe plus précis d'inflammation silencieuse. Le tour de taille s'avère ainsi être le reflet de votre futur état de santé. En effet, la localisation de la masse grasse est très importante.

Faisons une petite comparaison : si vous étiez un fruit, vous assimilez-vous à une pomme ou à une poire ? La première image est plus dangereuse car elle concentre toute la masse grasse autour de la taille alors que la seconde est répartie à différents endroits. Cela signifie que le gras abdominal est plus dangereux que celui qui est placé sur les hanches ou sur les cuisses, car cette graisse englobe les organes vitaux et facilite à long terme le développement de nombreuses maladies telles que cancer, maladies cardio-vasculaires et diabète. Les cellules adipeuses abdominales ont tendance à retenir l'acide arachidonique précurseur de tous les médiateurs pro-inflammatoires. C'est un mécanisme destiné à éviter que l'acide arachidonique envahisse d'autres cellules.

### ➤ *Le pourcentage de gras corporel*

De même que pour le tour de taille, des mesures permettent de définir votre masse de gras corporel en évaluant son pourcentage grâce à une balance appelée « balance à impédancemétrie » qui calcule le taux de graisse, mais aussi celui des muscles et de l'eau contenus dans le corps.

Selon les sexes, les résultats seront différents.

Ces tests et ces questionnaires sont des outils qui permettent de déceler une inflammation silencieuse et de considérer vos progrès dans cette lutte contre l'inflammation. Ils sont essentiels dans le cadre d'une prévention optimale des maladies chroniques.

TROISIÈME PARTIE

# Accéder au juste équilibre de l'inflammation

CHAPITRE 4

# Le meilleur système anti-âge : la Nutrimab[2]

Les principes que nous avons évoqués dans les chapitres précédents étaient nécessaires pour mesurer la portée du phénomène d'inflammation silencieuse afin de le prévenir. Avec ce chapitre, vous aurez tous les outils nécessaires pour le combattre.

Un des nombreux avantages de ma méthode est qu'elle ne limite pas les quantités, autorise des aliments nourrissants et ne nécessite pas de compter les calories. L'appétit est réduit naturellement et il n'y a pas de sensation de faim entre les repas.

Chacune des explications données dans ce chapitre est importante car elle indique les changements alimentaires à adopter, les vitamines et les minéraux et plantes à prendre pour le bon déroulement du programme.

En découvrant les menus et les recettes de ce livre (voir page 405), vous constaterez qu'il y a certains éléments communs avec mon ouvrage précédent, *La Méthode acide-base*. Ce premier livre était principalement axé sur la lutte contre l'hyperacidité. J'ai constaté lors de mes recherches qu'il existe une connexion entre acidité et inflammation. Par exemple, des études ont montré une nette amélioration des symptômes de maladies inflammatoires (polyarthrite rhumatoïde, lombalgies...) grâce à une supplémentation en compléments riches en bases.

Cette fois-ci je vais plus loin en précisant les familles d'aliments à privilégier ou à modérer pour éviter l'inflammation et ses dégâts collatéraux. Je préconise un *rééquilibrage* des glucides, des protéines et des lipides dans l'assiette ainsi que des nutriments protecteurs anti-inflammatoires, anti-âge et antioxydants.

La Nutrimab[2] est un programme en trois phases qui vous permettra de rétablir les équilibres fondamentaux :

- équilibre entre médiateurs pro- et anti-inflammatoires ;
- équilibre de l'insuline ;
- équilibre acide-base ;
- équilibre du cortisol.

Pour en conserver les acquis et les bienfaits, vous devez considérer ce programme non pas comme un régime mais comme un nouveau mode de vie délicieux. Cet outil vous aidera à changer de mode de vie.

Vous constaterez un certain épanouissement qui fera dire à vos proches que vous avez rajeuni de plusieurs années. La prévention et la maîtrise de l'inflammation estompent les douleurs, font retrouver l'équilibre des émotions, le sommeil, un poids optimal, un rajeunissement cutané et une sensation de bien-être. C'est un des moyens les plus sûrs d'accéder à une meilleure santé et d'éviter un vieillissement prématuré.

# Les éléments clés de l'équilibre Nutrimab²

## ➤ *Équilibrer les glucides et l'insuline*

### L'avantage de l'équilibre hormonal

Les glucides représentent la source alimentaire d'énergie la plus importante de l'organisme. Ils fournissent en quelque sorte le « carburant » nécessaire au fonctionnement des cellules du corps.

Des années de recherches ont établi que la meilleure façon de prévenir l'inflammation silencieuse était de favoriser les glucides à faible index glycémique pour abaisser le niveau d'insuline. Le respect de l'équilibre de l'insuline est essentiel pour le poids. Adopter une alimentation à faible index glycémique consiste à limiter les aliments industriels au profit des fruits et des légumes frais en abondance, ainsi que des protéines. Les féculents doivent être consommés dans des proportions raisonnées.

Cette nouvelle stratégie repose sur l'impact des sucres et des féculents sur le taux d'insuline. Lorsqu'on consomme des aliments riches en sucres ou des féculents, la glycémie s'élève et l'insuline, sécrétée par le pancréas, régule cette arrivée massive de sucre. Or une trop grande et trop fréquente décharge d'insuline favorise la production de médiateurs pro-inflammatoires et le stockage des graisses dans l'organisme qui elles-mêmes favorisent l'inflammation silencieuse.

Quels sont les avantages de cette stratégie ?

La diminution de la consommation de glucides réduit le taux d'insuline et stabilise le taux de sucre sanguin, ce qui réduit l'activation des enzymes qui produisent les graisses pro-inflammatoires, et évite le phénomène de glycation.

En effet, consommer trop de mauvais glucides peut anéantir les efforts pour combattre l'inflammation et provoquer un vieillissement prématuré de la peau par un phénomène appelé la glycation. En quoi consiste-t-elle ?

Elle correspond d'une part à la fixation du glucose dans le collagène, et d'autre part à la « caramélisation » du sucre et des protéines dans l'organisme. Ce phénomène nocif pour la peau la rigidifie et la rend sujette aux défauts de pigmentation comme les taches brunes. Pour éviter cette réaction, il est conseillé de réduire sa consommation de sucre raffiné, et de préférer des aliments naturellement sucrés comme les fruits.

## L'index glycémique

Le maintien d'un équilibre idéal de l'insuline permet aussi bien de contrôler sa faim que de perdre les kilos superflus, d'améliorer ses performances physiques et sa concentration. En équilibrant son taux d'insuline, on retrouve un bien-être optimal. Pour cela, il est intéressant de se référer à l'index glycémique qui permet de reconnaître les aliments susceptibles de provoquer une montée de sucre dans le sang et donc d'insuline. Les aliments à index glycémique élevé (pâtes, pain blanc, pâtisseries) provoquent après avoir été ingérés une forte augmentation du taux de sucre dans le sang.

L'objectif de la Nutrimab[2] est de limiter fortement ces aliments et de leur préférer les fruits et légumes à faible index glycémique, comme les asperges, les aubergines, la salade, les aliments complets, les fruits rouges, les oranges, ou les pâtes mais cuites *al dente*. Ces aliments libèrent non seulement plus lentement le sucre dans l'organisme mais ils apportent plus de vitamines, de minéraux, d'antioxydants et de fibres. Il est donc préférable de choisir des glucides à faible index glycémique. Leur richesse en fibres, dont notre alimentation moderne manque trop souvent, est un avantage indéniable car les fibres abaissent l'index glycémique moyen des aliments consommés lors d'un repas. La consommation idéale de fibres est de 30 g par jour, objectif atteint par la Nutrimab².

En choisissant de bons glucides, c'est-à-dire à faible index glycémique, vous retrouverez un équilibre fondamental qui influence la quantité et la proportion des messagers de l'inflammation.

**L'histoire d'Andrea**
**Un taux d'insuline trop élevé**

À 52 ans, Andrea menait une vie des plus excitante. Directeur d'une maison de production de films, il passait son temps entre les déjeuners d'affaires, les cocktails et les soirées en tous genres. Son métier, très relationnel, le contraignait à assister à de nombreux événements. Plus jeune, il avait beaucoup aimé la fête, et c'est d'ailleurs l'ambiance « paillettes » qui l'avait tout d'abord attiré dans l'univers du cinéma. Éternel célibataire, les réceptions lui donnaient l'opportunité de fuir sa solitude et de faire de nombreuses rencontres. Lorsqu'il allait à un cocktail (une à deux fois par semaine), il s'attardait longuement au buffet pour profiter des petits-fours et du champagne.

Depuis plus de vingt-cinq ans, il allait d'excès en excès. En prenant la majorité de ses repas dans les meilleurs restaurants (déjeuners d'affaires obligent), il se nourrissait essentiellement de viande rouge (aliment acidifiant pro-inflammatoire). Il buvait du vin à chaque repas, et ne quittait jamais le restaurant sans avoir goûté à de bonnes pâtisseries. Pour supporter ce rythme infernal (il dormait rarement plus de cinq heures par nuit), il abusait allègrement du café, il en buvait facilement six par jour. C'était en plus un très gros fumeur.

L'année dernière, Andrea s'est décidé à venir me voir. Ayant à se rendre au Festival de Cannes, il avait besoin de mon aide. Andrea savait bien que dans l'univers du cinéma l'apparence est très importante. De nombreuses rencontres l'attendaient et beaucoup de contrats allaient être en jeu lors de cette semaine cruciale.

J'avais donc deux missions importantes à accomplir. Il fallait tout d'abord le remettre en forme pour le jour J en le guidant vers une alimentation saine et durable. Mais il fallait également l'aider à préparer cette semaine où les tentations seraient nombreuses : fêtes et réceptions avec buffet et alcool à volonté.

J'ai été surpris dès la première séance avec Andrea par sa détermination. Bien souvent, je dois trouver un levier et stimuler la motivation de mes patients mais, dans son cas, cela ne semblait pas nécessaire. Andrea avait en effet décidé d'en finir avec tous ses excès. Il voulait se sentir bien dans son corps et dans sa tête. Il cherchait une méthode efficace et sérieuse qui lui permettrait de perdre du poids. Mais ceci n'était pas son seul objectif : il voulait réellement paraître plus jeune se sachant bientôt sous les feux des projecteurs. Son visage était déjà très marqué. Avec des traits bouffis, des poches sous les yeux, il paraissait beaucoup plus vieux qu'il ne l'était : Andrea était surtout désespéré par la graisse qui s'était accumulée principalement autour de sa taille, cette fameuse « bouée », lui donnant un aspect négligé. Il ne pouvait plus porter de jeans sans avoir, selon lui, l'air ridicule.

J'expliquai à Andrea qu'il existe plusieurs causes au processus de vieillissement prématuré dont la principale est l'alimentation. En effet, certains aliments que nous consommons ont un effet à la fois acidifiant et pro-inflammatoire. Les principaux coupables sont les sucres et les aliments à index glycémique élevé, l'alcool, les viennoiseries et les pâtisseries. Andrea comprit très vite que son alimentation était entièrement à revoir. Mais il ne s'agissait pas de lui imposer un régime draconien en contradiction totale avec son mode de vie. Il avait besoin de conseils pour mener sa vie de manière plus saine.

Nous avons tout d'abord fait une série d'examens sanguins afin d'évaluer la situation. C'est sans surprise que j'ai constaté un taux trop élevé de cortisol et d'insuline (hormone impliquée dans le phénomène du vieillissement prématuré).

Andrea présentait tous les signes associés à un état inflammatoire : niveaux élevés de CRP u-s, d'insuline et de sucre sanguin.

Sa difficulté à perdre du poids, cette graisse abdominale qui lui donnait un aspect « grassouillet », ses fringales de sucre ou d'alcool, son goût prononcé pour les pâtes traduisaient un état de résistance à l'insuline.

Ce phénomène dit de résistance à l'insuline se traduit par une mauvaise utilisation du sucre par l'organisme et donc un taux de sucre dans le sang (glycémie) plus important. Cette augmentation du sucre sanguin sollicite le pancréas à l'excès, qui augmente la sécrétion d'insuline pour compenser. À ce rythme, au bout de quelques années, le pancréas s'épuise et, si rien n'est fait, le diabète de type 2 apparaît. Conséquences de cet excès de sucre sanguin : fatigue et épuisement, même si les calories ingérées sont suffisantes. Pire, la faim augmente quand le cerveau comprend que les cellules ne sont pas correctement nourries en raison de la mauvaise utilisation du sucre. Cette faim conduit souvent à rechercher des aliments très riches en calories et en sucres. Cet engrenage explique cette frénésie pour le sucre chez les gens qui ont une résistance à l'insuline.

Face à ce constat, je conseillai à Andrea de réduire fortement sa consommation de glucides contenus dans les pâtisseries et le pain tout en compensant par davantage de fruits et de légumes frais.

Pour parvenir à ses objectifs, je lui proposai également de modifier son mode de vie en pratiquant des exercices physiques tels que le jogging et des exercices basés sur la respiration.

Andrea a ainsi perdu rapidement du poids sans aucun effort ni sensation de faim (ce qu'il n'aurait pas supporté).

Son prochain objectif était d'arrêter de fumer. Bien entendu, je l'ai encouragé vivement à le faire mais lui ai demandé d'y aller doucement car il fallait adopter son nouveau style de vie de manière méthodique et sans se précipiter.

C'est en suivant ces conseils qu'Andrea est apparu sur le tapis rouge du Festival de Cannes, resplendissant de santé. Il semblait avoir dix ans de moins, avec sa silhouette de jeune homme et son teint radieux.

### ➤ *Équilibrer les protéines*

Dans la Nutrimab[2], le contrôle de l'insuline ne repose pas seulement sur la réduction des glucides, car il faut aussi équilibrer l'alimentation avec une dose appropriée de protéines. Les protéines ont un impact important sur la santé et la jeunesse de l'organisme. Elles sont nécessaires à son bon fonctionnement et fournissent à l'organisme les éléments indispensables pour assurer ses fonctions de défense.

En marge de ce rôle, les protéines stimulent la production de glucagon, hormone qui s'oppose à l'action de l'insuline et empêche la prise de poids. Les fringales et la fatigue mentale sont dues à une carence de glucagon. Pour les éviter il est recommandé d'équilibrer la quantité de protéines et de glucides à chacun des repas. C'est pourquoi je privilégie une quantité adéquate de chacun des macronutriments dans l'assiette.

Que se passe-t-il si l'on consomme trop de protéines ? Tout d'abord, il existe deux catégories de protéines, les protéines végétales et les protéines animales. Toutes les protéines animales contiennent une certaine quantité d'acide arachidonique (AA), précurseur des médiateurs pro-inflammatoires.

Selon les dernières études scientifiques, on constate une plus forte probabilité de cancer chez les gros consommateurs de viande qui est due en partie à l'inflammation chronique.

Un autre risque si l'on consomme trop de protéines est d'acidifier et de fragiliser les os. De plus, les aliments riches en protéines animales contiennent aussi des toxines, provenant de l'environnement, en quantité variable selon la place de l'animal dans la chaîne alimentaire.

Il ne s'agit pas pour autant de bannir les protéines animales (viande, œufs, fromage, poisson) mais de les réduire au profit des protéines végétales qui contiennent des graisses plus saines, des phytonutriments bénéfiques et moins de toxines. On obtient alors un effet positif pour l'organisme.

### ➤ *Retrouver le bon équilibre entre les graisses*

L'autre clé du succès de la Nutrimab² est la place donnée aux bonnes graisses pour équilibrer l'assiette et le métabolisme. Ce sont elles qui illustrent le mieux la connexion entre alimentation et inflammation.

En effet, les médiateurs pro-inflammatoires dans les maladies chroniques sont synthétisés à partir des graisses issues de notre alimentation.

Les recherches médicales récentes ont remis en question de nombreuses théories sur l'alimentation et la diététique anti-âge, notamment à propos des graisses. Une des découvertes majeures de ces dernières années est que la consommation de graisses ne fait pas obligatoirement prendre du poids et qu'elles sont indispensables au bon fonctionnement de l'organisme si elles sont équilibrées.

Elles ont une influence particulière sur la structure des membranes des cellules et sur l'équilibre des réactions métaboliques de l'organisme. C'est grâce à elles que s'effectuent la synthèse des hormones et des parois des cellules ainsi que le stockage d'énergie.

Notre corps fonctionne beaucoup mieux lorsque l'alimentation est équilibrée en acides gras essentiels qui sont apportés principalement par notre alimentation. Cet élément capital pour notre santé représente une des avancées les plus prometteuses en matière de recherche sur l'inflammation et la nutrition anti-âge.

Ainsi l'élément clé est la réduction des apports en graisses riches en oméga-6 (huiles de maïs, de tournesol, d'arachide, de soja) omniprésentes dans notre alimentation. En les diminuant, vous réduirez la production d'acide arachidonique

(AA) et de médiateurs pro-inflammatoires. Parallèlement à la réduction des graisses oméga-6, il convient de privilégier les graisses oméga-3 (poissons gras et huiles de poisson gras) qui ont une action anti-inflammatoire, ainsi qu'une autre catégorie, les graisses mono-insaturées (huile d'olive, avocats).

### ➤ *Rétablir l'equilibre acide-base*

Finalement, en respectant ces équilibres fondamentaux vous allez rétablir naturellement l'équilibre acide-base, que j'ai décrit dans *La Méthode acide-base,* et aider à la diminution des douleurs de type inflammatoire. Vous reviendrez ainsi progressivement à la proportion 70/30 que je recommande : 70 % d'aliments bases et 30 % d'aliments acides en volume dans votre assiette, un des pivots de ma stratégie anti-âge.

## Une délicieuse méthode facile à mettre en œuvre

### ➤ *La prescription nutritionnelle*

#### Bien associer les aliments entre eux

Je vous invite à suivre un programme nutritionnel fondé sur des résultats scientifiques qui permet à votre corps de s'adapter aux changements liés à l'âge.

Nous l'avons déjà vu, ce qui développe l'inflammation est la consommation excessive d'aliments « industriels » pro-inflammatoires (protéines animales, sucres et graisses saturées). Ces aliments, en plus de nuire à votre santé, favorisent le surpoids et l'obésité. Il faut donc équilibrer votre assiette avec une alimentation essentiellement anti-inflammatoire (70/30). Un régime qui ne tient pas compte de cet équilibre ne peut ni vous faire perdre du poids sur le long terme ni vous redonner de l'énergie. Respecter une alimentation équilibrée vous permettra de bénéficier de nombreux bienfaits.

La première étape du processus de rajeunissement cellulaire est donc d'établir les bases solides d'un changement de nos habitudes.

### ➤ *Les règles de l'assiette Nutrimab²*

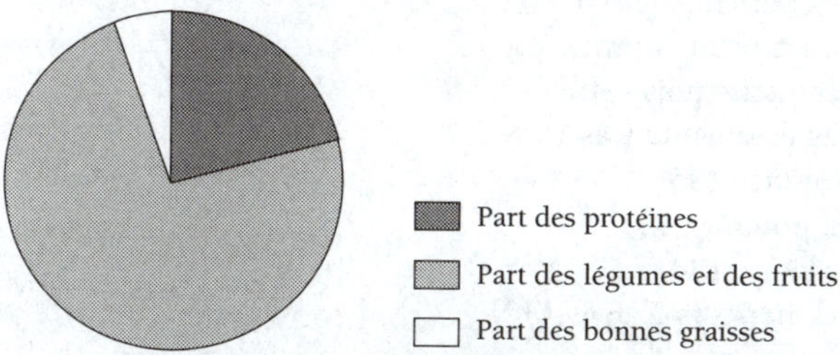


**Répartition des grandes catégories d'aliments dans votre assiette**

La répartition dans l'assiette est essentielle car elle permet de moduler les médiateurs pro- et anti-inflammatoires. Avec mon programme, rien n'est interdit, tout se compense. Vous équilibrez votre alimentation grâce à de grandes quantités de légumes et fruits, des viandes maigres, et des poissons gras, et enfin de bonnes graisses telles que les huiles de colza et d'olive. Sans oublier une supplémentation en huile de poisson et en huiles végétales (GLA et ALA) de bonne qualité.

### Les glucides

Les glucides, représentés par les légumes et les fruits, occupent 70 % du volume de l'assiette.

Pour distinguer les glucides « favorables » des glucides « défavorables », on utilise l'index glycémique qui est une échelle graduée de 0 à 100 traduisant leur impact sur le taux de sucre dans le sang (voir page 421).

Le moyen le plus sûr de contrôler son taux d'insuline est de choisir des aliments à faible index glycémique.

*Les aliments à privilégier dans votre assiette* sont ceux dont l'index glycémique est au-dessous de 55 :

- les flocons d'avoine (40) ;
- les haricots verts (30) ;
- le riz brun complet (50) ;
- les petits pois (40) ;
- les patates douces (50) ;
- l'orange (35) ;
- la pomme (35) ;
- la poire (30) ;
- les haricots rouges (40).

*Les aliments qui sont acceptables* sont ceux dont l'index glycémique se situe entre 55 et 70 :

- la banane (60) ;
- les raisins secs (65) ;
- le jus d'orange sans sucre ajouté (65) ;
- les biscuits secs (55) ;
- le pain complet (65) ;
- le porridge (60) ;
- les pommes de terre à l'eau ou à la vapeur (65).

*Les aliments qui sont considérés comme défavorables* sont ceux dont l'index glycémique est égal ou supérieur à 70 :

- le riz à cuisson rapide (85) ;
- le pain blanc (70) ;
- les pommes de terre frites ou au four (95) ;

– le miel (90) ;
– les corn flakes (85) ;
– le sucre blanc (70).

LES ERREURS À NE PAS FAIRE

Voici quelques exemples d'*aberrations nutritionnelles* assez courants qui expliquent l'épidémie d'inflammation.

– Une assiette de frites accompagnée de trois morceaux de poulet équivaut à environ 950 calories pour environ 60 g de protéines, 45 g de lipides et 70 g de glucides (à index glycémique élevé), soit l'équivalent de 15 cuillerées à café de sucre.
– Un plat de poisson pané et de frites représente environ 1 080 calories avec environ 40 g de protéines, 65 g de lipides et 85 g de glucides, soit l'équivalent de 18 cuillerées à café de sucre.
– Une pizza représente environ 1 750 calories avec environ 80 g de protéines, 90 g de lipides et 160 g de glucides, soit l'équivalent de 30 cuillerées à café de sucre.
– Sachez qu'un maxi *burger* frites et une boisson au cola représentent environ 1 300 calories avec environ 35 g de protéines, 45 g de lipides et 190 g de glucides, soit l'équivalent de 40 cuillerées à café de sucre.

**Quelques références d'index glycémique**

| | **Index glycémique bas et moyen jusqu'à 50 (à privilégier)** | **Index glycémique élevé supérieur à 50 (à limiter ou à fortement diminuer)** |
|---|---|---|
| **Sucres** | Les extraits sucrants naturels : fructose, sirop d'agave, stévia (plante naturelle), chocolat noir (plus de 70 % cacao) | Sucres blanc et roux, le miel, le sirop d'érable et de maïs |
| **Farines** | Pain intégral ou multigrains, pain pumpernickel (pain noir), flocons de céréales bruts sans sucre ni miel, ni orge, pâtes peu cuites à la farine de blé dur, riz complet ou basmati, pâtes semi-complètes, nouilles chinoises au soja, cracker au seigle (plus de 20 % de fibres) | Farines blanches : pain blanc, pâtes (très cuites), riz blanc, riz soufflé, céréales raffinées et sucrées, pâtisseries, galettes de riz |
| **Céréales** | Céréales sans sucre complètes et multigrains All-Bran® Wasa fibres® | Céréales de petits déjeuners : raffinées et sucrées, corn flakes, pain grillé suédois |
| **Fruits** | Confiture sans sucre ajouté, fruits frais naturels : fraises, pêches, myrtilles... | Confitures, fruits avec du sucre |
| **Boissons** | Citron pressé, thé vert sans sucre, un verre de vin pendant le repas | Jus de fruits industriels, sodas, boissons alcoolisées en dehors des repas |

MES RECOMMANDATIONS

• *Faites le plein de polyphénols*

L'un des domaines les plus excitants de la recherche nutritionnelle est la découverte des bénéfices santé des polyphénols, composés végétaux présents dans les fruits et les légumes mais aussi dans les herbes, susceptibles de renforcer les défenses contre les microbes, de réduire les risques de cancer et d'autres maladies liées à l'inflammation. Depuis quelques années, les avancées de la recherche dans ce domaine sont importantes et tant de composés bénéfiques pour notre santé ont été découverts que l'on se demande pourquoi la consommation de fruits et légumes n'augmente pas plus vite, plus particulièrement dans les pays industrialisés.

En effet, certains composés présents dans les fruits et légumes constituent une protection contre les différentes maladies chroniques grâce à certains de leurs composants : les polyphénols. Ce sont des groupes chimiques naturellement présents dans les plantes qui peuvent profondément influencer les fonctions des cellules. Les polyphénols contiennent des caroténoïdes et des flavonoïdes, pigments qui donnent leur couleur aux aliments : du jaune au violet foncé (pour les flavonoïdes présents dans les poires, les pommes, les oranges, le citron, les mandarines, le pamplemousse, les choux, les brocolis, les poireaux, le persil, le fenouil…), du jaune au rouge (pour les caroténoïdes présents dans les carottes, les abricots, les poivrons, les piments…).

**Leur intérêt ?** Je les considère comme extrêmement importants car nous sommes de plus en plus exposés à des agressions internes et externes dues à l'alimentation et au mode de vie moderne.

Ces agressions sont le tabagisme, la pollution de l'air et les multiples substances chimiques cancérigènes présentes dans l'eau et dans les aliments ; ils submergent notre système immunitaire. Le remède est dans les puissants antioxydants contenus dans de nombreux végétaux dont les effets anti-inflammatoires sont considérables. En protégeant entre autres le cœur et les artères des agressions.

**Leur rôle dans l'inflammation.** La plupart des phytonutriments sont des agents anti-inflammatoires de la nature. Les chercheurs en ont identifié plus de deux mille dans les aliments végétaux, et une grande part d'entre eux possède des vertus antioxydantes : ils neutralisent les radicaux libres produits pendant l'inflammation. Manger en quantité des aliments végétaux aux couleurs diverses (de préférence cuits à la vapeur) est donc un moyen efficace d'obtenir la meilleure protection possible contre un grand nombre de maladies, mais aussi contre les signes du temps.

Plus les végétaux sont colorés, plus leur potentiel antioxydant est élevé. En modifiant votre régime alimentaire habituel, vous pourrez obtenir des quantités importantes de vitamines et de minéraux essentiels pour améliorer votre santé et vous sentir plus jeune.

**Les fruits riches en polyphénols aux vertus anti-inflammatoires.** Ce sont les abricots, les baies (fraises, myrtilles, mûres, framboises, cassis), les cerises, le citron, les pamplemousses, les oranges, la rhubarbe, les kiwis, les prunes, les poires, les grenades, les pommes, les raisins rouges…

**Les légumes riches en polyphénols aux vertus anti-inflammatoires.** Ce sont les olives (et huile d'olive), les aubergines, les haricots, les brocolis, artichauts, les choux, les salades (laitues)…

De plus, certains condiments et herbes comme l'oignon et le persil contiennent aussi des polyphénols tout comme le thé vert.

### LES FIBRES

Les fruits et légumes sont riches en phytonutriments, en vitamines et minéraux, mais ils ont un avantage supplémentaire : ils sont riches en fibres alimentaires insolubles appelées aussi cellulose.

La cellulose a pour rôle de stabiliser l'insuline en réduisant la vitesse d'absorption des glucides et elle agit comme une « brosse » qui nettoie le système digestif jusqu'à ce qu'il soit propre. Par ailleurs, elle augmente le bon cholestérol et détoxifie votre corps. Parce qu'elles sont nutritionnellement intéressantes, les fibres vous aident à moins manger et à combler votre faim.

Pour ingérer 30 g de fibres par jour, mangez beaucoup de fruits et de légumes frais. Mangez la peau seulement si les fruits et légumes sont de provenance « bio » car les meilleures fibres s'y trouvent. Elles sont aussi présentes dans la farine d'avoine, le riz brun et le brocoli.

### L'ARC-EN-CIEL DE LA NUTRIMAB²

Tout d'abord il convient de choisir les fruits et légumes risquant d'être les moins contaminés par des toxines et les plus riches en fibres et en polyphénols, comme les produits issus de la culture biologique. Il est toujours recommandé de les laver et les éplucher.

Les fruits et les légumes ont un avantage sur les autres aliments (féculents tels que les pâtes, le riz…) : ils contiennent des polyphénols antioxydants et sont riches en bons nutriments. Peu caloriques, ils peuvent être consommés en grande quantité, comme vous le voulez et quand vous le voulez.

Par exemple, pour ne plus avoir faim entre les repas, prendre un bol de potage chaud ou du jus de légumes au moins vingt minutes avant le déjeuner ou le dîner ou une assiette remplie de légumes grillés ou cuits à la vapeur, dont l'index glycémique est beaucoup plus faible qu'une petite portion de pomme de terre ou de riz.

Même s'il ne s'agit pas uniquement de perdre du poids, cette alimentation vous met sur la voie de choix nutritionnels plus sains et plus naturels.

Il est recommandé de consommer trois à quatre fruits différents par jour : par exemple une barquette de fruits rouges, un kiwi, une demi-banane, un pamplemousse ou une orange au petit déjeuner, une poire, un brugnon, une prune ou une pêche au déjeuner, et des fraises, des framboises, du raisin ou une compote de pommes au dîner. Les pommes sont fortement conseillées pour leur richesse en pectine qui agit comme une éponge à cholestérol.

#### NE VOUS PRIVEZ PAS DE DOUCEURS NATURELLES

Les douceurs et les desserts représentent un petit moment de plaisir qui ponctue la journée ou la fin d'un repas. Faites-vous plaisir, mais optez pour des en-cas naturels. Avec un peu d'imagination, on peut en créer de délicieux à base de fruits, de noix ou de yaourt.

- Le chocolat noir à 70 % de cacao est également une des douceurs dont vous ne devez pas vous priver totalement. Il contient des éléments nutritifs comme le magnésium, des stimulants du système nerveux (comme la théobromine), de la caféine, des petites quantités de sérotonine (qui a des effets antidépresseurs) et des polyphénols qui jouent un rôle antioxydant. Le cacao contient par ailleurs des flavonoïdes et des phytonutriments qui préviennent l'oxydation du mauvais cholestérol (LDL) tout en augmentant le taux de bon cholestérol (HDL) sanguin.
- Les fruits secs sont également de délicieux en-cas ou desserts qui sont riches en fibres alimentaires et en minéraux. Il faut cependant les consommer avec modération, car ils

sont tout de même très caloriques, et leur préférer les belles salades de fruits frais ou des fruits au four.

– Sucré ou sans sucre ? Vous n'avez pas besoin de sucre raffiné ou d'édulcolorant artificiel. Les fruits vous donnent à la fois du sucre naturel et des phytonutriments anti-inflammatoires. Les cerises, les myrtilles et les grenades sont particulièrement recommandées car elles possèdent des vertus anti-inflammatoires supérieures aux autres fruits. D'autres « sucres naturels » comme par exemple le sucre brun et le miel ne font pas partie des aliments conseillés. Le sucre brun est du sucre auquel on ajoute une touche de mélasse pour la couleur et le goût, et la plupart des miels du commerce contiennent essentiellement du sucre qui, comme nous l'avons vu, accélère le processus de vieillissement.

## Les protéines

Les protéines contenues dans les viandes, les poissons et les protéines végétales (légumes secs et soja) occupent un tiers du volume de l'assiette. L'équilibre entre protéines et glucides permet de maintenir le bon niveau d'insuline. Si vous mangez la proportion adéquate de protéines vous éviterez les déséquilibres insuliniques à l'origine des faims incontrôlées.

De plus, il est important de bien choisir ses protéines si l'on veut éviter les aliments trop riches en acide arachidonique (AA) précurseur des médiateurs pro-inflammatoires.

L'influence des protéines sur l'état inflammatoire dépend aussi de l'alimentation des animaux que nous consommons. En effet, les aliments protéiques contiennent des lipides qui peuvent être pro-inflammatoires (principalement la peau du poulet) ou anti-inflammatoires (poisson gras) En outre, les graisses animales sont souvent saturées et influencent la production de cholestérol.

Vous pouvez consommer de la viande mais vous devez en réduire la consommation au profit des protéines végétales (soja, lentilles, haricots secs…) et des poissons gras.

MES RECOMMANDATIONS

• *Mangez plus de poisson, spécialement les poissons des mers froides*

Les poissons gras des mers froides sont composés d'un grand nombre d'actifs biologiques, en particulier les acides gras oméga-3. Ces acides gras EPA et DHA ont tous les deux des propriétés anti-inflammatoires.

**En quelle quantité ?** Il faut consommer du poisson aussi souvent que possible, au minimum quatre à cinq fois par semaine pour se recharger en acides gras oméga-3. Des études ont montré qu'une bonne consommation de poissons gras diminue les risques de crise cardiaque et de maladie d'Alzheimer.

Les compléments alimentaires à base d'huiles de poisson peuvent aussi combler une carence en EPA et DHA.

**Quels poissons ?** Les poissons avec la plus grande concentration d'acides gras oméga-3 sont le saumon sauvage (et non d'élevage), le maquereau, le hareng du Pacifique, l'anchois, la truite. Le thon, la morue, la sole, le crabe et la crevette contiennent une quantité moins importante d'oméga-3 mais sont de bons aliments. À la maison, vous pouvez imaginer de multiples façons d'accommoder le poisson. La plupart des poissons sont livrés congelés dans les supermarchés. Vous pouvez les cuire en papillote, à la vapeur, au gril ou à la poêle dans de l'huile d'olive.

**Les interdits en cuisine.** Les poissons frits ou panés sont à proscrire. Le fait de paner ajoute des calories et la cuisson ajoute des oméga-6 et des acides gras trans.

Certains poissons sont à éviter, car ils contiennent du mercure. Alors, comment régler ce problème lorsque vous souhaitez manger du poisson riche en oméga-3 anti-inflammatoires ?

D'abord, évitez les poissons provenant d'eaux polluées. Les poissons élevés ne contiennent pratiquement pas de mercure, bien qu'ils aient beaucoup plus d'acides gras oméga-6 que les poissons sauvages (car les poissons élevés sont nourris avec des grains). Ensuite, pour éviter ce problème, il faut prendre des suppléments riches en sélénium. Le sélénium est un complément nutritionnel qui a pour avantage de bloquer la toxicité provoquée par le mercure. L'avantage des compléments nutritionnels à base d'huile de poisson est qu'ils permettent d'éviter le problème du mercure.

**Et pour ceux qui n'aiment pas le poisson ?** Si vous n'aimez pas le goût du poisson ou si vous êtes végétarien, vous pouvez augmenter votre consommation en EPA et DHA avec les suppléments d'huile de poisson. Ils ont l'avantage de fournir un concentré efficace de composants anti-inflammatoires. De nombreuses études ont démontré leur efficacité sur le cœur, le cerveau, la peau, les nerfs.

Vous pouvez aussi saupoudrer une salade ou des légumes avec des graines de lin ou avec de l'huile de bourrache, de cassis et de primevère qui sont moins riches en oméga-3.

Vous pouvez aussi manger des œufs enrichis en oméga-3, à condition d'enlever le jaune d'œuf qui est source d'AA.

*• Mangez de la viande provenant d'animaux nourris avec des végétaux naturels*

Les protéines animales « industrielles » sont trop souvent privilégiées dans notre alimentation.

**Quelles viandes choisir ?** Il est préférable de consommer des viandes issues d'animaux nourris naturellement (avec de l'herbe, source d'acide alphalinoléique).

**Quelles viandes éviter ?** Il est important d'éviter ou de limiter votre consommation de viande d'animaux nourris avec des grains riches en oméga-6 pro-inflammatoires. Leur teneur en acides gras saturés est un risque supplémentaire de développer des maladies cardio-vasculaires.

Cet avertissement concerne la viande ou les œufs provenant d'animaux nourris avec des céréales à base de maïs.

Vérifiez que la viande que vous achetez, même dans les magasins « bio », provient bien d'un élevage d'animaux élevés en plein air et nourris naturellement.

**La quantité de protéines ?** Notre ligne directrice étant l'équilibre, les protéines de viande comme celles de poisson doivent être contrôlées autant sur leur qualité que sur leur quantité.

Les protéines assurent le contrôle de la faim et de la prise de poids. Elles sont indispensables car elles sont nécessaires au bon fonctionnement de l'organisme lorsque l'équilibre est respecté. Cependant, la proportion des protéines dans l'assiette doit toujours rester inférieure à celle des glucides (légumes, salades, végétaux).

Le besoin corporel en protéines n'est pas aussi crucial que nous avons tendance à le croire. Il n'est donc pas nécessaire de manger beaucoup de protéines pour assurer un taux adéquat de glucagon (l'hormone coupe-faim). Mais si vous avez une activité physique importante, si vous faites beaucoup de sport ou si vous êtes plus corpulent que la norme vous devez alimenter une quantité importante de masse musculaire et vos exigences en protéines seront alors plus élevées. Toutefois, une consommation excessive de protéines animales génère des composés acides qui provoquent une hyperacidification à l'origine de nombreuses maladies : ostéoporose, rhumatismes articulaires, douleurs lombaires…

**La bonne fréquence pour manger de la viande ?** Mangez de la viande rouge une à deux fois par semaine, pas plus, et cuisinez la volaille sans la peau.

LES ŒUFS

Privilégiez le blanc d'œuf et si vous aimez le jaune veillez à limiter fortement sa consommation en cas d'inflammation chronique.

MANGEZ DES PROTÉINES VÉGÉTALES

Alternez la consommation de protéines animales avec celle de protéines végétales (légumineuses et soja). Ce sont des aliments riches en protéines qui totalisent un faible apport calorique. L'avantage de ces derniers est qu'ils rassasient tout en apportant des minéraux (magnésium). Les protéines végétales fournissent beaucoup de fibres et atténuent les effets des acides gras saturés. Elles peuvent être appréciées accompagnées de légumes verts ou en soupe. Elles seront combinées selon la règle des 70/30 que nous venons de voir dans l'étape précédente.

## Ajoutez un filet de bonnes graisses dans votre assiette

Les protéines et les glucides composent une grande partie de l'assiette idéale, mais il ne faut pas oublier d'ajouter un élément capital qui sera bénéfique pour votre corps, donnera du goût à vos aliments et assurera l'équilibre entre les médiateurs pro- et anti-inflammatoires : il s'agit des bonnes graisses.

Toutes les graisses ne sont pas équivalentes, car chacune exerce des actions différentes et parfois même opposées.

Vous avez appris dans les chapitres précédents que si vous consommez trop de mauvaises graisses vous produisez des médiateurs pro-inflammatoires qui affaiblissent votre système immunitaire et font le lit des maladies inflammatoires.

## Rétablir l'équilibre acide-base

En plus d'apporter des bénéfices anti-inflammatoires à votre santé, mon programme permet de maintenir un bon équilibre acide-base. En réduisant la proportion d'aliments acidifiants, le corps fonctionne au bon pH (valeur qui indique le caractère acide ou basique).

Tous les aliments, une fois utilisés par l'organisme, génèrent des substances basiques et des substances acides. Un aliment qui fait produire plus d'acides que de bases est dit acidifiant et un aliment qui génère plus de bases est considéré comme alcalinisant. Notre corps a besoin d'un pH à peu près constant pour fonctionner correctement, c'est-à-dire autour de 7,40. Or notre alimentation moderne nous fait consommer trop d'aliments acidifiants, ce qui conduit à un déséquilibre acide-base au profit des acides.

Généralement, les aliments acidifiants sont ceux qui proviennent des protéines animales (viandes, poissons, œufs, charcuterie, fromage...) et des aliments céréaliers (pain, farine, riz, pâtes...). À l'inverse, les légumes et les fruits sont alcalinisants.

Pour que votre organisme fonctionne dans de bonnes conditions et qu'il joue son rôle de défense et de régulation, il faut revenir à un équilibre acide-base idéal.

Une alimentation acidifiante est pro-inflammatoire, elle prépare le terrain des maladies inflammatoires, du surpoids, de la perte osseuse, et des problèmes de peau.

Une alimentation alcalinisante est anti-inflammatoire grâce à sa teneur élevée en vitamines, minéraux, fibres, antioxydants, et grâce à son action diététique sur l'insuline et sur la flore intestinale.

On sait maintenant que les oméga-3 sont pourvoyeurs de médiateurs anti-inflammatoires et les oméga-6 de médiateurs pro-inflammatoires. Pour cette raison ma stratégie est fondée entre autres sur l'utilisation des bonnes graisses aux atouts anti-inflammatoires.

Notre corps a aussi besoin d'une certaine quantité d'autres bonnes graisses dites mono-insaturées fournies, par exemple, par l'huile d'olive, les noix, les amandes et les avocats qui agrémenteront vos salades et vos plats. Ces bonnes graisses apportent des composés essentiels pour notre stratégie anti-inflammatoire. Elles ont l'avantage de ralentir l'absorption des sucres par le sang et de freiner la sécrétion d'insuline et donc les pulsions de faim.

LES GRAISSES À ÉVITER

• *Les acides gras saturés*

Les graisses saturées sont les « mauvaises graisses » qui font augmenter le « mauvais cholestérol », celui qui bouche les artères.

Les principales sources de graisses saturées sont :

- les graisses animales telles que celles du bœuf, du porc, de l'agneau, du poulet cuit avec la peau et du canard ;
- le lait entier et les produits à base de lait entier, plus particulièrement le fromage, le beurre, et la crème.

• *Les acides gras trans (AGT)*

Les acides gras trans sont des graisses qui sont artificiellement solidifiées (margarines, pâtes à tartiner et certaines huiles végétales). Il en existe deux sortes :

- les AGT industriels souvent présents sur les étiquettes sous la dénomination « graisses végétales hydrogénées ;
- les AGT naturels qu'on retrouve en petites quantités dans le lait et la viande. Ils seraient moins néfastes que les gras trans industriels.

Les acides gras trans ont été interdits de la restauration collective en Californie et dans l'État de New York ainsi qu'aux

Pays-Bas en raison du nombre élevé de maladies et de morts qui leur sont imputables.

Les AGT proviennent principalement des graisses traitées et transformées par le procédé d'hydrogénation. En injectant de l'hydrogène, l'huile est transformée en une sorte de pâte qui apporte moelleux et fondant aux gâteaux par exemple. Moins onéreux que le beurre, les AGT permettent aussi d'allonger la durée de conservation de ces aliments que l'on trouve souvent dans les supermarchés. Rappelons que consommées en grande quantité, ces graisses industrialisées sont nocives pour notre système immunitaire, dangereuses pour l'organisme car leur effet pro-inflammatoire accroît les risques de maladies cardio-vasculaires, de cancers et d'accélération du vieillissement.

Les principales sources de graisses trans sont :

- les aliments industriels fabriqués à base d'huiles tropicales telles que l'huile de palme et de coco et les graisses végétales solides telles que la margarine ;
- les huiles végétales hydrogénées que l'on retrouve dans les gâteaux secs, dans la nourriture industrialisée, les viennoiseries, les barres chocolatées ou céréalières, les chips, dans les sauces toutes prêtes et les pâtes à tartes.

MES RECOMMANDATIONS

- Ne consommez jamais de margarine, remplacez-la par de l'huile d'olive ou de colza.
- Ne consommez aucun produit contenant de l'huile partiellement hydrogénée.
- Réduisez votre apport en graisses saturées (produits laitiers, viande rouge).
- Méfiez-vous des huiles végétales de supermarché car souvent extraites à chaud, elles subissent des transformations chimiques et deviennent ainsi pro-inflammatoires.

– Utilisez des huiles pressées à froid. Préférez l'huile d'olive extra-vierge.
– Ne laissez pas chauffer l'huile trop longtemps et ne la réutilisez pas si elle a été chauffée à haute température.
– Évitez les aliments frits et transformés : vous êtes amenés à consommer beaucoup d'huiles pro-inflammatoires dans les fast-foods, les restaurants chinois, et les chaînes de restaurants rapides qui servent de la nourriture industrialisée. Les produits vendus dans ces établissements sont la plupart du temps riches en nutriments pro-inflammatoires (oméga-6, acides gras trans, sucres et grains raffinés).

Il faut donc limiter la consommation d'aliments d'origine animale y compris les produits laitiers ainsi que les huiles tropicales et les huiles artificiellement solidifiées.

Ma stratégie Nutrimab$^2$ vous aide donc à réduire les graisses saturées et les graisses trans (qui favorisent l'inflammation) tout en augmentant les acides gras oméga-3 et les acides gras mono-insaturés.

LES BONNES GRAISSES

• *L'huile d'olive : particulièrement recommandée*

Utilisez de l'huile d'olive comme première huile de cuisson car c'est la meilleure et la plus inoffensive de toutes les huiles alimentaires. Elle devrait d'ailleurs être la seule huile utilisée en cuisson en raison de sa richesse en acides gras mono-insaturés (principalement en acide oléique) Son goût varie en fonction de sa provenance et de la marque.

**L'histoire et les études prouvent ses bienfaits.** Les oliviers ont toujours été vénérés par les civilisations de la Méditerranée car ces arbres à la longévité remarquable ne nécessitent pas pour leur culture de pesticides ou d'engrais chimiques.

Des études ont montré que les populations qui consommaient principalement l'huile d'olive avaient un pourcentage de maladies cardio-vasculaires et de cancers moindre que les populations consommatrices d'autres huiles.

**Pourquoi l'utiliser ?** La meilleure qualité d'huile d'olive extra-vierge est extraite par une pression douce à froid et non pas à chaud avec des solvants.

C'est un ingrédient important de notre régime moderne car l'acide gras oméga-9, l'acide oléique, qui se trouve dans l'huile d'olive aide à contrer l'apport d'oméga-6.

L'huile d'olive, comme l'huile de poisson, est importante pour ses propriétés anti-inflammatoires. Elle apporte un supplément de goût agréable à vos plats.

### Mon conseil

Prenez chaque jour entre deux et trois cuillerées à café d'huile d'olive extra-vierge, soit 1 cuillerée à café à chaque repas. Il suffit, par exemple, de mettre un filet d'huile d'olive sur une protéine maigre ou des légumes cuits.

• *L'huile de colza*

Elle est aussi riche en oméga-3 et oméga-9. Il faut cependant veiller à son mode de fabrication car elle est souvent créée par extraction chimique qui nécessite des solvants. Pour être saine, elle doit avoir été pressée mécaniquement.

• *L'huile de sésame*

Cette huile est riche en acides oléique et linoléique, réduit l'absorption de cholestérol, aide le foie à neutraliser sa production et améliore les troubles de la mémoire. Elle contient des composés (sésamine) inhibiteurs directs de l'enzyme qui fabrique l'acide arachidonique ; elle agit ainsi contre l'inflammation. Cependant, comme elle contient aussi des oméga-6, elle sera utilisée de temps en temps en remplacement d'une autre huile.

L'huile de sésame a une grande richesse nutritionnelle qui va agir sur la peau et les cheveux. Elle peut être également utilisée en soins externes pour masser et peut aussi calmer les douleurs articulaires, les sciatiques et le mal de dos.

• *L'huile de noix*

C'est une huile riche en oméga-3. Elle agit très faiblement sur l'inflammation, réduit l'hypertension, agit sur les vaisseaux sanguins en s'opposant à la formation de caillots. De plus, elle contribue à diminuer le risque cardio-vasculaire et pourrait intervenir aussi dans la prévention de la maladie d'Alzheimer. Elle est riche en magnésium, en fer, en vitamines B6 et E qui sont bénéfiques pour les cheveux.

**Mon conseil**

L'huile de noix apporte une note à la fois sucrée et amère dans les salades. Elle est excellente dans une vinaigrette légèrement corsée avec du vinaigre balsamique. Elle est irrésistible sur des poissons grillés ou dans des plats mijotés tels que le coq au vin, le bœuf bourguignon. Enfin, elle accompagne parfaitement les fromages.

Conservez-la dans la porte du réfrigérateur ou dans un endroit frais et sombre pour qu'elle garde toutes ses qualités.

• *L'huile de poisson*

Attention, n'utilisez pas d'huile de poisson pour la cuisson des aliments. En effet, elle s'oxyde à température élevée et provoque alors la formation de radicaux libres pro-inflammatoires.

## Sublimer le goût avec les herbes, les épices, les alliums et les crucifères

Parmi les aliments riches en nutriments anti-inflammatoires, certains pourtant très efficaces dans leur action contre l'inflammation sont souvent négligés : ce sont les épices, les herbes et les condiments.

Des études ont démontré que les herbes et les épices possédaient des vertus antioxydantes et anti-inflammatoires, d'où leur effet anti-âge. Elles peuvent même améliorer notre sensibilité à l'insuline et faire baisser le taux de cortisol, ce qui revient à renforcer l'organisme.

Les avantages des épices, des herbes et des condiments vont donc bien au-delà de leur goût.

### LES ÉPICES ET LES HERBES

Ces plantes aromatiques donnent du goût aux aliments et peuvent être utilisées à des fins médicales. Leur différence ? L'herbe est fraîche alors que l'épice est séchée.

Ces plantes ont des qualités anti-inflammatoires et sont riches en antioxydants. Ne les négligez pas, elles relèvent vos repas et sont bonnes pour la santé.

• *Quelques herbes à utiliser en cuisine*

Thym, persil, céleri, basilic, romarin, origan et menthe.

• *Des épices à utiliser en cuisine*

**Le curcuma**. Le curcuma est un assaisonnement de couleur jaune considéré aujourd'hui comme l'anti-inflammatoire naturel le plus puissant. Il est l'un des composants du curry.

Ses propriétés sont variées car il est à la fois antioxydant et anti-inflammatoire. Il contient un composé appelé curcumine qui freine la synthèse de l'acide arachidonique. De plus, il a un rôle protecteur contre les effets néfastes des radicaux libres sur les cellules. Il stimule le système immunitaire. Mais nous n'en absorbons pas suffisamment pour obtenir une action anti-inflammatoire efficace.

**Mon conseil**

Il est préférable de le mélanger au poivre noir ou de le diluer dans de l'huile d'olive afin que le curcuma soit mieux absorbé par l'organisme. Vous pouvez en faire un allié de votre alimentation en l'ajoutant le plus régulièrement possible aux légumes, aux soupes et aux vinaigrettes.

**Le gingembre**. Le gingembre est principalement consommé en Asie. Il a des propriétés anti-inflammatoires et, grâce à ses antioxydants, il protège les cellules des radicaux libres. Il réduit aussi les risques de maladies cardio-vasculaires, de cancers, d'arthrite et d'autres maladies liées au vieillissement.

Il se présente sous deux formes : frais ou cuit. C'est sous sa forme fraîche que son action antioxydante est la plus remarquable.

**Mon conseil**

Ajoutez du gingembre frais le plus souvent possible dans les salades, les plats de poisson ou de poulet.

**Le piment**. Le piment est riche en capsaicinoïdes (composés chimiques qui donnent la sensation de brûlure dans la bouche) et en vitamine C et contient une grande variété de phytonutriments anti-inflammatoires et d'antioxydants.

Il recèle de vertus médicinales : il lutte contre la formation de caillots sanguins déclencheurs de crises cardiaques et d'attaques cérébrales et facilite la sécrétion gastrique.

**Mon conseil**

Si vous ne supportez pas son goût piquant, vous pouvez l'adoucir en retirant les graines qui tapissent les parois du piment avant de le cuisiner.

### LE SEL : ATTENTION !

Aujourd'hui, le sel (chlorure de sodium) est le condiment le plus utilisé pour renforcer le goût des plats. Les hommes du paléolithique consommaient beaucoup plus de potassium et moins de sodium qu'aujourd'hui. La surconsommation de sel est l'un des facteurs majeurs de l'hypertension artérielle : environ dix millions de personnes en France sont traitées, sans compter celles qui en souffrent sans le savoir.

Le sel en excès fait fuir notre calcium et présente donc une menace pour nos os.

De plus, certaines personnes présentent une sensibilité particulière au sel : une trop grande consommation peut provoquer une rétention d'eau qui augmente la charge de travail du cœur et des reins. La rétention d'eau se manifeste par des maux de tête, le gonflement des mains ou d'autres parties du corps, particulièrement chez la femme.

**Mon conseil**

Quatre-vingt-dix pour cent du sel se trouvent dans les aliments transformés et industrialisés. Le meilleur moyen de réduire votre apport en sel consiste à les éliminer de votre alimentation ou à diminuer fortement leur consommation. Vous pouvez également apprendre à moins saler vos aliments en ne mettant pas de salière sur la table et en éliminant les en-cas (chips, cacahuètes, amandes...) enrobés de sel.

### LES ALLIUMS ET LES CRUCIFÈRES

Les bénéfices médicaux des plantes du genre alliums et crucifères sont rapportés depuis les temps les plus anciens. Ces végétaux sont connus pour leurs effets bénéfiques sur les maladies cardio-vasculaires, la fonction immunitaire et sur le métabolisme du sucre. Ils ont de plus des effets antivieillissement. Les alliums et les crucifères contiennent des phytonutriments qui luttent contre l'inflammation. Les crucifères sont utiles à la prévention du cancer du sein.

De plus, l'ail, l'oignon, l'échalote, l'oignon vert et la ciboulette stimulent la production de glutathion, substance qui favorise l'élimination des toxines. Ces atouts les placent au sommet de la liste des aliments qui peuvent aider à prévenir le cancer.

• *L'ail*

Il a été traditionnellement utilisé pour lutter contre le rhume et les syndromes grippaux.

Aujourd'hui, les chercheurs se sont particulièrement concentrés sur ses propriétés antioxydantes qui permettraient de réduire les risques de maladies cardio-vasculaires, de cancers et d'infections.

Une étude du *Journal de l'Institut national du cancer* démontre que plus la consommation d'ail est élevée, plus le taux de cancer est bas. Ceci est particulièrement vrai dans les cas de cancer de l'estomac ou du côlon.

Les bénéfices de l'ail :

- baisse du taux de cholestérol total et d'un autre côté augmentation du bon cholestérol (HDL) ;
- baisse de la pression artérielle ;
- réduction des risques de maladies cardio-vasculaires ;
- réduction des risques de certains cancers (en particulier celui de l'estomac) ;
- réduction de la quantité de toxines dans l'organisme ;
- freine le développement des cellules cancéreuses ;
- stimulation du système immunitaire ;
- baisse du taux de sucre sanguin ;
- soulagement des troubles de l'estomac et du système digestif.

**Mon conseil**

Pour obtenir un effet maximal, mangez de l'ail cru car sa cuisson détruit certains de ses composés chimiques actifs. Les molécules actives de l'ail sont libérées lors de l'écrasement de la gousse, il est conseillé de la mélanger à de l'huile pour que les molécules soient mieux absorbées.

• *L'oignon*

L'oignon contient deux puissants antioxydants, le soufre et la quercétine. Ces deux substances contribuent à neutraliser les radicaux libres et à protéger les membranes de l'organisme. Il est intéressant pour la vitamine C, le potassium, le sélénium et les autres oligo-éléments qu'il contient.

**Mon conseil**

Il est préférable de le consommer cru afin de préserver toutes ses qualités anti-inflammatoires.

• *Légumes crucifères : les choux*

Les choux de Bruxelles, les choux frisés et chinois, les brocolis, les choux-fleurs et les navets, en plus de leur teneur en vitamine C, en potassium et en fibres, contiennent des composés naturels qui peuvent prévenir le cancer.

**Mon conseil**

Il est préférable de cuire les légumes crucifères à la vapeur car si on les fait bouillir on peut neutraliser leurs bienfaits.

Mon approche nutritionnelle comprend une sélection d'herbes, d'épices et de bons condiments anti-inflammatoires. Il est important de consommer au moins quatre fois par semaine oignon, ciboulette ou ail, de même que des légumes de la famille des crucifères : chou, brocoli, chou-fleur, chou frisé, choux de Bruxelles).

## Privilégier certaines boissons

### L'EAU

Si vous comparez l'inflammation à un feu, vous comprendrez mieux l'effet que peut avoir l'eau sur ce phénomène. Il est donc logique de penser que l'eau contribue à éteindre l'inflammation qui sévit dans l'organisme.

Je ne vous apprends rien en vous disant qu'il vaut mieux boire de l'eau plutôt que des boissons sucrées ou alcoolisées et que l'eau est indispensable à la vie. Notre corps est d'ailleurs constitué à plus de 70 % d'eau.

Outre l'oxygène, c'est la substance vitale dont le besoin se fait le plus rapidement sentir. Lorsque vous buvez suffisamment d'eau, celle-ci apporte son pourcentage de minéraux à votre organisme, ce qui est bénéfique pour le fonctionnement des cellules et l'activité musculaire.

Un litre et demi à deux litres d'eau par jour permettent d'éliminer plus rapidement les produits toxiques présents dans le sang.

L'eau est nécessaire pour conserver une température interne idéale et chacune de nos fonctions biologiques en est tributaire.

Vous priver de ce précieux liquide entraînerait rapidement des complications pour votre santé. Ce liquide nettoie, protège et lubrifie les cellules, les tissus et les organes du corps. Il utilise les « grandes voies maritimes » pour transporter les substances circulant dans l'organisme (les nutriments, les déchets, les hormones). L'eau peut aussi provenir des aliments : jus de fruits et légumes frais, soupes. L'eau a l'avantage de freiner naturellement l'appétit et aide le corps à métaboliser ses réserves en graisses.

En raison des problèmes liés à la purification de l'eau, renseignez-vous sur la teneur en nitrates et en pesticides de votre eau du robinet auprès de votre mairie.

Préférez toujours l'eau aux boissons édulcorées, aux sodas et aux jus de fruits industriels trop concentrés en sucres.

### LE THÉ

Le thé est la boisson la plus consommée dans le monde après l'eau. Ses propriétés bénéfiques commencent aujourd'hui à recevoir l'attention scientifique qu'elles méritent.

En effet, c'est une boisson santé par excellence, en particulier le thé vert, à condition de choisir un thé pauvre en théine et de le boire infusé. Sa richesse en polyphénols lui confère son activité antioxydante. Il active aussi les enzymes du foie pour éliminer les toxines de l'organisme et il prévient les risques de maladies cardio-vasculaires et de vieillissement prématuré.

Il est conseillé d'en consommer cinq tasses par jour en le laissant infuser pendant cinq à huit minutes. Il faut le boire dans l'heure qui suit l'infusion car les polyphénols disparaissent après cette période. Le thé vert déthéiné contient aussi des polyphénols alors que le thé noir fermenté en est dépourvu, ce qui explique qu'il n'a pas les mêmes effets que le thé vert.

### LE VIN ROUGE

Un verre de vin rouge par jour peut-il aider à éviter l'inflammation ? Déjà réputé pour ses bienfaits, le vin rouge pourrait encore être mis à l'honneur pour l'un des antioxydants présents dans la peau du raisin : le resvératrol, un composé de la famille des phytopolyphénols.

On a découvert que ce composé agissait comme un anti-inflammatoire sur les voies respiratoires. Il prévient la détérioration des fonctions cardio-vasculaires résultant de l'excès de poids et du vieillissement et diminue l'inflammation cardiaque. Son action fluidifiante et son effet antioxydant sur le LDL-cholestérol, la molécule qui véhicule le « mauvais cholestérol », contribuent à maintenir des artères en bonne santé.

Toutefois, il ne faut pas abuser du vin rouge. En effet, une consommation importante et prolongée d'alcool peut entraîner une réaction inflammatoire permanente du foie et annuler ses effets bénéfiques sur la santé.

**Mon conseil**

Les vins qui fournissent le plus de resvératrol sont issus des cépages cabernet sauvignon, syrah et pinot noir. Vous pouvez en boire un verre par jour. Si vous n'aimez pas le vin vous pouvez obtenir les bienfaits du resvératrol en buvant du jus de raisin.

La consommation d'alcools forts, dont on connaît les effets néfastes, est bien sûr à éviter.

## Le potentiel anti-inflammatoire des aliments : le PAI

Pour connaître l'action d'un aliment sur l'inflammation, il faut tenir compte de sa composition. La quantité de sucres, graisses, antioxydants, vitamines et minéraux d'un aliment intervient dans son pouvoir pro- et anti-inflammatoire tout comme la vitesse à laquelle il est métabolisé par l'organisme. Sa préparation, son mode de cuisson, sa conservation ont aussi leur importance. Le PAI reflète l'effet général de tous ces facteurs.

Ce tableau créé à partir de plus de vingt facteurs pro- et anti-inflammatoires différents est fondé sur les résultats d'études qui décrivent les effets des différents nutriments et des facteurs diététiques sur l'inflammation. Il vous aide à choisir les aliments en fonction de leur action pro- ou anti-inflammatoire.

## ➤ *Les principes de base du potentiel anti-inflammatoire (PAI)*

### La quantité de graisses est importante, mais leur qualité l'est encore plus

Le PAI prend en compte les effets défavorables des graisses saturées sur la santé comme la margarine, fabriquée en hydrogénant artificiellement des huiles liquides afin de les rendre solides. Vous savez que ce processus modifie la structure des molécules des graisses en les transformant en acides gras trans, ce qui rend cet aliment encore plus néfaste que les graisses saturées.

### Les composés anti-inflammatoires des aliments sont listés

À titre d'exemple, dans le système PAI, les aliments qui contiennent beaucoup de vitamines E ou K (considérées comme anti-inflammatoires naturels) tels le chou frisé et le brocoli sont plus efficaces que les autres aliments dans la lutte contre l'inflammation.

Certains aliments tels que le curcuma, le gingembre, le poivron, le piment, l'ananas et l'ail ont une action anti-inflammatoire très efficace. Pendant des millénaires, ces plantes ont été employées par la médecine traditionnelle pour traiter les maladies mais aussi en tant qu'élixir.

## ➤ *Le tableau PAI*

Il vous apprend à bien distinguer les aliments en fonction de leur action pro- ou anti-inflammatoire. Bien évidemment il n'est pas exhaustif, mais il vous propose une liste d'aliments dans laquelle vous aurez plaisir à choisir ceux qui sont bons pour votre santé.

Lorsque vous ferez vos courses, vous prendrez soin de laisser une bonne place pour les « aliments stars » dont vous trouverez la liste page 156.

## Les aliments du tableau « à consommer avec modération » ou à éviter sont-ils mauvais pour moi ?

Il est important de comprendre que les aliments « à modérer ou à éviter » ne sont pas nécessairement mauvais pour vous. Une nutrition équilibrée comprend des aliments anti-inflammatoires (fruits, légumes et grains complets) mais peut aussi apporter des aliments pro-inflammatoires (viandes provenant d'animaux nourris aux grains, pâtes...). Toutefois, une consommation excessive de ces aliments pro-inflammatoires ne permet pas à l'organisme de maintenir un bon équilibre. Tout est affaire d'équilibre et, avec le PAI, vous pouvez donc rééquilibrer facilement votre alimentation.

Par exemple, lorsque j'explique à certains de mes patients que l'œuf, et plus particulièrement le jaune d'œuf, est pro-inflammatoire, ils me demandent comment faire pour ne pas l'éliminer entièrement de leurs recettes. Je leur explique qu'ils peuvent rééquilibrer leur préparation en consommant trois blancs pour un seul jaune riche en acide arachidonique. Cela fait des omelettes plus légères, idéales pour un plat complet ou pour un petit déjeuner : œufs aux plats à base de blanc d'œuf, avec des asperges, des champignons et des tomates qui eux sont anti-inflammatoires.

De même, si vous appréciez la salade avec des œufs, il n'y a aucune raison de ne pas l'inclure à vos repas. Vous pourriez prendre une salade d'œufs au curry car le curry en poudre joue un rôle anti-inflammatoire qui compense l'effet pro-inflammatoire des œufs.

Voici un autre exemple qui concerne plus particulièrement la viande. Bien que la plupart des viandes soient pro-inflammatoires, je préconise d'en prendre tout de même deux fois par semaine. Il n'est donc pas nécessaire de cesser d'en manger, mais il faut modifier le choix des morceaux et des méthodes de cuisson de manière à réduire le risque pro-inflammatoire. Par exemple, en évitant de manger le poulet avec la peau ou bien en privilégiant des viandes moins grasses. On peut aussi les combiner avec des légumes favorables comme les épinards cuisinés au curcuma, au gingembre et à l'ail qui les relèveront agréablement.

**Le PAI**
**Les aliments à privilégier**

***Meilleurs choix d'aliments anti-inflammatoires et aliments riches en acides gras essentiels***

POISSONS SAUVAGES

| **Catégorie 1 :** Meilleurs choix | **Catégorie 2 :** Bons | **Catégorie 3 :** Quantité AGE plus faible |
|---|---|---|
| saumon sauvage des mers froides | flétan | coquille saint-jacques |
| anchois | bar | palourde |
| sardines | moule | crabe, crevette |
| hareng (Atlantique/ Pacifique) | cabillaud | huître |
| maquereau (Atlantique/ Pacifique) | calmar | sole |
| thon rouge | thon blanc | homard |
| thazard | morue | espadon |
| œufs de poisson | truite arc-en-ciel | haddock |
| caviar (noir et rouge) | | loup de mer |
| | | thon et sardines en boîte |

**Bénéfices anti-âge et anti-inflammatoire** : leur richesse en oméga-3 améliore l'humeur, les fonctions mentales, la santé cardio-vasculaire et aide à contrôler son poids, réduit le risque de maladies inflammatoires telles que la maladie d'Alzheimer.

**HUILES : huiles végétales naturelles**

huile d'olive
huile de colza
huile de sésame
huile de noix

*Compléments alimentaires*

huile de poisson EPA/DHA
huile de lin ALA
huile de bourrache GLA
huile d'onagre GLA
huile de cassis GLA

**Bénéfices anti-âge et anti-inflammatoire** : leur richesse en acides gras mono-insaturés et polyinsaturés et en antioxydants aide à combattre les maladies inflammatoires.

**NOIX/GRAINES**

amande
noix de Grenoble
noix du Brésil
noix de cajou
noisette
graines de sésame
graines de lin

**Bénéfice anti-âge et anti-inflammatoire** : leur richesse en acides gras mono-insaturés et polyinsaturés et en antioxydants aide à combattre les maladies inflammatoires.

***Aliments riches en antioxydants et en fibres***

**LÉGUMES : variez les couleurs**

brocoli
asperge
tomate rouge et jaune
haricot vert
navet
céleri
fenouil
courge

concombre
épinard
aubergine
salade
champignons
champigons asiatiques
endive
carotte
betterave
choux de Bruxelles, chou-fleur
choux (frisés, chinois)
patate douce
poivron rouge et jaune

**Bénéfice anti-âge** : riches en fibres, en antioxydants anti-inflammatoires et en phytonutriments, ils facilitent le contrôle du poids et empêchent le développement de certaines maladies inflammatoires (diabète, certains cancers et maladies cardio-vasculaires).

**FRUITS : variez les couleurs**

cerise Acerola
goyave
fraise
citron vert et jaune
rhubarbe
framboise
raisin
mûre
raisin blanc
agrume
kaki
mangosteene
papaye
tamarin
groseille
myrtille
prune
kiwi
orange
figue (y compris sèche)
abricot (y compris sec)
grenade
ananas
noix de coco et l'eau de noix coco

**Bénéfice anti-âge** : riches en fibres et en antioxydants anti-inflammatoires, ils améliorent la santé cardio-vasculaire et réduisent les risques de certains cancers.

*Aliments riches en antioxydants*

**FRUITS GRAS**

avocat
olive

**Bénéfices anti-âge et anti-inflammatoire** : riches en antioxydants, ils sont aussi une bonne source en corps gras mono-insaturés. Ils protègent de nombreuses maladies inflammatoires, nourrissent la peau et facilitent l'absorption de certains nutriments.

BOISSONS

thé vert
tisanes, citron frais pressé, jus de légumes, jus de grenade

**Bénéfices anti-âge et anti-inflammatoire** : la richesse du thé vert en polyphénols lui confère une activité antioxydante, il active les enzymes du foie pour éliminer les toxines de l'organisme. Il prévient aussi les risques de maladies cardio-vasculaires et de vieillissement prématuré.

ALLIUMS

*Condiments* :
ail
oignon
échalote

**Bénéfices anti-âge** : riches en soufre et en antioxydants anti-inflammatoires, ils améliorent la santé cardio-vasculaire, détruisent les microbes et réduisent les risques du cancer de l'estomac.

HERBES/ÉPICES

| | |
|---|---|
| curcuma, safran des Indes | basilic |
| curry | ciboulette |
| cannelle, muscade | persil |
| vanille | fenouil |
| piment de Cayenne | menthe |
| piment rouge en poudre | citronnelle |
| piment oiseaux | thym |

gingembre
coriandre
les jeunes pousses (brocoli, tournesol, lentilles, radis)
origan
feuilles de laurier
sauge
cannelle
fenugrec
cumin
clou de girofle
aneth
romarin

**Bénéfices anti-âge et anti-inflammatoire** : leur richesse en antioxydants aide à combattre les maladies inflammatoires, améliore la sensibilité à l'insuline, fait baisser le taux de cortisol et renforce notre organisme. Aident à lutter contre le surpoids.

*Aliments riches en protéines*

**ŒUFS : seulement le blanc**

**VOLAILLES : issues d'animaux nourris avec des aliments naturels (herbes, pâturages)**

poulet sans la peau
canard
dinde

## Aliments à consommer avec modération

**LÉGUMINEUSES**

haricots secs, de Soissons
lentilles
petits pois
pois chiches
soja

**VIANDES : issues d'animaux nourris avec des aliments naturels (herbes, pâturages)**

aloyau
bifteck
filet et faux filet
gîte
côtelette et filet de porc
rôti
rumsteck
bœuf haché maigre

**FÉCULENTS, PÂTES, RIZ ET ALIMENTS COMPLETS**

pâtes *al dente*
riz complet, basmati ou thaï
patate douce
igname
couscous
nouilles asiatiques

**PRODUITS LAITIERS : bio de préférence**

fromage blanc nature (0 % à 20 % de matière grasse)
yaourt probiotique allégé
yaourt de soja

**BOISSONS**

café décaféiné

**ÉDULCORANTS**

fructose
sirop d'agave
stévia (plante naturelle)

**FROMAGES**

fromage frais 0 %
cheddar
gouda
feta
brick
bleu
port-salut
camembert
parmesan
brie
gruyère
édam

**PAINS**

Pain fabriqué sans levure chimique
pain pita
pain multicéréales
pain aux seigles
pain complet

**CÉRÉALES COMPLÈTES À L'ANCIENNE**

sarrasin (ou blé noir)
avoine : gruaux ou flocons
Préférez aux céréales du petit déjeuner le porridge à base de flocons d'avoine ou le müesli (sans sucre ajouté).

**DESSERTS**

fruits secs
chocolat noir 70 % de cacao

## ➤ *Les dangers cachés des aliments*

### Les aliments à éviter

Bien que la Nutrimab[2] ne vous prive d'aucun aliment, certains sont déconseillés car ils ne participent pas au rétablissement de votre équilibre hormonal et sont moins bons pour la santé. On peut citer parmi ces aliments les sucres raffinés, les produits à base de farine blanche, les sodas, l'alcool et les boissons riches en caféine. Voici donc le PAI avec la liste des aliments à éviter.

## Aliments pro-inflammatoires à éviter

Les aliments énumérés ci-dessous sont à éviter car ils sont riches en acides gras trans et/ou en oméga-6 pro-inflammatoires

VIANDES

tous les animaux d'élevage nourris aux grains
les abats en général : cervelle, rognon, foie

**PRODUITS LAITIERS riches en graisses**

glaces

FROMAGES

fromage de chèvre
fromage frais 20/40 % de matières grasses

**HUILES : huiles végétales hydrogénées et partiellement hydrogénées**

huile de palme
huile de tournesol
huile de maïs
huile de pépin de raisin

**ALIMENTS à longue conservation**

crackers blé complet
chips

**Les aliments énumérés ci-dessous sont à éviter et pro-inflammatoires car riches en sucres. Ils ont un index glycémique élevé.**

**LE SUCRE BLANC, BRUN…**

**PAINS ET PRODUITS DE BOULANGERIE/PÂTISSERIE**

**Pain fabriqué avec la levure chimique :**

baguette
bagel
beignet
croissant
gaufre
donuts
cookie
farine de maïs

**PÂTES/GRAINS**

pâtes trop cuites
riz blanc

**DESSERTS : limiter les desserts industriels**

**BOISSONS SUCRÉES ET ALCOOLISÉES**

colas et boissons gazeuses sucrées
boissons énergétiques
jus de fruits industriels
bières, liqueurs et alcools forts

**Les aliments ci-dessous sont à éviter car ils sont riches en AA et peuvent provoquer des réactions inflammatoires**

**ŒUF**

jaune d'œuf

**LES ÉDULCORANTS ET LES PRODUITS DE SYNTHÈSE**

édulcorant de synthèse

### ➤ *Les clés de la nutrition anti-inflammatoire*

Pour préparer un repas anti-inflammatoire Nutrimab² vous devez suivre quelques règles d'or qui vous permettront d'obtenir les meilleurs résultats de cette approche anti-âge.

1. Je recommande tout d'abord des *repas réguliers* : trois par jour et deux collations. Il est souhaitable d'attendre au moins deux heures avant d'aller se coucher. Une digestion lente peut nuire au sommeil. Manger toutes les trois ou quatre heures évite les pics d'insuline et la sensation de faim.
2. L'*équilibre précis entre les différents groupes d'aliments* est présent à chaque repas : des glucides à faible index glycémique, des protéines et des acides gras essentiels. Utilisez la méthode visuelle des 70/30.
3. Veillez à la *diversité des produits et des couleurs* : mangez des fruits et des légumes différents, de couleurs variées, en les accompagnant d'une portion adéquate de viande maigre et de poisson gras, ainsi que d'un soupçon de graisse sous forme d'huile d'olive ou de colza.
4. *Débutez chaque repas par une soupe et/ou une salade fraîcheur* d'aliments crus ou de laitue à feuilles foncées, ou d'épinards, avec des tomates, des avocats, du concombre, des endives, des haricots verts. Si vous êtes pressé, prenez tout simplement un jus de légumes.
5. *Terminez le repas par de bons fruits frais.* Vous empêcherez leurs sucres naturels de passer rapidement dans le sang et éviterez les pics de glycémie qui déclenchent la libération d'insuline, l'objectif étant d'éviter d'augmenter la masse grasse.

### ➤ *Donnez la priorité aux aliments non transformés*

Vous connaissez désormais l'influence néfaste du sucre et des graisses de mauvaise qualité sur le processus inflammatoire et plus généralement sur votre santé. Voici donc quelques conseils pour choisir des aliments limitant les risques d'inflammation chronique. Le choix du bon type d'aliments constitue la pierre angulaire d'une alimentation saine anti-inflammatoire.

Quand je parle de nourriture saine, il s'agit avant tout d'aliments qui n'ont pas subi de transformation industrielle lors de leur préparation et de leur cuisson et qui restent proches de leur état originel. En voici quelques exemples :

- le poisson cuit à la vapeur, grillé, poêlé ou au four ressemble à du poisson et en conserve le goût. En revanche, le poisson frit ou pané a un goût et un aspect très différents de l'original, car il est préparé avec de la farine raffinée puis cuit dans de l'huile végétale en général hydrogénée, ce qui lui ôte beaucoup de ses propriétés nutritives ;
- une cuisse de poulet cuite au four ressemble à une cuisse de poulet, ce qui n'est pas le cas du poulet transformé sous forme de nuggets ;
- une orange ressemble à une orange, ce qui n'est pas le cas des boissons industrielles à l'orange qui sont dépourvues de fibres. On les compare à des morceaux de sucre ;
- le blé ressemble à du blé, mais les biscottes composées de blé ressemblent à tout sauf à du blé ;
- une pomme de terre cuite au four ne ressemble pas aux frites dorées dans de l'huile hydrogénée ou oxydée.

## En résumé, il faut éviter toute nourriture qui n'est pas sous sa forme originale

Il existe toutefois des exceptions comme les préparations qui viennent d'être coupées ou mixées. Adopter ce principe signifie qu'il faut éviter les conserves, car elles sont composées d'ingrédients douteux destinés à la conservation des aliments. Il est ainsi préférable de consommer des légumes surgelés plutôt que des légumes en conserves.

Ne tombez pas dans le piège du *light* car les édulcorants utilisés perturbent le mécanisme de la faim, sans compter que le sucre supprimé est parfois remplacé par du gras. Évitez les arômes de synthèse.

Regardez la composition des aliments. Une astuce ? Plus la liste des ingrédients est longue et incompréhensible, plus il faut se méfier.

### ➤ *Les fruits et légumes : mode d'emploi anti-inflammatoire*

#### Couleur et qualité

Faites de votre assiette un tableau plein de couleurs et mangez des aliments bio de préférence. Parmi les fruits et légumes les plus traités avec des pesticides, on trouve : la pomme, la poire, la pêche, la nectarine, la fraise, la cerise, la framboise, le raisin, le poivron, le céleri, les haricots verts, l'épinard, la laitue, le concombre, la courge et la citrouille.

Mais vous pouvez en consommer d'autres beaucoup moins traités que les précédents énumérés ci-dessus : bananes, oranges, mandarines, ananas, pamplemousses, melons, pastèques, prunes, kiwis, myrtilles, mangues, papayes, brocolis, choux-fleurs, choux, champignons, asperges, tomates, oignons, aubergines, petits pois, radis et avocats.

Variez votre consommation de fruits et n'oubliez pas que plus il y a de la couleur, plus les fruits vous apportent des bienfaits.

## Les cures de jus frais

Faites une cure de jeunesse en intégrant les aliments verts dans votre quotidien, en plus de la couleur ils vous apportent des bienfaits inestimables. Commencez chacun de vos repas par une belle salade variée : roquette, épinard, laitue mélangés à de l'avocat ou à des asperges.

Dès l'apparition des premiers troubles de santé, l'idéal est de réduire votre alimentation ou mieux encore de faire un ou plusieurs jours de cure de *jus végétaux frais* pressés. C'est un moyen remarquable pour parvenir à purifier le corps naturellement. Cette cure va donner à votre organisme la possibilité de faire un grand ménage intérieur et vous permettra de vous sentir plus jeune, tout en restaurant votre dynamisme.

## Les bienfaits du cru

Faites toujours figurer dans vos menus des aliments crus pour faciliter la digestion et l'absorption de la nourriture : fruits et légumes frais, noix et graines germées, car ils sont une source inégalée de bons nutriments.

Pour atténuer l'inflammation chronique et les douleurs, adoptez de préférence une alimentation « semi-végétarienne » en ne consommant que des légumes, des fruits et du poisson dans un premier temps et en intégrant des périodes de détoxination.

## La bonne cuisson

Faites cuire vos légumes de préférence à la vapeur et assaisonnez vos plats avec un filet de jus de citron pressé ou d'huile d'olive extra-vierge qui complétera votre assiette en matières grasses.

### ➤ *Les herbes, épices et condiments*

- À consommer sans modération, d'autant plus que la plupart ont des vertus anti-inflammatoires et anticancers, c'est le cas de toute la famille des alliums : l'ail, l'oignon, l'échalote, la ciboulette et le poireau. Ajoutez aussi des herbes aromatiques : thym, basilic, romarin, pourpier et origan.
- Enrichissez vos plats des saveurs des quatre coins du monde. Ail dans vos sauces salade, curcuma pour donner du goût à votre riz complet, tous ont des qualités anti-inflammatoires.
- Les condiments (ail, oignon…) conservent tous leurs bénéfices santé lorsqu'ils sont consommés crus.
- Limitez l'ajout de sel.

### ➤ *Farines, féculents et sucres : à modérer et à compenser*

Les pâtes, le riz, le pain et les autres aliments à base de céréales ou de féculents ne doivent pas être systématiquement écartés, mais il faut les réserver à l'accompagnement plutôt qu'à la portion principale. Il convient de distinguer les céréales complètes, riches en fibres et à faible index glycémique (sarrasin, avoine, orge) des aliments céréaliers, raffinés et sans fibre, qui ont un index glycémique élevé comme le pain blanc, les pâtes, les petits gâteaux, les crackers, les chips, les gâteaux apéritifs et les pâtisseries.

Pour une perte de poids, évitez, dans un premier temps, les aliments à index glycémique élevé afin d'obtenir des résultats optimaux et rapides.

Vous avez été probablement surpris par l'index glycémique de certains aliments qui ont la réputation d'être sains et peu caloriques : les galettes de riz et le pain grillé suédois sont des aliments à index glycémique important. Il ne faut donc pas se fier aux apparences et bien se renseigner sur la composition nutritionnelle des produits.

Au contraire, les spaghettis et les vermicelles ont un index glycémique plus bas que vous pouvez encore réduire en les cuisant moins longtemps : ils seront alors servis *al dente*.

Le riz basmati a un index moins élevé que le riz blanc et les pommes de terre nouvelles ont un index moins élevé que les autres pommes de terre qui sont plus farineuses.

Il est vrai que le pain complet et le pain blanc provoquent une augmentation brusque de la glycémie, mais le pain intégral aux grains entiers a un index glycémique nettement moins élevé.

De même, il faut savoir que les index glycémiques des diverses formes naturelles du sucre sont fondamentalement identiques. En effet, bien que le miel contienne des micronutriments qu'on ne retrouve pas dans le sucre, il n'est pas meilleur pour votre santé que le sucre brun, de canne ou le sucre blanc. Si vous choisissez le miel faites-le pour son goût car il a le même impact que tous les autres sucres.

Il n'y a pas seulement le sucre qui pose problème dans une stratégie anti-inflammatoire, il y a la farine qui est omniprésente dans notre alimentation moderne. En effet, elle est composée d'amidon qui a un index glycémique plus élevé que celui du sucre et que l'on retrouve dans un grand nombre d'aliments, notamment dans les principaux que nous consommons chaque jour, ceux que j'appelle les :

**« 5 P », pain, pâtes, pommes de terre, pâtisseries, pizzas.**

Ces aliments sont les principaux responsables de l'augmentation du nombre de personnes en surpoids et du développement des maladies liées à l'inflammation.

Afin de compenser les aliments à index glycémique haut par des aliments à index glycémique bas, utilisez une table des index glycémiques. Vous pourrez compenser les effets d'un aliment à IG élevé en incluant un aliment à faible IG à votre plat comme une belle salade verte ou des légumes colorés ou bien en associant au dessert un arc-en-ciel de fruits.

En choisissant comme source de glucides des fruits, des légumes, des légumes secs et des aliments complets comme l'avoine cuite à l'ancienne, vous bénéficiez de leurs qualités pour un effet anti-âge et une perte de poids.

### ➤ *Légumes secs : haricots secs et lentilles*

Les haricots secs, les pois chiches, les fèves de soja, les lentilles ont un grand pouvoir nutritionnel et préventif, incontournable dans la lutte contre le vieillissement et l'inflammation. En plus de leur apport en protéines et en fibres alimentaires, ils sont composés d'une quantité importante de glucides et contiennent peu de matières grasses. Leur digestion étant assez lente, ils ont l'avantage de ne pas provoquer de montée d'insuline trop importante.

Leur intérêt est incontestable en raison de leur richesse en protéines et de leur faible index glycémique, notamment pour les végétariens.

De plus ces aliments sont riches en substances anti-inflammatoires et antioxydantes (flavonoïdes). Les pigments rougeâtres et bruns qui colorent la plupart des légumes secs exercent une activité antioxydante bien plus élevée que celle de la vitamine E et accentuent le pouvoir de la vitamine C.

Bien qu'ils soient sur la liste des aliments riches en protéines, ils contiennent en fait une quantité assez importante de glucides. On peut les mélanger avec des herbes et des légumes et concocter de délicieuses recettes de soupes et de salades.

### ➤ *Le poisson dans la nutrition anti-inflammatoire*

Les poissons riches en acides gras oméga-3 constituent un des aliments les plus importants de votre assiette anti-inflammatoire. Beaucoup de personnes disent ne pas aimer le poisson, mais celui-ci apporte tellement de bonnes choses à votre corps qu'il serait dommage de s'en priver. Pour être en bonne santé, mangez du poisson au moins quatre à cinq fois par semaine.

- Pour faire le meilleur choix de poissons référez-vous au tableau PAI page 156 qui répertorie les plus riches en bonnes graisses anti-inflammatoires et permet d'éviter ceux qui sont pro-inflammatoires.
- Évitez les poissons d'élevage nourris aux grains. Mais les saumons et poissons d'élevage sont tout à fait recommandables s'ils sont munis de labels qualité qui certifient que leur alimentation est bien contrôlée.
- N'hésitez pas à ajouter anchois, sardines ou dés de saumon à vos salades.
- Vous pouvez diversifier votre apport en poisson en intégrant certaines conserves comme les sardines à l'huile d'olive et le thon blanc riches en oméga-3.
- D'après l'Agence française de sécurité sanitaire (Afssa) les femmes enceintes et les enfants en bas âge doivent varier leur consommation de poisson afin d'éviter les risques de contamination au méthyle-mercure.
- Évitez les poissons les plus gros comme l'espadon et le marlin car ils sont réputés être les plus contaminés.

### ➤ *La viande, la volaille, les œufs*

– Prêtez attention à la viande que vous achetez. Vous pouvez en manger de façon modérée : deux à trois fois par semaine.
– Privilégiez la qualité « bio » car la viande d'animaux nourris aux grains ou élevés en batterie a été traitée par des hormones et des antibiotiques.
– Dans le tableau du PAI, nous déconseillons les abats comme le foie de veau, les rognons, la cervelle, les tripes, la langue. Ce sont les parties de l'animal qui renferment le plus d'acide arachidonique (AA), de même que la charcuterie et la peau des volailles.
– Il est conseillé de limiter la consommation de viande rouge. Vous choisirez en priorité les morceaux les plus maigres et, toujours de préférence, de la viande provenant d'animaux élevés en plein air nourris avec une nourriture non transformée.

Lorsque l'alimentation des animaux est enrichie en oméga-3, leur viande aura un taux élevé d'oméga-3. Il en est de même pour les autres produits dérivés tels que le beurre, les œufs… Ce type d'aliment a un intérêt face au fléau de l'inflammation.

### ➤ *Les protéines végétales*

Le soja peut permettre de varier la consommation de protéines. N'hésitez pas à le consommer sous toutes ses formes : miso, steak, lait, yaourt…

### ➤ *Le choix des graisses*

N'oubliez pas d'ajouter un filet de matière grasse à votre assiette : huile d'olive ou de colza à votre salade par exemple.

Évitez les vinaigrettes industrielles en bouteille pour l'assaisonnement des salades. Préférez-leur du jus de citron frais et un peu d'huile d'olive extra-vierge de première pression à froid.

### ➤ *Les boissons*

N'oubliez pas de boire un litre et demi d'eau et de réduire les stimulants comme le café et l'alcool au profit du thé vert.

### ➤ *Les en-cas*

La plupart des régimes interdisent les en-cas car il n'est pas toujours facile de maîtriser la consommation d'aliments souvent très riches en sucres et en graisses à l'origine de compulsions.

Faites attention aux barres céréalières et chocolatées qui ont un index glycémique très élevé. Cependant, la prise d'en-cas n'est pas interdite. De nombreuses recherches ont démontré qu'il était plus judicieux de manger peu mais plus souvent des aliments sains que de faire un repas trop copieux deux fois par jour. Pour cette raison, si vous avez faim n'hésitez pas à prendre un fruit avec une préférence pour ceux dont l'index glycémique est inférieur à 50 (prunes, pommes, poires, raisins, oranges, pamplemousses…). Le concept des cinq petits repas par jour permet d'éviter les fringales et favorise une meilleure gestion de la glycémie.

### ➤ *La conservation et la cuisson : à ne pas négliger*

Les trois grands ennemis des vitamines et des minéraux sont la chaleur, l'eau et l'oxydation. Plus les aliments sont stockés, plus ils sont exposés à l'air et à la lumière, et moins ils contiennent de vitamines.

De même, une cuisson prolongée et à haute température entraîne la perte en vitamines des aliments et la formation de produits de glycation avancées à l'origine d'une sorte de « caramélisation » interne qui fait vieillir prématurément.

On sait que le fait de frire ou griller des aliments augmente considérablement le taux de produits de glycation avancée, ce qui n'est pas le cas quand on les fait bouillir.

Pour préserver la qualité nutritionnelle des aliments et éviter de les rendre nocifs pour l'organisme, il est capital de les cuire correctement : vapeur, cuisson rapide au wok.

### ➤ *Les bons ustensiles de cuisine*

Pour protéger votre santé, il ne suffit pas simplement de sélectionner des aliments naturels et sains, il faut également choisir les bons ustensiles de cuisine car certains matériaux peuvent être nocifs pour la santé. Il est difficile de les éliminer totalement de notre quotidien, mais il faut tout du moins essayer d'en limiter l'utilisation.

C'est le cas des poêles de type Téflon® fabriquées avec des produits chimiques et toxiques suspectés d'être cancérigènes. Plus la température de cuisson est élevée, plus le revêtement se décompose, en émettant de fines particules et des gaz. Ce phénomène peut s'accélérer si vous nettoyez les casseroles avec du détergent ou des éponges abrasives. Inutile de spécifier que le plastique, l'aluminium et le cuivre sont à éviter sous toutes leurs formes !

Pour remuer, retourner, gratter, utilisez de bonnes veilles cuillères en bois et prenez des contenants de cuisson en verre ou en céramique. Les plats en verre sont sans danger s'ils sont transparents, c'est-à-dire sans pigment. C'est certainement la meilleure option pour les plats au four. S'ils sont colorés, sachez que les peintures utilisées peuvent être dangereuses. Il en est de même pour la céramique. Préférez-les sans vernis ou émaux. Le verre ne demande aucun entretien particulier, contrairement à la terre brute plus délicate d'utilisation.

### ➤ *Les principes à appliquer à chaque repas*

#### Le cocktail de légumes anti-inflammatoire : le plat arc-en-ciel Nutrimab[2]

Chacun de vos trois repas doit être composé d'une grande quantité d'aliments d'origine végétale.

Votre assiette doit toujours ressembler à un arc-en-ciel : en veillant à la variété des couleurs.

Vos aliments et suppléments doivent provenir, de préférence, de sources naturelles et biologiques.

**À propos des aliments blancs**

Tout comme l'arc-en-ciel, ce programme limite les aliments blancs (c'est-à-dire tous les aliments raffinés qui sont en général blancs) : sel, sucre blanc, farine blanche, riz blanc, pommes de terre blanches, ou pâtes blanches. À la place des aliments blancs, choisissez des versions beaucoup plus colorées.

– Au lieu du riz blanc préférez le riz brun.
– Au lieu du sucre blanc, choisissez du sucre brun ou du fructose.
– Au lieu des pommes de terre blanches, mangez des patates douces.
– Au lieu de la farine blanche, utilisez la farine du blé complet.
– Assaisonnez vos repas avec des épices.

### Les principaux antioxydants fruits et légumes de la Nutrimab²

- Rouge cranberries, framboises, cerises, haricots rouges.
- Orange patates douces, oranges, poivrons orange.
- Jaune courges, poivrons jaunes.
- Vert choux frisés, épinards, brocolis, poivrons verts.
- Bleu myrtilles, raisins.
- Noir-violet mûres, pruneaux, prunes.

### Les règles de la Nutrimab²

1. La majorité de vos repas doit comporter des aliments de couleurs vives.
2. Ne sautez pas les repas. Mangez trois repas par jour à des heures assez précises plus un fruit tard dans la matinée et/ou tard dans l'après-midi en cas de faim. Comptez trois heures complètes après le repas pour aller vous coucher afin de bien digérer les aliments.
3. Évitez les graisses saturées.
4. Privilégiez les viandes maigres.
5. Augmentez votre consommation de fibres.
6. Buvez du thé de préférence vert.
7. Buvez du jus fraîchement pressé et évitez les jus concentrés.
8. Buvez 1,5 litre d'eau par jour, soit environ 8 à 10 verres d'eau.
9. Évitez les aliments raffinés, tels que la farine blanche et le sucre. Supprimez le sucre dans le café ou le thé et limitez la consommation de desserts en dehors des fruits.
10. Croquez des aliments crus pour le plaisir : céleri, carotte, pomme et poire.
11. Si vous ne pouvez pas vous passer de sucre utilisez impérativement des substituts naturels de sucre (sirop d'agave par exemple) qui ne provoquent pas de pic de glycémie et d'insuline.
12. Privilégiez le pain intégral et évitez le pain à base de levure chimique (qui augmente l'index glycémique).

13. Remplacez le riz blanc par du riz complet, basmati ou thaï à index glycémique moins élevé.
14. Arrêtez les confiseries, les en-cas industriels et les boissons sucrées fruitées. Si vous en grignotez entre les repas il n'y a plus d'obstacle à la montée de l'insuline car il n'y a plus d'aliment associé aux sucreries pour freiner ce phénomène (légumes riches en fibres ou bonnes graisses).
15. N'oubliez pas de faire au moins 30 minutes d'exercice physique par jour.
16. Arrêtez de fumer.
17. Allez vous oxygéner à l'extérieur de la ville (forêt, bord de mer…).
18. Évitez l'emploi de produits à base de phtalates (parfum…) et de parabens, remplacez-les par des produits naturels.
19. Utilisez des pesticides et insecticides bio au lieu de produits chimiques.
20. N'utilisez pas de poêle à Téflon rayé.
21. Privilégiez les produits écologiques ou verts.

## Bien lire les étiquettes

Le conseil le plus important que je puisse vous donner est de bien lire les étiquettes.

- Évitez en général les produits qui contiennent des ingrédients « hydrogénés ou partiellement hydrogénés », ou trop d'additifs alimentaires et de colorants artificiels.
- Vérifiez la teneur en cholestérol et en sodium ainsi qu'en glucides et en fibres s'il y a lieu : par exemple certains aliments avec 0 % de matière grasse sont finalement riches en sucre ou en sel.
- Vérifiez que le produit contient des vitamines et des minéraux essentiels comme le calcium et le fer. Achetez de préférence des aliments qui contiennent des ingrédients naturels que vous utiliseriez chez vous.

CHAPITRE 5

# Les suppléments anti-inflammatoires et antioxydants

## Réduire l'inflammation silencieuse avec les compléments nutritionnels

En intégrant à votre alimentation des aliments anti-inflammatoires et antioxydants, vous aurez toutes les bases nutritionnelles pour créer une alimentation anti-inflammatoire et anti-âge efficace qui régénère votre organisme et son milieu cellulaire. Mais pour obtenir des bienfaits plus importants sur la santé et l'apparence, les compléments anti-inflammatoires, anti-âge et brûleurs de graisse peuvent vous aider. Ceux que je recommande ont été choisis pour leur pouvoir sur les effets négatifs d'aliments pro-inflammatoires comme les sucres, les féculents et les mauvaises graisses.

Plus nombreux sont les antioxydants et phytonutriments que nous apportons à notre corps, meilleure est notre santé. Or notre alimentation est souvent dépourvue d'éléments indispensables à un équilibre nutritionnel anti-inflammatoire idéal. Outre qu'ils constituent une assurance supplémentaire contre les carences du régime alimentaire, les compléments peuvent fournir les nutriments thérapeutiques et naturels susceptibles de contribuer à prévenir les maladies liées à l'âge. C'est pour cette raison que je conseille de prendre de bons compléments multivitaminés et multiminéraux pour combattre l'inflammation silencieuse. La plupart des suppléments mentionnés dans ce chapitre agissent sur l'inflammation en empêchant la formation de substances pro-inflammatoires comme l'acide arachidonique (AA).

## ➤ *Les compléments alimentaires qui agissent sur l'inflammation*

### Les AGE oméga-3

Pour combattre l'inflammation, notre corps a besoin de deux types d'oméga-3 : le DHA et l'EPA principalement présents dans les poissons gras comme le saumon et le maquereau. La consommation de ces deux acides gras est indispensable. Toutefois, le corps peut produire directement ces acides gras à l'aide de l'ALA, un autre acide gras oméga-3 présent dans les céréales complètes, dans les légumes à feuilles foncées, dans l'huile de colza, de lin, de noix, les germes de blé et de soja, la noix de Grenoble et le pourpier. Mais le poisson reste la meilleure source d'EPA et de DHA car la conversion de l'ALA en EPA et DHA n'est pas très importante. L'huile de lin par exemple ne peut contrer les effets inflammatoires de notre consommation excessive d'aliments transformés, riches en mauvais oméga-6, qui créent l'état d'inflammation constant. La seule façon de combattre l'inflammation est de la bloquer à la source par une alimentation anti-inflammatoire saine et équilibrée. Pour cette raison, il est conseillé de manger du poisson le plus souvent possible mais d'en compléter sa consommation par de l'huile de poisson qui fournit au corps les armes nécessaires pour combattre l'inflammation.

L'huile de poisson est un complément alimentaire naturel à privilégier car ses effets sur la santé, l'amincissement et le rajeunissement sont prouvés par de très nombreuses d'études.

Rappelons que le pouvoir anti-inflammatoire des acides gras essentiels oméga-3 a de nombreux avantages :

- améliorer le système immunitaire ;
- atténuer le risque cardio-vasculaire ;
- calmer les symptômes de l'arthrite rhumatoïde ;
- améliorer l'humeur et le niveau d'énergie ;
- améliorer la capacité de concentration ;
- réduire l'inflammation ;
- accélérer la perte de graisse corporelle ;
- stabiliser la glycémie ;
- baisser le taux d'insuline ;
- réduire les problèmes de peau chroniques comme l'eczéma.

L'HUILE DE POISSON RICHE EN OMÉGA-3 (EPA/DHA)

L'huile de poisson est reconnue par de nombreuses études nationales et internationales comme étant le complément nutritionnel anti-inflammatoire le plus actif.

Il a été démontré que la prise de complément est aussi, sinon plus, efficace que le poisson dans la réduction des symptômes de l'inflammation.

Toutefois, certaines personnes pensent que les compléments d'huile de poisson sont moins bénéfiques que la consommation de poisson. Selon moi, cela ne semble pas être le cas.

La plupart des études sur les huiles de poisson oméga-3, comme celles faites pour l'étude Gissi et pour l'étude cardiaque DART, ont démontré une efficacité comparable des compléments d'huile de poisson sur la santé par rapport aux poissons. Les patients qui avaient le choix entre manger plus de poisson ou prendre des compléments d'oméga-3 en ont retiré les mêmes bénéfices.

*Ces études ont aussi démontré que tout le monde pouvait prendre ces compléments.*

Durant des études cliniques très surveillées, on a administré ces compléments nutritionnels à des femmes enceintes, des mères qui allaitaient des bébés, des bébés, des enfants, des adultes, des patients cancéreux, des convalescents… Ces compléments, dans la plupart des cas, se sont révélés sans effets secondaires apparents et les patients ont bénéficié de nombreux effets positifs.

*Précautions particulières* : il est conseillé dans certains cas de veiller à ne pas prendre plus de 1 g d'acide gras oméga-3 par jour. Cela concerne plus particulièrement :

– les asthmatiques qui doivent prendre des compléments uniquement sous contrôle médical même si dans certains cas ces nutriments ont été bénéfiques ;
– les diabétiques qui ne devraient pas consommer plus de 3 g par jour de ces acides gras oméga-3 parce que de plus grandes quantités pourraient perturber la régulation du sucre sanguin ;
– les personnes souffrant de problème de coagulation ou prenant des anticoagulants doivent être prudentes avec les compléments d'acides gras oméga-3, excepté s'ils ont été prescrits par leur médecin. Consommés en grande quantité les acides gras oméga-3 peuvent modifier la coagulation du sang et, en cas d'anomalies de la coagulation, on ne peut pas prévoir l'effet de fortes quantités d'oméga-3.

**Mes recommandations**

Pour viser une efficacité optimale, il faut choisir un produit de haute qualité biologique et nutritionnelle. Les huiles de poisson proviennent principalement de poissons riches en oméga-3, notamment de l'huile de saumon, riche en EPA et DHA. Leur effet anti-inflammatoire repose essentiellement sur leur contenu en EPA qui inhibe l'enzyme produisant l'acide arachidonique.

Il est donc recommandé de prendre de l'huile de poisson, riche en EPA, aux dosages adéquats et de façon régulière. On renforcera son action en l'associant à un autre acide gras essentiel qui est le GLA (bon oméga-6), dont la particularité est de se transformer en puissant anti-inflammatoire lorsqu'il est associé aux oméga-3, et qui permettra à l'EPA de compléter son action contre les AA. Il est important de consommer ces deux acides gras essentiels ensemble.

La diminution des symptômes inflammatoires ainsi que les résultats des bilans biologiques AA/EPA vous indiqueront si vous avez réussi à réduire l'inflammation silencieuse.

*Ma prescription anti-inflammatoire* : dans le cadre de la prévention anti-inflammatoire, il est recommandé de prendre 1 gramme d'huile de poisson oméga-3 par jour. En cas d'arthrite par exemple, vous pouvez aller jusqu'à 3 grammes d'huile de poisson par jour. Si vous ne mangez presque jamais de poisson, il est fortement recommandé de combler les carences alimentaires en prenant jusqu'à 5 grammes d'huile de poisson par jour.

Vous pouvez de plus rajouter à cette dose environ 400 UI de vitamine E par jour qui renforcera l'action contre les radicaux libres.

Prenez toujours les capsules d'huile de poisson au cours des repas, en une seule prise ou réparties à chacun des repas.

Il est toujours préférable de vérifier avec un professionnel de la santé toute consommation de compléments nutritionnels sur le long terme.

LE GLA : L'OMÉGA-6 BÉNÉFIQUE

Parmi les oméga-6, l'acide gammalinolénique (GLA) est un acide gras essentiel et incontestablement bénéfique pour diminuer la réaction inflammatoire. C'est le deuxième complément superstar de la Nutrimab[2]. Nous avons déjà expliqué que l'alimentation occidentale induisait un excès d'oméga-6 par une trop grande présence d'acide linoléique dans de nombreuses huiles végétales, graines et germes. Cependant, bien qu'il soit un oméga-6, le GLA sous forme de supplémentation est d'un intérêt majeur. En effet, l'organisme le convertit rapidement en DGLA (dihomogammalinolénique) précurseur d'un composé anti-inflammatoire qui participe au bon fonctionnement de l'organisme, aide à brûler les graisses et à réduire l'hypertension. Le GLA est très difficile à trouver dans l'alimentation. Ses seules sources alimentaires sont les graines de bourrache, le cassis et l'huile de graines de primevère communément appelée huile d'onagre. L'huile de bourrache est le complément alimentaire qui en contient le plus.

**Mes recommandations**

Comme dans votre assiette, appliquez la règle des 70/30 : le GLA combiné avec l'EPA a des effets impressionnants. Pour trois capsules d'huile de poisson EPA prenez l'équivalent d'une capsule de GLA. Pour un dosage idéal, choisissez un mélange d'EPA/DHA/GLA en capsule.

### Ma recommandation de base pour le programme

Si vous suivez la méthode nutritionnelle préconisée dans cet ouvrage vos besoins en huile de poisson seront moins importants. Toutefois, si vous avez des symptômes d'inflammation silencieuse et si vous souhaitez prévenir ses effets, mincir et rajeunir, je vous conseille fortement de prendre une huile de poisson de qualité supérieure ultra-raffinée et riche en EPA/DHA combinée à un mélange d'huile végétale de bonne qualité riche en GLA contenu dans l'huile de bourrache, dont l'action sur l'inflammation silencieuse est également reconnue.

### L'HUILE DE BOURRACHE, RICHE EN GLA (ACIDE GAMMALINOLÉNIQUE)

L'huile extraite des graines de bourrache peut soulager l'inflammation silencieuse. L'effet anti-inflammatoire de l'huile de bourrache serait attribuable à sa teneur en acide gammalinolénique (AGL), un acide gras essentiel oméga-6. Compte tenu des puissants effets anti-inflammatoires de l'acide gammalinolénique, je vous recommande d'en prendre sous forme de supplément en privilégiant l'huile de bourrache combinée à de l'huile de poisson riche en EPA/DHA pour en renforcer ses effets.

### L'HUILE DE SÉSAME

C'est une des plus anciennes plantes oléagineuses cultivées. Elle a la propriété de protéger le système cardio-vasculaire (en empêchant les amas graisseux de se former dans les vaisseaux sanguins), et de renforcer les systèmes nerveux et cérébral. Elle agit sur la fatigue nerveuse et les troubles de mémoire. Elle est recommandée contre le cholestérol, la déminéralisation et la dépression. Elle a un effet tonifiant sur le foie, les reins et apaise la toux et les rhumatismes.

Mais, contrairement à l'huile de poisson, l'huile de sésame fournit aussi une quantité importante d'acides gras oméga-6, ce qui lui confère autant d'effets positifs (elle fournit de la sésamine qui inhibe la production d'AA) que d'effets négatifs (riches en acides gras oméga-6 qui fabriquent de l'AA).

**Mon conseil**

Vous pouvez varier vos repas en remplaçant de façon occasionnelle l'huile d'olive par de l'huile de sésame.

L'huile de sésame protège la peau des agressions extérieures, notamment des rayons ultraviolets, qu'elle absorbe en agissant comme un écran solaire. Elle restructure les cellules et maintient une bonne hydratation par sa faculté à pénétrer aisément l'épiderme. Elle agit efficacement contre les irritations et le dessèchement. Pourvue en vitamine E, elle a également un rôle antioxydant, qui lui confère des propriétés cosmétologiques remarquables.

LE LIN, RICHE EN OMÉGA-3 ALA

Le lin est un ingrédient alimentaire fonctionnel idéal qui ajoute de la saveur et de la valeur nutritive aux aliments. Les consommateurs apprécient son goût doux de noisette. L'huile de lin contient peu de gras saturés, une quantité modérée de gras mono-insaturés et une teneur élevée de « bons » gras polyinsaturés. S'il est connu que le lin enrichit les aliments grâce à ses quantités généreuses d'acide gras essentiel oméga-3 alphalinolénique (ALA), sa haute teneur en fibres est moins connue. Étant donné que plus de la moitié de l'huile (57 %) est l'acide gras oméga-3 ALA, le lin est une excellente source de cet acide gras essentiel. Cependant, même si le lin contient plus d'ALA que toutes les autres graines et huiles végétales, il n'inhibe pas la synthèse de l'acide arachidonique. De plus, selon une étude réalisée par des chercheurs de l'Institut national de la santé, seulement 0,2 % d'ALA (2 mg) est converti en EPA, ce qui montre que le lin n'est pas une source viable d'oméga-3 EPA et qu'il ne peut pas remplacer le poisson et l'huile de poisson.

**Ma recommandation**

Utilisez des graines de lin pour leur apport en fibres et en acides gras. Toutefois, pour l'action anti-inflammatoire il est préférable de se tourner vers des compléments plus adaptés comme l'huile de poisson associée aux huiles végétales GLA.

L'HUILE D'OLIVE

Pensez à l'huile d'olive comme à l'un des plus savoureux compléments alimentaires. De nombreuses études attribuent à l'huile d'olive des propriétés anti-inflammatoires. C'est une excellente source d'acide oléique (oméga-9), un élément clé du « régime méditerranéen », qui a de nombreux effets positifs. L'incidence de maladies cardio-vasculaires et de certains types de cancers est plus faible, grâce à l'action positive de l'huile d'olive dans la réduction des taux de cholestérol. Ses effets sont aussi bénéfiques sur la pression sanguine, autre facteur de risque des maladies cardio-vasculaires.

**Mes recommandations**

Comme nous l'avons déjà dit, il faut privilégier les huiles d'olive « extra-vierge » pressées à froid. Ajoutez à vos recettes une à deux cuillerées à soupe d'huile d'olive qui correspond à votre apport journalier en bonnes graisses.

## ➤ *La phytothérapie anti-inflammatoire*

L'homme a appris très tôt l'usage des plantes dans l'alimentation ou dans la médication. Ces connaissances aujourd'hui transmises par les naturopathes attribuent les maladies inflammatoires à un « encrassement des organes d'élimination » provenant de l'alimentation et notamment des protéines animales. Les plantes intéressantes contre les maladies inflammatoires peuvent avoir des actions multiples sur l'inflammation elle-même mais aussi sur ses causes en générant des processus d'élimination bénéfiques pour le corps.

Ces plantes peuvent être utilisées sous des formes variées : tisanes, infusions, gélules ou pommades.

Elles sont réputées pour être sans danger, mais il vaut mieux consulter un médecin avant toute utilisation et demander conseil auprès d'un pharmacien herboriste.

## L'harpagophytum

Cette plante médicinale, appelée « griffe du diable », que l'on trouve dans le Sud-Ouest africain, est l'une des principales plantes anti-inflammatoires. Elle est vendue en capsules ou en comprimés. Les parties utilisées de cette plante sont les tubercules de la racine secondaire qui sont très riches en harpagosides, principes actifs, qui ont la propriété d'inhiber la formation d'une enzyme qui participe au processus inflammatoire. L'harpagophytum est ainsi connue pour son activité anti-inflammatoire permettant de combattre la douleur. Elle est indiquée en cas d'arthrite, de rhumatismes, d'arthrose, mais aussi dans certains troubles digestifs, hépatiques et rénaux. Elle a des vertus analgésiques et myorelaxantes, sans effets désagréables sur le système nerveux central (en particulier pas de somnolence). Les modes d'action anti-inflammatoires de l'harpagophytum ne sont pas tous percés, mais on sait que parmi ses actifs les bêta-sitostérols possèdent des effets bénéfiques anti-inflammatoires qui modulent les lymphocytes.

## Le cassis

Tout le monde connaît ces petites baies violettes qui sont hautement anti-inflammatoires, sans présenter d'effets indésirables. Ses feuilles renferment des flavonoïdes aux propriétés anti-inflammatoires utilisées en médecine traditionnelle contre les piqûres d'insectes pour soulager la douleur. Elles sont aussi diurétiques et précieuses pour éliminer l'acide urique et l'urée. Le cassis est également dépuratif. On l'utilise contre les rhumatismes (le bourgeon de cassis soulage la douleur et l'arthrose du genou), la goutte, mais aussi les calculs rénaux, l'obésité, l'hypertension, l'artériosclérose. C'est un ami du système digestif. Cette plante riche en vitamine C est souvent utilisée en cas de coliques et de maux d'estomac. L'effet anti-inflammatoire couplé à une action diurétique et éliminatrice des déchets de l'organisme permet de conseiller aussi les feuilles de cassis dans les traitements naturels anti-inflammatoires.

### L'ortie

Plante commune en France, les feuilles d'ortie piquante sont reminéralisantes et anti-inflammatoires. L'ortie apporte des vitamines B2, B5, de l'acide folique, des minéraux tels que le fer, la silice et le magnésium, des oligo-éléments, notamment du zinc aux vertus anti-inflammatoires, des acides aminés essentiels et des protéines. Par ailleurs, elle contribue à l'élimination des toxines, des acides lactique et urique et d'autres déchets toxiques pour l'organisme. Par son effet reminéralisant, l'ortie agit favorablement sur les cartilages usés des personnes souffrant d'arthrose ou de rhumatismes.

### Le saule blanc

L'écorce de saule est utilisée en médecine traditionnelle depuis plus de deux mille cinq cents ans. Hippocrate, le père de la médecine moderne, recommandait déjà des tisanes de feuilles de saule pour soulager la douleur. Le premier écrit sur l'action anti-inflammatoire et antipyrétique (fièvre) de l'écorce et de la feuille de saule figure dans la deuxième encyclopédie romaine publiée sous la plume de Galien à l'article « Douleurs ». Des études sur la composition de l'écorce ont révélé que ces indications étaient des plus fondées. En effet, l'écorce de saule possède des dérivés salicylés, dont le représentant majeur est le salicoside, qui a les mêmes propriétés que l'aspirine, sans ses effets indésirables. Ces dérivés salicylés sont anti-inflammatoires et antalgiques notamment au niveau articulaire. De plus, ils sont antipyrétiques, c'est-à-dire qu'ils abaissent la fièvre.

L'aspirine a un énorme avantage sur le saule : sa rapidité d'action ; mais depuis on a découvert quelques inconvénients : elle agit moins longtemps et surtout provoque des irritations de la paroi de l'estomac. Ces inconvénients ont permis le retour de l'écorce de saule dans certaines préparations anti-inflammatoires naturelles.

Le saule blanc serait particulièrement efficace pour soulager les maux de tête et les douleurs musculaires. Il est également efficace pour soulager les douleurs aiguës ou chroniques dorsales et cervicales. Il combat l'inflammation et les spasmes d'origine utérine ou biliaire. Associé à d'autres plantes, il soulage les inflammations et accroît la souplesse des articulations atteintes.

**Quelques précautions**

À dose normale le saule blanc est en général dépourvu d'effets secondaires. Cependant à doses plus importantes il peut provoquer certaines réactions : irritation gastrique, allergies. Les femmes enceintes ou allaitantes ne doivent pas en consommer. D'une façon générale, ne le prenez pas en même temps que d'autres anti-inflammatoires, anticoagulants et diurétiques.

### Le gingembre

Le gingembre est une épice réputée pour ses vertus médicinales. Pendant des millénaires, les médecins chinois et indiens l'ont associé dans leurs remèdes pour ses propriétés tonifiantes et curatives. Ces dernières années, de nombreux chercheurs ont apporté des preuves scientifiques solides sur son action anti-inflammatoire et antioxydante.

Comme anti-inflammatoire, le gingembre agit aussi bien que les médicaments anti-inflammatoires non stéroïdiens (AINS) mais sans provoquer les effets secondaires de certains médicaments. Le gingembre possède des propriétés préventives pouvant réduire le processus inflammatoire. Il aide à diminuer la douleur en bloquant les médiateurs à l'origine de l'inflammation. Il contribue à la réduction de la pression artérielle, à celle du taux de mauvais cholestérol ainsi que des dommages causés par l'oxydation.

On attribue les bienfaits anti-inflammatoires du gingembre à un groupe de composés phytochimiques qui inhibent les enzymes qui fabriquent les médiateurs pro-inflammatoires. Ils agissent sur la réduction du niveau de douleur dans les maladies inflammatoires douloureuses.

Par ailleurs, le gingembre facilite la digestion des protéines grâce à ses enzymes.

**Mes recommandations**

Utilisez du gingembre frais pour agrémenter les plats de viande, les salades ainsi que les jus de fruits, de légumes ou du thé. Vous pouvez aussi vous procurer des capsules de compléments nutritionnels à base de gingembre. Elles ont l'avantage d'être plus pratiques et d'offrir une concentration plus importante de composés actifs de gingembre.

## Le curcuma

Le curcuma est un produit de couleur jaune issu d'une plante tropicale de la famille du gingembre que l'on trouve principalement en Inde et en Indonésie. Utilisé depuis des millénaires dans des plats à base de curry, il est connu pour traiter les affections à caractère inflammatoire.

Le curcuma est considéré comme une plante médicinale car il possède des propriétés antioxydantes et anti-inflammatoires, principalement dérivées d'un composé phytochimique, appelé curcumine, qui inhibe l'enzyme fabriquant l'acide arachidonique.

Lorsque le curcuma est associé à des acides gras essentiels, ils se potentialisent mutuellement dans leurs actions anti-inflammatoires. Grâce à son pouvoir antioxydant, et à un peptide appelé turmérine, le curcuma piège les radicaux libres avec une meilleure efficacité. Il aide à combattre les troubles digestifs, les problèmes cutanés (l'acné, l'eczéma), les infections et l'inflammation.

La synergie des effets anti-inflammatoires et antioxydants de la plante permet de neutraliser les substances cancérigènes apportées par l'alimentation ou résultant d'un « comportement à risque » (tabac…).

Tout comme le gingembre, le curcuma est un agent anti-inflammatoire plus sûr que les médicaments anti-inflammatoires non stéroïdiens (AINS), sans leurs effets négatifs.

L'action anti-inflammatoire du curcuma maintient le taux de cortisol à son plus bas niveau, ce qui a une action bénéfique sur le stress et sur le vieillissement prématuré des organes.

### Mes recommandations

Le curcuma est une épice qui s'utilise dans une grande variété de plats. L'ajout d'une cuillère à thé de curcuma à une vinaigrette, une soupe, ainsi qu'à diverses recettes représente une façon simple d'avoir un apport de curcumine pour prévenir le développement de certaines maladies inflammatoires.

## Le vin rouge

Cela peut paraître étonnant, mais le vin peut être considéré comme un supplément alimentaire efficace pour réduire l'inflammation silencieuse, à la seule réserve d'en consommer modérément. Les chercheurs ont montré que la consommation de vin rouge a un effet prononcé sur la réduction des substances anti-inflammatoires et que le taux de protéine C-réactive des personnes qui boivent une quantité modérée d'alcool est peu élevé. Ils avancent également que la consommation d'un ou de deux verres de vin par jour offre en général un certain degré de protection contre les maladies cardio-vasculaires. Il faut cependant garder à l'esprit que les pays où la consommation de vin a été associée à un taux plus faible de mortalité sont caractérisés par un régime alimentaire riche en fruits et légumes, en légumineuses et en noix. L'apport en viande est modéré et l'huile d'olive est la source majeure de lipides.

Les vertus « anticancérigènes » du vin seraient dues à ses propriétés anti-inflammatoires. Son effet bénéfique est basé sur l'action du resvératrol dont le pouvoir antioxydant est dominant, ainsi que sur sa teneur en vitamine E. La consommation modérée d'alcool semble stimuler la conversion d'acides gras oméga-6 en acide dihomogammalinolénique ou DGLA, élément nécessaire à la production des puissants messagers anti-inflammatoires. Cela explique mieux pourquoi un ou deux verres de vin par jour semblent avoir des effets anti-inflammatoires. En plus grande quantité, vous produisez plus d'acide arachidonique, et tous les bienfaits d'une consommation modérée sont rapidement annulés.

En trop grande quantité, le vin devient néfaste…

**Mes recommandations**

Deux verres par jour pour un homme et un verre par jour pour une femme.

### L'aloès

Depuis des siècles, l'aloès, plus communément appelé l'aloe vera, a été utilisé comme plante médicinale par différentes cultures.

L'aloès contient une substance anti-inflammatoire qui stimule les défenses immunitaires et inhibe l'enzyme fabriquant les médiateurs pro-inflammatoires.

La qualité gélatineuse des feuilles d'aloès qui concentrent la plupart des vitamines, notamment A, E et du groupe B agit comme anti-inflammatoire pour calmer la rougeur et l'enflure des brûlures. C'est pourquoi les cosmétiques à base d'aloès sont particulièrement conseillés dans les cas d'eczéma, de petites blessures, d'irritation. Si cette substance a une action sédative, antibiotique et analgésique, d'autres composants renforcent son action bactéricide, fongicide et calmante. L'aloe vera contient sept des huit acides aminés essentiels indispensables qui ne peuvent être fabriqués par l'organisme humain.

**Mes recommandations**

Prenez une cuillère à soupe d'aloès biologique tous les jours. Utilisez-le au besoin pour soulager l'inflammation des brûlures de la peau.

## ➤ *Les vitamines et antioxydants qui agissent sur l'inflammation*

Les vitamines A, C, E et le sélénium mais aussi le zinc et le cuivre sont les acteurs clés du cocktail antioxydant qui piègent les radicaux libres et les transforment en substances moins agressives.

Notre système de défense est affaibli par les pollutions, les infections, une alimentation inadaptée et carencée, une flore intestinale en déséquilibre. Les antioxydants sont impliqués dans la stimulation de l'immunité générale. Ils se composent de plusieurs molécules, essentiellement des vitamines et des oligo-éléments. Les antioxydants éliminent en permanence les radicaux libres en excès qui oxydent le corps, le fragilisent et jouent un rôle dans la spirale du vieillissement et des pathologies sous-jacentes (cataracte, maladie d'Alzheimer, cancer...).

Des études ont montré que l'apport en vitamines et minéraux antioxydants à des doses nutritionnelles réduisait le risque de cancers.

Le bon dosage de l'apport en vitamines et minéraux est essentiel. La forme multivitaminée garantit le meilleur dosage. En effet, ces compléments sont une façon simple et pratique de prendre en une seule fois toutes les vitamines et minéraux nécessaires au bon fonctionnement du corps.

Il est vrai qu'avec une alimentation saine et équilibrée, il serait normalement inutile de se supplémenter. Mais il est difficile aujourd'hui d'avoir une alimentation équilibrée, et encore plus une alimentation saine. L'agriculture intensive produit des aliments dont la qualité nutritionnelle est fortement réduite. Avec une vie active et stressante, il devient utile de consommer un complément alimentaire pour éviter toute carence et assurer un apport optimal en vitamines et minéraux.

### Les vitamines du groupe B

La famille des vitamines B se compose de huit vitamines. Elles participent au fonctionnement des enzymes, dans la libération de l'énergie des glucides et des gras. Elles décomposent les acides aminés et transportent l'oxygène et les nutriments dans l'organisme.

Trois vitamines jouent un rôle important dans la réduction des maladies coronariennes et des cancers.

LA VITAMINE B6

Toutes les vitamines B ont des effets bénéfiques, mais la vitamine B6 est une des meilleures vitamines pour la peau car elle convertit les AGE en agents chimiques actifs qui vont contrôler les agents de l'inflammation.

Cette vitamine, par le biais de certains de ses composés, produit et décompose les acides aminés qui sont les éléments servant à fabriquer les protéines. Les symptômes d'une carence en vitamine B6 sont la dermite (inflammation de la peau), l'anémie, la dépression, la confusion mentale et les convulsions. Même en l'absence de ces symptômes, une carence de cette vitamine peut correspondre à un taux élevé d'homocystéine (un acide aminé qui se forme lors de la dégradation des protéines et surtout celles qui sont animales) et à un risque accru de contracter une maladie cardio-vasculaire. Elle est recommandée pour les personnes fatiguées, anémiées ou déprimées.

LA VITAMINE B12

On ne trouve de la vitamine B12 que dans les produits d'origine animale. Elle joue un rôle important dans la production d'énergie.

Son apport dans de trop faibles quantités peut être la source de perte de mémoire, de faiblesse musculaire, de perte d'appétit. Cette insuffisance peut aussi entraîner une accumulation d'homocystéine et entraîner un risque cardiaque.

Elle est particulièrement recommandée pour les végétariens ou les végétaliens, les buveurs d'alcool ou les personnes âgées.

LA VITAMINE B9 (ACIDE FOLIQUE OU FOLATE)

La vitamine B9, comme les deux vitamines précédentes, contribue à éliminer l'homocystéine offrant ainsi une protection contre la maladie coronarienne.

Elle détient un rôle clé dans la construction de l'ADN en participant à la division cellulaire et contribue à la prévention des cancers, notamment ceux du côlon et du sein. Elle est essentiellement recommandée aux femmes enceintes. À savoir : l'alcool inhibe l'absorption de cette vitamine.

LA VITAMINE D

La vitamine D est une vitamine qui facilite l'absorption intestinale du calcium et du phosphore. Son rôle est essentiel dans le métabolisme du calcium car elle aide ce dernier à se fixer sur les os. Une supplémentation en vitamine D peut réduire les fractures chez les personnes âgées.

La vitamine D inhibe la croissance de certaines cellules cancéreuses.

Ces sources d'apport se font par le biais de l'exposition au soleil (les ultraviolets synthétisent directement la vitamine D par la peau qui passe directement dans le sang) et par l'alimentation (les produits laitiers, les céréales, certains poissons gras…) ou par des suppléments.

La vitamine D est importante car elle est principalement stockée dans le sang, les tissus adipeux, les muscles, le foie, les reins.

Le déficit de vitamine D prépare l'ostéoporose chez les personnes âgées et notamment chez les femmes. Elle est utile aux personnes peu exposées aux ultraviolets.

Il faut au moins quinze à trente minutes d'exposition au soleil par jour pour apporter les bienfaits nécessaires en vitamine D à l'organisme. Vous pouvez aussi combler vos carences en vitamine D par la consommation de complément d'huile de poisson, ou de poissons gras.

## Les antioxydants majeurs

### LA VITAMINE A

La vitamine A et ses provitamines de la famille des caroténoïdes ont un rôle primordial dans les défenses immunitaires et la résistance aux infections. La vitamine A intervient dans le développement et le renouvellement des cellules : à commencer par le renouvellement de la peau. On la prescrit pour guérir certaines affections cutanées comme l'acné et les problèmes de cheveux. La vitamine A améliore aussi le système digestif et respiratoire et accélère la guérison des blessures.

### LA VITAMINE C ESTER : LA VITAMINE C SUPÉRIEURE

La vitamine C est essentielle à notre survie et à notre épanouissement.

Contrairement à l'animal, l'homme ne synthétise pas la vitamine C. Il lui faut s'en procurer en consommant des aliments riches en vitamine C et sous forme de suppléments. La vitamine C est un puissant antioxydant qui aide les cellules à se défendre des radicaux libres et de l'environnement néfaste (pollution, fumée…). Elle participe à l'absorption du fer et à la cicatrisation en cas de blessure. Elle réduit l'activité des messagers pro-inflammatoires et joue un rôle essentiel dans la production du collagène qui est la substance entre les cellules de la peau (indispensable à la qualité de la peau).

Le cerveau a une concentration importante de vitamine C, mais elle diminue avec l'âge.

Il faut savoir différencier la vitamine C « standard » (hydrosoluble) de la vitamine C « ester ». La vitamine C « standard » ou acide ascorbique contribue à protéger les vitamines liposolubles A et E, ainsi que les acides gras, contre l'oxydation. L'absorption de la vitamine C ester est meilleure pour les cellules et le tissu conjonctif parce qu'elle protège mieux les membranes cellulaires du stress oxydant. Son action contre le vieillissement prématuré est plus importante. Elle n'a pas les effets digestifs que la vitamine C standard peut provoquer.

La vitamine C est une vitamine antistress et antifatigue qui agit sur l'hormone du stress (le cortisol). Elle a un rôle protecteur contre les affections dégénératives du vieillissement. Elle empêche le LDL (mauvais cholestérol) de s'oxyder et augmente le taux de HDL (bon cholestérol). Par ailleurs, elle favorise l'assimilation du fer et du calcium, qui œuvrent pour la solidité de la trame osseuse.

**Mes recommandations**

Une prise de vitamine C, de préférence ester, est donc recommandée. Toute augmentation ou diminution de prise de vitamine C doit se faire graduellement.

### LA VITAMINE E

On a récemment découvert que cette vitamine, en plus de sa capacité à réduire les risques de maladies coronaires, avait des propriétés anti-inflammatoires importantes. La vitamine E réduit, encore plus que d'autres nutriments, les indicateurs clés de l'inflammation.

Elle réduit le niveau de la protéine C-réactive et de l'interleukine-6 et de ce fait diminue l'activité de certains types de « molécules adhésives » qui développent l'inflammation dans le corps. En réalité, la vitamine E est un des nutriments les plus puissants pour réduire le niveau de CRP, un des marqueurs de l'inflammation. Il n'est donc pas surprenant que la vitamine E réduise aussi les risques de maladie d'Alzheimer, d'arthrose, d'allergies, de cancers, et de bien d'autres maladies liées à l'inflammation. Elle est la première vitamine anti-inflammatoire et le principal antioxydant qui bloque le développement des radicaux libres.

Les carences en vitamines E sont invisibles : nous en manquons presque tous sans le savoir. Les cellules commencent par s'altérer, puis le système immunitaire s'affaiblit, on entre dans un processus de vieillissement accéléré et le risque cardiovasculaire s'accroît.

La bonne nouvelle est que le niveau de CRP peut être diminué de 30 à 50 % grâce à la vitamine E naturelle.

Les études cliniques ont démontré que les propriétés anti-inflammatoires de la vitamine E peuvent diminuer l'inflammation et les douleurs chez les patients atteints de rhumatismes. Les patients prenant de la vitamine E et des antioxydants ont un niveau important de glutathion peroxydase, un antioxydant puissant fabriqué par le corps, et un niveau bas de radicaux libres.

### Mes recommandations

Ses propriétés impressionnantes suggèrent que ce supplément est efficace contre presque toutes les maladies inflammatoires. Elle est à prendre sous forme de compléments alimentaires.

#### LE COENZYME Q10

Le coenzyme Q10 est un antioxydant anti-inflammatoire qui offre de nombreux avantages pour lutter contre la surcharge pondérale. En favorisant la production d'énergie dans la cellule, cet anti-âge améliore la capacité de la cellule à s'autoréparer. Il stimule l'immunité.

Des études récentes ont démontré que le CoQ10 empêche la production de radicaux libres. Il protège le système cardiovasculaire : il entretient le muscle cardiaque et empêche l'inflammation des artères qui conduit à l'artériosclérose. Il intervient de façon positive dans des maladies inflammatoires chroniques comme l'obésité. Associé à d'autres antioxydants, le CoQ10 élève aussi le niveau cellulaire des vitamines C et E, il participe à la régulation de la glycémie et accroît la sensibilité à l'insuline. Il améliore également le taux de lipides dans le sang.

On le trouve dans les poissons comme les sardines ou le saumon et dans les noix.

**Mes recommandations**

Le coenzyme Q10 peut être pris avec les suppléments alimentaires EPA/DHA/GLA au cours du repas pour une meilleure absorption et des bienfaits thérapeutiques supérieurs.

### L'ACIDE ALPHA-LIPOÏQUE (AAL)

L'acide alpha-lipoïque est un super antioxydant qui joue un rôle clé dans la production de l'énergie dont l'organisme a besoin pour bien fonctionner. Le corps produit naturellement l'acide alpha-lipoïque en très petites quantités.

Doué d'un important pouvoir antioxydant, l'AAL a l'avantage d'être soluble dans l'eau (hydrosoluble) et dans les graisses (liposoluble), ce qui lui permet de neutraliser plusieurs types de radicaux libres, puisqu'il peut agir dans l'un ou l'autre milieux. C'est pourquoi on le qualifie parfois d'« antioxydant universel ». Il a la propriété de recycler partiellement d'autres antioxydants, notamment la vitamine E, la vitamine C et le glutathion, augmentant ainsi leur durée de vie et leur efficacité. Il prévient les réactions inflammatoires et ralentit l'apparition des maladies cardio-vasculaires, de l'arthrite et de la maladie d'Alzheimer. Il participe à la régulation de la glycémie et permet d'éviter la glycation des protéines, ce qui prévient le vieillissement prématuré de la peau.

Un organisme en bonne santé produit de l'AAL en quantités adéquates. Cependant, il semble qu'en cas de diabète, de cirrhose du foie ou de maladie du cœur, son taux diminue.

Il a aussi la capacité de piéger les métaux toxiques comme l'arsenic et le mercure.

#### LE PYCNOGÉNOL®

Le Pycnogénol® (extrait d'écorce du pin maritime) est un puissant antioxydant qui contient des flavonoïdes présents dans un grand nombre de végétaux.

Il protège le collagène et permet de conserver une peau lumineuse : il améliore la microcirculation dans les capillaires cutanés favorisant une meilleure oxygénation de la peau, un meilleur apport de nutriments, une meilleure hydratation tout en stimulant l'élimination des déchets. Grâce à son action anti-inflammatoire, le Pycnogénol® protège la peau des lésions provoquées par l'exposition aux UV solaires.

Il évite l'apparition de certaines maladies chroniques et inflammatoires. Les études scientifiques ont montré que le Pycnogénol® exerce des effets bénéfiques sur la santé cardiovasculaire et la circulation sanguine. De plus, il prévient certaines complications du diabète.

## ➤ *Les suppléments acide-base*

### Les effets positifs de la supplémentation en minéraux : anti-inflammation et équilibre acide-base

On ne peut aborder les nutriments anti-âge sans parler des minéraux qui participent au contrôle de l'inflammation cellulaire. Malheureusement, l'alimentation moderne perturbe l'équilibre des minéraux comme le calcium, le magnésium, ou encore le potassium. C'est pourquoi les suppléments alimentaires riches en minéraux sont particulièrement importants dans une approche nutritionnelle optimale contre l'inflammation autant que contre l'hyperacidité. Ce sont le calcium, le magnésium, le sélénium, le potassium, le zinc et le manganèse.

Ces compléments diminuent l'acidité de l'organisme et augmentent la vitalité générale en atténuant les symptômes douloureux provoqués par une surcharge en acides de l'organisme. Une étude clinique menée sur trente-sept patients souffrant de polyarthrite rhumatoïde a démontré que la supplémentation en substances basiques pendant douze semaines apportait certains bienfaits :

- une qualité de vie améliorée par une réduction de la douleur ;
- une plus grande mobilité des articulations affectées ;
- une diminution des traitements médicamenteux antirhumatismaux.

La disparition des douleurs est la conséquence d'une concentration moindre d'acides dans l'organisme, non de leur élimination totale. Cette réduction peut s'obtenir en suivant les conseils de mon précédent livre *La Méthode acide-base*.

## Les minéraux de base des compléments alimentaires de la Nutrimab[2]

### LE CALCIUM

On parle beaucoup du calcium de nos jours car une carence en calcium fragilise les os. Les fractures de la hanche et des vertèbres sont souvent la conséquence d'une ostéoporose. Le calcium est essentiel à plusieurs fonctions physiologiques, comme la régulation de l'inflammation, de la conduction nerveuse, de la contraction musculaire, de l'activité enzymatique et de la fonction des membranes cellulaires. Ces processus étant essentiels à la santé, l'organisme doit gérer étroitement son stock de calcium. Si les apports calciques alimentaires sont trop faibles, l'organisme va puiser dans l'immense réservoir de calcium emmagasiné dans les os. De nombreux facteurs affectent cette équation, parmi lesquels l'équilibre acide-base et le régime alimentaire. Ainsi, comme je l'ai déjà dit, les régimes riches en protéines animales augmentent les pertes calciques par les urines. Le sel, l'alcool et le tabac sont aussi susceptibles d'entraver l'absorption du calcium. L'industrie laitière incite à toujours consommer plus de lait et de produits laitiers comme source idéale de calcium. C'est effectivement une source de calcium, mais les produits laitiers renferment du lactose et des matières grasses saturées, des substances qui ont des effets nocifs pour bon nombre d'entre nous, notamment en cas de maladies inflammatoires chroniques.

**Mes recommandations**

Le calcium est le minéral le plus représenté dans l'organisme. Sous forme de citrate, il permet de neutraliser les acides. Il est aussi indispensable à la santé d'autres tissus, notamment celui du système nerveux. Si vous ne consommez pas régulièrement des aliments riches en calcium, il est conseillé de prendre ce minéral sous forme de complément alimentaire. Le calcium présente des effets bénéfiques relaxants. Les personnes dont le régime est pauvre en calcium ne doivent pas hésiter à en prendre.

### LE MAGNÉSIUM

Ce n'est pas vraiment un antioxydant, mais il intervient dans de si nombreux mécanismes biologiques que son absence accélère les déséquilibres et le vieillissement. Il participe au métabolisme du glucose et de la vitamine C. Il contribue à la production d'énergie cellulaire et à la synthèse des protéines. Il améliore l'équilibre psychique et émotionnel. Il joue un rôle capital dans la contraction musculaire, la régulation du rythme cardiaque, la transmission de l'influx nerveux. Il empêche la calcification des vaisseaux, réduit les risques d'arythmie cardiaque, d'infarctus et de mort subite. Il garantit la bonne santé de la prostate et prévient la cataracte.

Ses propriétés antistress sont indéniables et il joue un rôle important dans la désacidification du corps.

**Mes recommandations**

Je vous conseille de prendre du magnésium sous forme de citrate dans les formules alcalines. Cette substance est primordiale dans la gestion de l'équilibre acide-base et dans le traitement des maladies cardio-vasculaires.

LE SÉLÉNIUM

Cet oligoélément indispensable au corps humain est absorbé au niveau du tube digestif et principalement éliminé dans l'urine.

Notre corps ne le synthétise pas, nous devons donc le trouver dans notre nourriture. La teneur en sélénium des végétaux et des viandes varie en fonction du sol de culture ou d'élevage des animaux. Comme la plupart des oligoéléments, le sélénium joue un rôle clé dans l'organisme. Bien que son mode d'action soit encore méconnu, ses propriétés sont multiples :

- en tant qu'antioxydant il travaille de concert avec la vitamine E pour protéger les membranes cellulaires contre l'action des radicaux libres ;
- il agit en cas d'inflammation arthritique, est utile dans la prévention de certains types de cancers et de maladies cardio-vasculaires ainsi que contre la formation des cataractes ;
- il intervient dans la synthèse des cellules nerveuses. Une carence en sélénium peut provoquer de la dépression, de la fatigue, de l'anxiété ;
- il a également le pouvoir de réguler le problème de séborrhée du cuir chevelu en usage externe.

Le sélénium est un antioxydant vital qui lutte contre les désastres des métaux lourds et autres polluants et aide à neutraliser certaines toxines comme le mercure et l'arsenic.

Il stimule le système immunitaire et est nécessaire à son bon fonctionnement.

### LE ZINC

Le fonctionnement de nos gènes dépend de cet oligoélément. Notre organisme en contient de 2 à 3 g, ce qui est beaucoup. Le zinc est un anti-âge de première importance, il contribue à la beauté de l'épiderme de la peau en aidant l'organisme à préserver son stock de collagène. Il intervient dans le métabolisme des glucides et des protéines. Il participe à la fabrication de multiples hormones : testostérone, insuline, hormone de croissance…

Il stimule les défenses immunitaires et protège la peau et les os.

Il joue un rôle crucial dans la prévention des cancers en protégeant la protéine qui est chargée d'empêcher la reproduction des cellules anormales. Il agit contre les radicaux libres.

Il lutte contre les métaux lourds et autres polluants.

#### Mes recommandations

Sous forme de citrate, il est conseillé aux personnes âgées qui en synthétisent moins, mais aussi en prévention chez les fumeurs et les consommateurs d'alcool.

### LE POTASSIUM

L'organisme régule parfaitement le potassium car son excès ou son insuffisance peuvent être néfastes. Une carence de potassium peut induire fatigue, crampes musculaires et problèmes cardiaques.

Absorber du potassium *via* les aliments a une action positive sur la tension et réduit le risque d'accident vasculaire cérébral. L'alimentation moderne riche en aliments transformés et pauvre en fruits et légumes fournit un rapport sodium/potassium déséquilibré. Pour le rééquilibrer, il est utile de consommer beaucoup de fruits et de légumes. Vous trouverez du potassium dans les fruits (banane, abricot, datte, haricot sec), les légumes verts à feuilles (épinard) et dans les racines. Il est tout à fait déconseillé de prendre du potassium sous forme de complément alimentaire à haute dose car il peut alors être néfaste pour la santé.

**Mes recommandations**

Le potassium fait partie des formules de l'équilibre acide-base également sous forme de citrate.

LE CHROME PICOLINATE

Le chrome est un nutriment important dans le contrôle et la réduction de la graisse corporelle excédentaire. Un bon apport de chrome dans l'alimentation réduit la glycémie et l'insulinémie : l'équation idéale d'un régime amincissant anti-inflammatoire.

Les personnes en surpoids présentent un état inflammatoire qui inhibe le mécanisme de combustion des graisses. Le chrome permet de réduire l'inflammation et stimule les enzymes qui favorisent le métabolisme des lipides. Il n'affecte pas seulement la glycémie et l'insulinémie, il a également une action positive sur la normalisation des graisses, comme les triglycérides et le cholestérol, tout en permettant d'augmenter le taux de bon cholestérol HDL et d'abaisser le cholestérol total et les triglycérides. Il est donc cardio-protecteur. Le chrome est important pour la production d'énergie.

Le chrome sous forme de picolinate est beaucoup plus actif et mieux assimilé que sous ses autres formes.

**Mes recommandations**

Choisissez de préférence comme supplément le picolinate de chrome. Évitez de le consommer avec du lait ou avec tout autre aliment riche en phosphore car son absorption est alors plus difficile. Intégrés à une stratégie de contrôle de poids des suppléments de chrome aident à diminuer les fringales et à réguler le taux de sucre sanguin.

### ➤ *Le cocktail détox*

#### Les draineurs

Conçus pour « agir de l'intérieur », les draineurs interviennent dans un programme de purification intense qui aide à stimuler les organes d'élimination.

Ils comprennent un mélange de plantes qui permettent à l'organisme de se débarrasser de son excédent d'eau et de toxines, de rééquilibrer les fonctions naturelles de l'organisme

À titre d'exemple, je préconise les plantes suivantes pour leur action dépurative :

- l'orthosiphon qui contribue à limiter l'excès d'eau ;
- le pissenlit traditionnellement utilisé pour ses vertus dépuratives et drainantes,
- la rhubarbe qui favorise un transit régulier ;
- le boldo qui facilite la digestion ;
- le cassis qui stimule l'élimination ;
- le guarana et le thé vert qui aident à réduire la sensation de fatigue et apportent de l'énergie ;
- la tige d'ananas qui contribue à réduire l'aspect capitonné de la peau ;
- la spiruline, source de protéines, de vitamines, de minéraux et d'oligoéléments qui apporte de l'énergie et contribue à réguler l'appétit.

Il est conseillé d'utiliser ce mélange de plantes comme un draineur, mélangé à un litre d'eau, en cure saisonnière.

## ➤ *Les légumes de la mer*

### Les algues

Les algues possèdent d'immenses propriétés. Elles apportent pratiquement toutes les vitamines, minéraux, acides aminés, enzymes et protéines qui nous sont indispensables. Elles sont de bonnes sources nutritives. En outre, les algues se distinguent par leur remarquable digestibilité. Il en existe plus de 30 000 espèces. Celles qui présentent le plus d'intérêt pour notre santé sont les algues bleu vert comme la spiruline et la chlorelle.

En Extrême-Orient, on les utilise depuis des millénaires. Leur consommation est devenue courante pour tous les bienfaits qu'elles apportent ainsi que leurs grandes qualités nutritionnelles.

Les algues contiennent plus de minéraux que toute autre denrée. Elles apportent jusqu'à dix fois plus de calcium que le lait et huit fois plus de fer que le bœuf. En fonction de leur exposition à la lumière, elles se classent en plusieurs catégories. Parmi les algues brunes, plus répandues dans les magasins de diététique ou les commerces asiatiques, figurent le wakame (l'un des ingrédients de la soupe miso), le kombu et l'arame. Parmi les algues vertes, le nori (souvent utilisé pour envelopper les sushis).

Habituellement vendues sous forme séchée, il suffit, pour leur redonner leur souplesse, de les rincer et de les égoutter. Elles agrémentent ensuite les plats les plus divers. Essayez de les incorporer à votre menu une ou deux fois par semaine.

LA SPIRULINE : L'AMIE DE VOTRE LIGNE

La spiruline est une micro-algue de culture. De tous les aliments naturels, c'est l'une des plus riches sources de protides : elle en contient 60 à 70 %, contre environ 25 % seulement pour la viande. Limitant les variations du taux de glucose sanguin, ainsi que les effets de fringale, elle joue un rôle clé dans les régimes amincissants. Mais son intérêt nutritif ne se limite pas aux personnes en excès de poids. La spiruline contient de l'acide gammalinolénique (GLA), une substance aux propriétés anti-inflammatoires qui appartient à la famille des bons acides gras oméga-6.

La spiruline peut aider à diminuer l'excès de cholestérol et à améliorer la santé. La spiruline est un concentré de nutriments essentiels comme les protéines et les vitamines B. Seulement trois grammes par jour assurent la quantité suffisante en vitamine B12 et elle en contient deux fois plus que la viande. C'est pourquoi la spiruline est considérée comme la source la plus abondante de cette vitamine. Ce supplément alimentaire joue également un rôle dans la prévention de nombreuses maladies. Sa teneur en calcium, en potassium, en sodium, en phosphore et en fer est élevée. Ses effets contre l'anémie ont été démontrés grâce à sa haute teneur en fer. Le calcium et le potassium sont importants pour la formation des os, le sodium et le potassium aident à maintenir l'équilibre acide-base.

Les effets de la spiruline sur les maladies diabétiques et hépatiques ainsi que sur l'acné sont intéressants. Elle a un effet préventif contre le cancer grâce à sa haute teneur en antioxydants comme la phycocyanine.

Une série d'études a été publiée décrivant les propriétés anti-inflammatoires de la phycocyanine, le pigment bleu de la spiruline, qui, bien dosé, est l'élément clé de son action thérapeutique.

Ce pigment inhibe une des enzymes, la COX-2, fortement impliquée dans le processus inflammatoire. Les inhibiteurs synthétiques de cette enzyme sont aujourd'hui reconnus pour leur action en particulier dans le traitement de l'arthrite, sans les effets secondaires habituels des anti-inflammatoires synthétiques.

C'est un puissant détoxifiant du foie et des reins qui favorise la réduction du cholestérol.

La spiruline est également riche en acides gras essentiels et recèle de la provitamine A (bêtacarotène) et de la vitamine B12. Ce serait «le» complément alimentaire capable de rééquilibrer un régime peu varié.

La spiruline est utilisée dans les régimes amincissants pour sa teneur élevée en phénylalanine (cet acide aminé est un réducteur normal d'appétit).

**Mes recommandations**

La spiruline est proposée sous forme de capsules, de comprimés, de poudre ou de flocons qu'on mélange à un liquide (jus de fruits ou de légumes par exemple) ou dont on saupoudre les aliments. Les gélules prises une demi-heure avant chaque repas permettent de mieux réguler la sensation de faim. Comme la spiruline est un aliment très concentré et qu'elle a des propriétés détoxifiantes, il est recommandé d'ajuster les doses en fonction des besoins.

Certaines algues bleu vert autres que la spiruline sont commercialisées et n'ont pas les mêmes qualités, elles peuvent être sujettes à des contaminations.

### LA CHLORELLE (OU CHLORELLA)

La chlorelle est une algue d'eau douce. Elle se révèle être un complément alimentaire de premier ordre contenant la quasi-totalité des vitamines, minéraux et oligo-éléments en quantité importante et près de 60 % de protéines végétales.

Elle contient dix fois plus de vitamine A que la plupart des viandes et quarante fois plus de protéines que le soja, le riz ou le blé. C'est la plante la plus riche en chlorophylle (quatre fois plus que la spiruline).

Elle contient un grand nombre de nutriments : protéines, vitamine B12, zinc, fer, vitamine A, vitamine C, vitamine E, acides gras essentiels (incluant les oméga-3), calcium, magnésium, potassium, soufre, manganèse.

Des études ont montré que la chlorelle peut stimuler les défenses immunitaires, réduire le taux de cholestérol et prévenir les maladies cardio-vasculaires.

On la trouve sous forme de suppléments liquides, de comprimés ou de capsules.

### Mes recommandations

Il n'y a aucune contre-indication à consommer la chlorelle, mais certaines personnes peuvent présenter une allergie à cette algue. Il faut donc commencer par en consommer une petite quantité et augmenter ensuite progressivement si elle est bien tolérée.

Il est primordial que la chlorelle soit produite dans un environnement exempt de toute pollution et il faut s'assurer de la qualité du produit.

**Précautions générales**

Le diagnostic et le traitement des maladies mentionnées dans ce livre exigent la supervision d'un professionnel de la santé. *L'automédication n'est pas recommandée.*

L'innocuité des compléments n'a pas été établie chez les jeunes enfants, les femmes enceintes et celles qui allaitent.

Les personnes souffrant de troubles cardiaques qui envisagent de nouveaux traitements doivent le faire sous contrôle médical.

L'automédication en cas de diabète ou toute autre maladie reconnue peut entraîner de graves problèmes. Lorsqu'on entreprend un traitement ayant pour effet de modifier son taux de glucose sanguin, il faut surveiller sa glycémie de très près. Il est aussi nécessaire d'avertir son médecin, afin qu'il puisse, au besoin, revoir la posologie des médicaments hypoglycémiants classiques.

## La pyramide de la Nutrimab[2]

La pyramide que je vous propose représente les différentes stratégies de la méthode anti-inflammatoire. L'équilibre entre les différents groupes d'aliments fonde mon approche nutritionnelle et le *style de vie* est aussi une des caractéristiques essentielles de cette pyramide. C'est pourquoi je vous invite à pratiquer des exercices physiques réguliers, ainsi que des séances de relaxation et de méditation pour réduire le stress.

Une réponse inflammatoire trop élevée attaque chacune de cellules du corps. Il faut donc maintenir la réponse inflammatoire dans un juste équilibre.

Une trop grande consommation d'aliments comme certaines huiles végétales ou encore les mauvaises graisses à forte

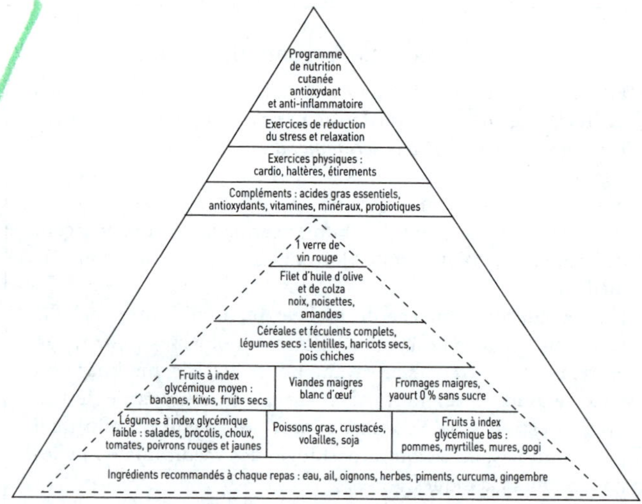


**Pyramide du style de vie Nutrimab[2]**

concentration en oméga-6 (acide linoléique) augmente la production d'acide arachidonique, exacerbe l'inflammation silencieuse et accélère la destruction cellulaire.

La réduction de la quantité d'AA que nous consommons et produisons est donc la manière la plus directe de limiter la production des messagers inflammatoires qui contribuent aux maladies telles que l'arthrite, l'asthme, les allergies, l'eczéma et les maladies cardiaques.

En conclusion, les médiateurs pro-inflammatoires sont essentiels mais seulement lorsqu'ils sont produits dans des quantités bien proportionnées. En effet, il est nécessaire et même indispensable d'équilibrer les médiateurs de l'inflammation pour pouvoir se protéger contre tout envahisseur potentiel comme les allergènes, les virus et les bactéries.

### ➤ *Niveau 1 : la pyramide des aliments*

En résumé :

**Glucides :**

- manger beaucoup de légumes variés et colorés.

**Protéines :**

- manger plus de poisson et plus particulièrement des poissons gras ;
- manger une viande élevée de façon naturelle et nourrie avec des végétaux eux aussi naturels ;
- manger des légumineuses.

**Graisses :**

- éviter les huiles végétales de mauvaise qualité.

Pensez aux différents niveaux de la pyramide comme le rétablissement d'un équilibre général. Il s'agit de mettre l'accent sur une famille de phytonutriments, les *polyphénols* aux propriétés antioxydantes et au pouvoir anti-inflammatoire, et d'autre part de *privilégier les aliments à faible index glycémique*. Cela permet de limiter la part des sucres et des aliments à base de céréales riches en oméga-6. Ces deux stratégies feront *baisser le taux d'insuline*, l'hormone du sucre, ce qui aura pour effet de réduire l'inflammation silencieuse.

#### Polyphénols : mettez de la couleur dans votre assiette

À ce niveau de la pyramide, il est fortement conseillé de consommer des fruits et des légumes pourvus en polyphénols. Ces composés phytochimiques donnent de la couleur aux végétaux.

Plus la couleur est vive, plus les fruits (fraises, myrtilles, abricots…) ou les légumes (épinards, choux rouges…) sont composés d'antioxydants et de phytonutriments. Ces derniers, en chassant les radicaux libres, préviennent les maladies liées à l'inflammation, ralentissent le vieillissement et agissent contre les risques de cancer. Les polyphénols luttent ainsi contre le développement de l'inflammation silencieuse.

Plus de cinq cents flavonoïdes (de la famille des polyphénols) ont été découverts dans les plantes. La quercétine, un flavonoïde anti-inflammatoire, se trouve principalement dans les pommes et les oignons. Une petite pomme contient environ 5,7 mg de vitamine C mais plus de 500 mg d'antioxydants tels que les flavonoïdes.

Les légumes et les fruits sont aussi une source de *caroténoïdes* qui appartiennent à la classe des antioxydants. Les caroténoïdes intéressants pour le corps humain sont l'alphacarotène, le bêtacarotène, la lutéine et le lycopène.

*Nous devons, pour notre consommation de sucre, appliquer la même précision que pour les acides gras.* Ma méthode, pour éteindre l'inflammation, met l'accent sur le bon dosage de fibres, de glucides « entiers », de fruits et de légumes à consommer en tenant compte de leur index glycémique.

### ➤ *Niveau 2 : se recharger en nutriments et en compléments protecteurs (anti-inflammatoires)*

À ce niveau de la pyramide, vous devez prendre une certaine quantité d'*oméga-3-6-9* riches en EPA et GLA qui sont aussi de puissants inhibiteurs de nos réponses inflammatoires. Ces oméga-3-6-9 ne réduiront pas autant le niveau d'acide arachidonique que les aliments recommandés au niveau 1, mais en augmentant le niveau d'oméga-3-6-9, vous limiterez la capacité de l'acide arachidonique à se transformer en médiateurs pro-inflammatoires. Les oméga-3-6-9 sont toujours bénéfiques car ils fluidifient les membranes cellulaires et modulent les échanges cellulaires d'où un meilleur potentiel de régénération cellulaire.

Vitamines et compléments nutritionnels riches en antioxydants, en minéraux et en composés anti-inflammatoires complètent ainsi l'équilibre nutritionnel de la méthode.

Les trois derniers niveaux de la pyramide incluent les gestes qui renforcent l'approche nutritionnelle anti-inflammatoire. Ils ne seront bénéfiques que si la base de la pyramide est solide ; sinon, leurs effets seront moindres.

Cette étape, un des fondements d'un mode de vie anti-inflammatoire, inclut les exercices physiques et les exercices de réduction de stress. Elle suppose de prendre conscience du lien qui existe entre le corps et l'esprit pour installer un meilleur équilibre émotionnel et une vie plus sereine. Il s'agit ici de gestes santé à adopter à vie. Tous ces éléments fonctionnent en synergie pour contrôler l'inflammation silencieuse tout en permettant de contrôler votre poids durablement.

### ➤ *Niveau 3 : les exercices physiques*

Les exercices physiques doivent être modérés et réguliers pour maintenir ou améliorer les capacités d'endurance et entretenir la masse musculaire. Il s'agit de trois types d'exercices : endurance (cardio-training), résistance (petites haltères) et étirements (ou stretching).

### ➤ *Niveau 4 : la gestion du stress*

Le quatrième niveau est consacré à la gestion du stress par la relaxation profonde et la méditation.

### ➤ *Niveau 5 : les cosméceutiques*

Ce cinquième et dernier niveau concerne les soins, drainages, massages, soins de la peau, qui visent à neutraliser l'inflammation et à rééquilibrer le système nerveux.

## En conclusion

La bonne nouvelle est qu'il faut seulement quelques semaines pour commencer à inverser le processus inflammatoire. Toutefois, cette stratégie n'est pas un régime saisonnier mais un mode de vie à adopter si vous souhaitez maintenir les bénéfices de cette approche. Prenez le temps de mettre en place les actions qui sont nécessaires pour tenir la distance.

CHAPITRE 6

# Maigrir

## La Nutrimab² pour maigrir

Vous avez maintenant compris l'importance d'équilibrer votre alimentation et votre mode de vie pour avoir un bon métabolisme. Reste encore à expliquer la relation entre inflammation et poids.

### ➤ *Maîtriser le feu intérieur*

Le surpoids et l'excès de graisse corporelle sont de véritables témoins de l'inflammation.

Le surpoids augmente l'activité inflammatoire dans le corps alors que les marqueurs de l'inflammation sont en général plus bas chez les personnes en bonne condition physique.

Un exemple est celui du syndrome métabolique dont l'une des caractéristiques est la présence de graisse en excès dans la région du ventre, ce qui engendre l'inflammation et ses conséquences désastreuses.

Le syndrome métabolique touche plus de 25 % des adultes ; c'est un fléau des temps modernes. Les premiers responsables en sont notre alimentation et notre mode de vie moderne. L'abondance d'aliments riches en sucres raffinés nous fait sécréter des quantités importantes d'insuline favorisant le stockage des graisses, notamment au niveau du ventre.

Cet excès de calories (à la fois sucrées et grasses) est corrélé à l'habitude du grignotage. De plus en plus stressés, nous mangeons trop et trop souvent alors que nous ne faisons pas assez de sport. Résultat : nous prenons du poids et ce surpoids se fixe au niveau du ventre.

La perte de poids est donc la première étape pour calmer l'« incendie inflammatoire » : en maîtrisant l'inflammation, on maigrit, et en maigrissant on éteint l'inflammation. Ce qui signifie également que, à moins de traiter l'inflammation, on a beaucoup de difficultés à perdre du poids. Le cœur du problème est donc bien la gestion des aliments pro-inflammatoires. Aussi, en évitant la nourriture industrielle, en pratiquant des exercices physiques avec modération, en gérant notre stress, en ayant un bon sommeil et une alimentation saine, nous pouvons prétendre à une meilleure santé et avoir une silhouette plus mince pour la vie.

**L'exemple de Dominique**

Dominique était une mère célibataire qui paraissait plus que ses 36 ans. La pression au travail et ses occupations de mère de famille l'avaient contrainte à privilégier une nourriture industrielle « rapide » (plats préparés, hamburgers, frites, pizzas, barres chocolatées). À la fin de chaque journée, elle s'effondrait sur son lit, épuisée.

Dominique avait pris quinze kilos qui s'accumulaient au niveau du ventre, des bras et du visage. Elle éprouvait également des maux de tête fréquents et ressentait un manque d'énergie chronique.

Après la première consultation, je lui demandai d'adopter une alimentation et un mode de vie anti-inflammatoires selon les principes du programme de la Nutrimab[2]. Dominique commença à prendre plus de légumes, de poisson et de poulet, à assaisonner ses plats d'épices et d'herbes anti-inflammatoires comme le gingembre et le curcuma, et à choisir de meilleures huiles. Elle devait éviter les produits alimentaires traités, les sodas, le café et limiter les produits laitiers. Elle prit aussi plusieurs compléments anti-inflammatoires à base d'huile de poisson (1 000 mg deux fois par jour) combinés à un mélange d'huile végétale de type GLA et à des graines de lin (ALA). Je lui proposai de pratiquer régulièrement des exercices physiques dont l'effet sur l'inflammation et le poids sont reconnus. Elle s'inscrivit donc dans une salle de gym à proximité de son travail pour faire de l'aérobic et de la musculation et elle décida de rejoindre la classe de yoga. Tous les soirs avant de s'endormir, elle prenait plaisir à pratiquer des exercices respiratoires pour avoir une meilleure détente et un sommeil plus profond. Elle se sentait mieux et avait l'impression de reprendre progressivement le contrôle de sa vie.

Après trois semaines, elle avait perdu cinq kilos et son taux de sucre sanguin était revenu à un niveau normal. Ses douleurs et sa fatigue avaient considérablement diminué et son énergie revenait. Elle s'offrit en cadeau une séance de soin nutritionnel cutané à base de plantes et d'acides gras essentiels. Au bout de la sixième consultation, Dominique avait perdu au total neuf kilos, son niveau de CRP et sa pression artérielle étaient redevenus normaux et cela grâce à l'approche intégrative de la Nutrimab[2].

Sa taille s'était redessinée, elle avait perdu toute la graisse superflue qui s'était accumulée au niveau du ventre.

Ses migraines avaient disparu, son niveau d'énergie était meilleur, sa peau et ses cheveux étaient devenus éclatants. Elle paraissait désormais plus jeune.

La plupart d'entre nous se trouvent dans l'un des trois cas suivants :

– *en surpoids et très enflammé.* On parle alors d'obésité androïde ; l'excès de graisse est localisé au niveau de l'abdomen et du thorax (haut du corps) ;
– *en surpoids mais peu enflammé.* On parle d'obésité gynoïde ; l'excès de graisse est situé au niveau des cuisses et des hanches. On peut considérer cette condition comme temporai-

rement sécurisante car elle est moins grave que l'obésité androïde ;
- *avec un poids normal et enflammé.* On peut en effet avoir un poids normal et être enflammé.

Si vous êtes en surpoids, vous l'avez compris : vous êtes très probablement en état d'inflammation silencieuse. Mais vous pouvez également être enflammé avec un poids normal. Il existe une catégorie de personnes qui mangent beaucoup et restent minces toute leur vie. En regardant de près, ces gens ont un avantage génétique qui leur permet de brûler plus efficacement les graisses. Mais cela ne les empêche pas, en dépit de leur poids normal, de développer des maladies inflammatoires chroniques douloureuses. C'est également le cas de sportifs de haut niveau qui peuvent avoir un taux de médiateurs pro-inflammatoires relativement élevé en raison d'un entraînement excessif.

### ➤ *Comment la Nutrimab² fait-elle maigrir ?*

#### En équilibrant l'insuline

Pour réduire l'inflammation, il faut perdre du poids en contrôlant l'équilibre hormonal. La Nutrimab² vous aide à atteindre cet objectif avec son programme nutritionnel. Il équilibre le milieu hormonal en harmonisant, dans votre assiette, glucides, protéines et graisses. À ce jour, cette stratégie demeure la meilleure pour contrôler l'hormone du sucre qui est l'insuline.

#### En respectant l'intestin

Des techniques comme la *détoxination* sont également préconisées car le rééquilibrage des fonctions d'élimination permet de lutter contre l'inflammation. Dans le cas d'une flore déséquilibrée, la digestion est incomplète et provoque des ballonnements qui sont le signe d'une mauvaise assimilation du contenu alimentaire. Des résidus alimentaires inhabituels passent alors dans le sang ; il en résulte des problèmes d'allergie ou d'intolérance et même de prise de poids.

Il est donc utile de relancer le transit et de reconstituer la flore intestinale, ce qui renforce la barrière digestive. Pour cela, la prise de probiotiques est recommandée. Ce sont des bactéries ou des levures sous forme de gélules, sachets ou incluses dans des produits alimentaires (yaourts).

### En gérant l'hormone du stress : le cortisol

Vous savez maintenant à quel point les hormones agissent négativement sur notre santé lorsqu'elles sont en déséquilibre. Le stress nous fait sécréter du cortisol qui favorise le stockage des graisses. Un taux de cortisol chroniquement élevé peut entraîner une foule de problèmes de santé dont une prise de poids. La Nutrimab², dans sa démarche globale qui intègre le corps et l'esprit, vous propose de contrôler cette hormone en pratiquant notamment des exercices physiques et des exercices de relaxation profonde.

Pour combattre les effets néfastes du cortisol et renforcer son action anti-inflammatoire, le programme de la Nutrimab² est, en outre, associé à une synergie de compléments d'huile de poisson de GLA et d'ALA, pour leur richesse en acides gras oméga-3 et en substances anti-inflammatoires

## ➤ *La Nutrimab² pour maigrir : en pratique*

### Tenir compte des prédispositions génétiques

On ne grossit pas seulement de ce que l'on mange. En interrogeant mes patients et en examinant leurs examens biologiques, j'observe qu'ils possèdent souvent des prédispositions à la prise de poids ou au syndrome métabolique. « Je grossis même de l'air que je respire ou de la simple odeur d'un bon plat », entends-je souvent. Pour 90 % des personnes, un environnement inadapté et une mauvaise hygiène de vie sont responsables du surpoids. Mais il existe des gens en surpoids qui ne mangent pas plus que les autres et se soumettent à longueur d'année à des régimes draconiens les maintenant à la limite de l'épuisement sans leur faire perdre les kilos escomptés. Ainsi, certains d'entre nous ont un terrain génétique qui ne les prédispose pas à être particulièrement minces. S'il n'est pas possible de le changer radicalement, on peut toutefois l'influencer en adaptant ce que l'on mange à cette particularité.

J'ai fait une expérience tout à fait intéressante en proposant à dix de mes patients de même corpulence de suivre la même alimentation pendant deux semaines. Le résultat a été étonnant car certains avaient perdu du poids, alors que d'autres en avaient pris un peu ou bien étaient restés au même poids.

Cela démontre que *nous ne sommes pas tous programmés de la même façon*. Il faut donc tenir compte du métabolisme mais, de façon plus générale, de l'héritage génétique de chacun. C'est en soumettant nos gènes défavorables à un environnement et à un mode de vie inadaptés que nos ennuis commencent. Il serait réducteur d'incriminer uniquement la nourriture. L'excès de graisse abdominale est tout de même le plus souvent la conséquence d'une alimentation et d'un mode de vie inadaptés, entraînant un dysfonctionnement du métabolisme. C'est bien là que les maladies inflammatoires trouvent leur source.

Comme nous l'avons vu, le phénomène du surpoids et d'obésité n'est pas seulement un problème d'ordre esthétique mais aussi un facteur de risque pouvant conduire à de très graves maladies. L'épidémie d'obésité est à la fois plus complexe qu'on ne l'imagine et potentiellement plus dangereuse. L'excès de graisse, la perte de bien-être et le développement de maladies chroniques sont intimement liés et doivent être considérés selon une nouvelle perspective. Cette graisse toxique diffuse des substances néfastes et agresse nos organes. Selon sa localisation, elle peut devenir notre ennemie. Si on veut une solution optimale à la surcharge pondérale ou à l'obésité il faut être attentif à la répartition des graisses.

## Tenir compte de la répartition des graisses

Tout le monde ne réagit pas de la même manière face à la nourriture. Certains grossissent plus des hanches, d'autres du ventre. Chaque localisation correspond à un métabolisme précis.

Je vais vous révéler un élément important de ma pratique de la médecine intégrative et de ma longue expérience de traitement du surpoids et de l'inflammation.

Pour déterminer l'origine du surpoids puis mettre en œuvre des stratégies naturelles adéquates, j'examine tout d'abord visuellement le patient pour situer la répartition des graisses. Chaque partie du corps est sous l'influence d'une hormone. Nous savons que la graisse viscérale est celle qui s'accumule dans le haut du corps au niveau du visage, menton, cou, thorax, abdomen au-dessus du nombril et qui donne une silhouette en forme de pomme. Elle reflète l'augmentation des taux sanguins d'insuline, de cholestérol et de triglycérides. C'est la plus dangereuse. Cette graisse est toxique et libère de façon assez constante de l'acide arachidonique et d'autres médiateurs pro-inflammatoires difficilement maîtrisables par l'organisme. Telle une glande très active, elle sécrète une grande quantité de médiateurs pro-inflammatoires qui vont se déverser dans le sang et générer l'inflammation, puis ses complications à distance.

La graisse sous-cutanée, qui se situe dans la partie inférieure du corps (sous le nombril, au niveau des hanches, des fesses, des cuisses, des genoux et des jambes) et donne une silhouette en forme de poire, entraîne peu de complications. Elle pose moins de problèmes car elle est moins active sur le plan métabolique. Ses conséquences sont surtout esthétiques.

**Répartition des graisses et leur signification**

| Répartition | Signification | Facteurs favorisants |
|---|---|---|
| *Silhouette en forme de pomme :* Graisse abdominale, thoracique et « poignées d'amour ». | – Taux élevé de cortisol et/ou d'insuline.<br>– Stockage des sucres sous forme de graisse. | – Stress.<br>– Alimentation.<br>– Inactivité physique.<br>– Traitement prolongé par cortisone. |
| *Silhouette en forme de poire :* Graisse des hanches, cuisses (« culotte de cheval »), fesses, genoux, jambes. | – Taux élevé d'œstrogènes (hormones féminines).<br>– Insuffisance circulatoire veineuse et lymphatique. | – Antécédents familiaux.<br>– Alimentation.<br>– Inactivité physique.<br>– Traitements hormonaux inadaptés. |

### Tenir compte des émotions qui « mettent le feu aux poudres »

La génétique et l'alimentation ne sont pas les seules causes de l'obésité. Le stress et les agressions émotionnelles stimulent exagérément la sécrétion d'insuline et de cortisol.

Lorsque nous sommes stressés, nous libérons du cortisol en excès. Il stimule le métabolisme pour nous procurer rapidement de l'énergie. C'est cette énergie qui nous permet de faire face au stress. Résultat : ce stress, associé à un taux de cortisol élevé, engendre un regain d'appétit, qui conduit souvent à consommer plus facilement des produits industrialisés pro-inflammatoires (barres sucrées, céréalières, biscuits allégés, etc.). Ces aliments posent problème car plus on en mange plus on en veut : ils sont *addictogènes*. Riches en sucres cachés, soi-disant allégés, ils interfèrent avec notre capacité à brûler les graisses, ne rassasient pas correctement et stimulent l'appétit.

En consultation de nutrition, lorsque je recherche les origines du surpoids d'un patient, j'accorde une place importante à ses facteurs émotionnels et à son environnement. « Pourquoi pensez-vous avoir grossi ? Quel a été le facteur déclenchant de votre désir d'arrêter le sabotage ? À quel moment vous sentez-vous le mieux avec la nourriture ? Quand maigrissez-vous le plus facilement ? »

Ce que j'ai remarqué après des années d'expérience, c'est que les réponses à ces questions sont souvent les mêmes et appartiennent au registre émotionnel :

« Docteur, je maigris facilement lorsque je suis amoureux ou comblé, lorsque je suis motivé par de nouveaux projets, entouré d'amis, ou bien lorsqu'il y a un challenge à relever ou un événement important à venir. »

Ce que je cherche à mettre en évidence, c'est l'impact des émotions sur le comportement alimentaire. En effet, notre assiette reflète ce que nous ressentons au plus profond de nous-même. On peut manger plus gras ou plus sucré en réaction aux événements de la vie, aux rencontres, au stress ou bien tout simplement pour compenser un manque. C'est souvent le cas contraire quand on se sent en confiance et occupé à des projets stimulants.

La plupart de mes patients se disent stressés par leur vie quotidienne. Le stress est omniprésent : au travail, à la maison, dans les relations sociales… Le contenu de l'assiette en est le témoin lorsque l'alimentation est mal choisie ou mal utilisée pour combler ce stress.

Bien que ce livre démontre que le surpoids est une cause majeure de l'inflammation, je veux insister sur *l'impact des facteurs émotionnels et du mode de vie sur le comportement alimentaire* qui, lui-même, peut être à l'origine du surpoids.

Un programme de perte de poids efficace doit prendre en compte la maîtrise des émotions. La persistance d'émotions négatives dues au stress met l'organisme sous tension prolongée et finit à la longue par entraîner des maladies inflammatoires. C'est aussi un facteur aggravant des troubles de la fertilité, de la libido, de l'humeur et du comportement alimentaire qui peut se traduire par des compulsions.

Améliorer le lien entre le corps et l'esprit est une des priorités de ma méthode. De la même manière que nous cherchons à contrôler l'inflammation par l'alimentation, nous pouvons aussi la maîtriser par les techniques naturelles de gestion du stress. Les méthodes millénaires fondées sur le travail du souffle et du corps comme le yoga, la méditation et les massages nous apprennent à ressentir et retrouver nos énergies naturelles pour en tirer tous les bénéfices. Elles relient le corps et l'esprit pour travailler au mieux sur nos émotions.

Je vous propose ici un programme de maîtrise du poids qui comprend ce que j'ai appris des techniques intégratives. Il est aussi fondé sur les points de vue, sentiments et émotions analysés chez mes patients. Avec eux, j'ai trouvé des solutions pour faire la paix avec leur corps et les aliments et installer les fondations d'un nouveau mode de vie anti-inflammatoire.

L'alliance des trois traitements – approche nutritionnelle anti-inflammatoire, exercices physiques et techniques de relaxation – aide à trouver le bien-être intérieur en freinant les effets du cortisol et en stimulant les hormones du cerveau qui jouent un grand rôle dans notre épanouissement personnel.

Maigrir est donc l'objectif anti-inflammatoire et le comportement anti-inflammatoire fait maigrir naturellement.

Je vous propose de gérer ces obstacles émotionnels avec l'agenda pilote qui vous aidera à vous organiser et à bien respecter votre nouveau mode de vie.

### ➤ *Journaling : un agenda pour améliorer vos habitudes alimentaires et votre humeur*

Sur cet agenda, vous enregistrerez régulièrement vos habitudes alimentaires, les obstacles rencontrés, vos activités physiques, votre humeur et vos réactions au stress. Un des avantages de cette démarche est qu'elle vous permet d'évaluer ce que vous mangez sans vous en rendre compte. La plupart des gens, y compris ceux qui n'ont pas de problème de poids, mangent de plus grandes quantités et de manière moins équilibrée qu'ils ne le pensent.

L'agenda pilote est un moyen de remédier à ce problème. Il vous fera prendre conscience de :

- la qualité nutritionnelle et la quantité de ce que vous mangez ;
- des situations et des états d'esprit qui vous poussent à manger.

La méthode de gestion du stress et du comportement alimentaire de la Nutrimab² est une approche équilibrée qui offre une prise en charge mentale, nutritionnelle et du style de vie.

À l'aide d'un plan d'action précis, je souhaite motiver chacun d'entre vous à réaliser les changements qu'il souhaite apporter à sa vie.

Pour réussir, il est essentiel d'être prêt à consacrer vingt minutes par jour à la rédaction de votre agenda nutrition et style de vie. Ce journal sera un rendez-vous avec vous-même.

J'ai élaboré l'agenda Nutrimab² comme un cahier de notes que, comme de nombreux patients, vous pourrez utiliser durant le programme. Vous y consignerez les changements que vous souhaitez réaliser ainsi que vos progrès sur les plans :

- physique, en ayant une bonne alimentation et en pratiquant de l'exercice régulièrement ;
- du lien corps-esprit ;
- émotionnel, en créant une conscience harmonieuse pour un mental anti-inflammatoire solide ;
- mental, en planifiant votre journée en fonction de vos objectifs nutrition et équilibre de vie.

Vous pouvez utiliser l'agenda Nutritmab[2] (voir page 391) ou créer votre propre journal à l'aide d'un cahier ordinaire. Par un rythme d'écriture quotidien, en transformant vos bonnes intentions en plan d'action concret, vous atteindrez plus facilement vos objectifs et verrez des changements importants se produire. Vous constituerez ainsi un puissant bouclier contre les agressions de la vie quotidienne. Avec une méthode qui vous soutient et encourage vos progrès, vous resterez fidèle à votre engagement.

### Identifier les obstacles

De nombreuses personnes ont découvert que l'écriture quotidienne d'un journal, dans un but précis, permettait d'identifier les obstacles qui minent la réussite de leurs objectifs et leur bien-être émotionnel.

Lorsque je rencontre des patients qui semblent se décourager face à un objectif important, je leur explique souvent que la plupart des gens ne prévoient pas d'échouer mais que leur échec tient à la clarification et à l'organisation de leurs objectifs. Afin de réussir dans votre stratégie de nutrition et de gestion du stress, je vous demande de prendre rendez-vous avec vous-même quotidiennement.

Sur chaque page, vous consignerez vos objectifs, comportements alimentaires, vos choix, les raisons qui vous incitent à faire ces choix, et les émotions liées à ces choix.

Il faudra aussi penser aux obstacles éventuels et à la manière de les surmonter.

Chaque fois que vous mangez, notez l'heure et ce que vous mangez.

Décrivez comment vous vous sentez juste avant de manger : content, triste, fâché, anxieux, en pleine forme, reposé ou bien fatigué.

Après quelques jours, vous relirez vos notes et pourrez identifier les situations qui vous poussent à manger.

Ensuite, sur la page qui concerne le niveau mental, je vous encourage à détailler votre journée en dressant la liste des choses à faire. Cette page est aussi consacrée à définir votre rêve et à préciser les étapes à franchir pour y parvenir.

Je crois sincèrement que la possibilité de voir votre poids s'équilibrer et votre corps se transformer est directement liée à votre engagement à écrire quelques lignes quotidiennes sur ces pages. En éliminant toute approche aléatoire et en suivant une méthode pratique qui vous permet d'augmenter vos chances de réussite, vous accédez à une véritable rencontre quotidienne avec vous-même. Vous pourrez découvrir comment satisfaire les besoins essentiels de votre corps avec une alimentation saine et des exercices physiques réguliers, comment prévenir et maîtriser l'inflammation chronique en adoptant un mode de vie anti-inflammatoire et comment entrer en communication avec vous-même en ayant retrouvé le calme.

Dans la mise en place de cette stratégie, vous répondrez à des questions qui ont un objectif précis. Elles vous feront découvrir et mieux gérer les obstacles qui vous empêchent de réussir. Ces questions préliminaires pourront vous aider à identifier et à évaluer immédiatement les changements physiques auxquels vous pouvez prétendre. Ainsi vous ajusterez vos attentes en ce qui concerne votre santé.

- Avez-vous déjà suivi un programme de perte de poids ? Si oui, à quel âge ? Décrivez-le. Quels ont été les résultats ?
- Y a-t-il des personnes dans votre famille qui ont été ou sont encore aux prises avec des problèmes de poids ou des maladies inflammatoires ? Expliquez.
- Avez-vous certaines caractéristiques génétiques non susceptibles d'être modifiées par une amélioration de vos habitudes alimentaires et par l'exercice physique ? (Taille, tour de poitrine, grosseur des os…)
- Connaissez-vous votre poids de santé ? Si oui, quel est-il ?
- Pouvez-vous identifier certaines habitudes alimentaires qui vont à l'encontre d'un régime sain ?
- Suivez-vous un programme d'exercices réguliers ? Décrivez-le.
- Avez-vous déjà suivi un programme d'exercices efficace ? Si oui, décrivez-le. Si non, expliquez pourquoi.

## ➤ *Pourquoi la Nutrimab² est-elle efficace pour la perte de poids ?*

Le programme Nutrimab² est une approche globale et intégrative qui permet d'améliorer l'état de santé et de perdre du poids. Il en résultera, vous le constaterez après quelques semaines, un certain épanouissement qui fera dire à vos proches que vous avez rajeuni de plusieurs années. Ce programme est un outil qui vous permettra de changer et d'améliorer votre vie ; toutefois, pour en conserver les acquis et les bienfaits, vous devrez continuer à en appliquer les principes fondamentaux sur un rythme régulier. Cette méthode doit se faire tout en douceur et avec plaisir. Chaque étape est primordiale car elle indique les changements alimentaires à adopter, les exercices physiques à suivre, les compléments nutritionnels efficaces, les AGE, les minéraux et les plantes nécessaires au bon déroulement de ce programme. Vous vous débarrasserez ainsi peu à peu d'une alimentation et d'un mode de vie pro-inflammatoires excessifs, pour atteindre une forme optimale et une sensation de bien-être total. Ce programme diffère tout à fait des régimes que vous avez pu expérimenter. Il est facile à suivre et s'intègre sans problème à tous les modes de vie ; vous n'avez rien à compter ni à peser. Il ne supprime aucun groupe d'aliments et tient compte de l'effet puissant et actif des aliments et de leur synergie. Ce programme rend plus énergique, plus alerte, plus mince... Pour atteindre cet état optimal, les trois éléments constitutifs de l'alimentation – protéines, lipides, et glucides – doivent être équilibrés dans de justes proportions comme cela est décrit au chapitre 4 (voir page 119).

Le principe est donc très simple et peu contraignant, il s'agit d'un régime qui :

– ne limite pas la quantité de nourriture ;
– autorise des aliments nourrissants et succulents ;
– réduit l'appétit de manière naturelle ;
– assure une perte de poids régulière ;
– peut être suivi sur le long terme sans frustration ;
– aide à prévenir les risques des maladies inflammatoires ;
– améliore votre silhouette et votre peau.

Vous avez bien compris toute l'importance d'équilibrer votre alimentation et votre mode de vie pour le bon fonctionnement de votre métabolisme.

Si vous souhaitez perdre du poids, prévenir certaines maladies, oubliez tout ce que vous savez sur les calories et les graisses. Tout est question de modération et surtout de bons équilibres alimentaires. En d'autres termes, votre santé dépend d'un environnement anti-inflammatoire à faible index glycémique créé par une alimentation spécifique. C'est cette stratégie qui mène à l'équilibre métabolique optimal.

Adopter un mode de vie anti-inflammatoire permet de retrouver et maintenir un poids idéal et une qualité de vie saine. Pour cela, il suffit de s'alimenter et de vivre correctement. Non seulement vous ne ressentirez plus de douleurs liées à l'inflammation mais vous perdrez du poids et gagnerez en énergie et en vivacité intellectuelle.

**L'histoire de Christine**
**Maigrir et rajeunir**

Christine a, comme beaucoup de femmes, commencé à voir son corps changer au moment de la ménopause. Au début, les symptômes étaient les mêmes que chez ses amies (transpiration excessive, cheveux qui tombent, mauvaise humeur). Sa prise de poids de quarante kilos en deux ans la préoccupait beaucoup. Cela lui était incompréhensible car Christine était une femme active et sportive qui n'avait pas changé de régime alimentaire. Son embonpoint à la taille affectait sa santé et son bien-être émotionnel. Pour la première fois, son mariage était menacé parce qu'elle était constamment fatiguée, inquiète, déprimée et irritable.

Depuis treize ans, Christine luttait contre son obésité mais n'arrivait jamais à perdre plus de cinq kilos. Tous les médecins lui disaient qu'elle allait bien. Selon eux, ce dont elle avait besoin c'était de manger moins et de faire plus de sport. Cependant, rien ne venait à bout de sa fatigue. Christine estimait avoir dépensé beaucoup trop d'argent pour résoudre son problème : en essayant des régimes onéreux, en consultant des spécialistes, en apportant des modifications à son environnement, en changeant complètement son style de vie.

Lorsque je l'ai rencontrée, elle avait 62 ans. Elle était si désespérée qu'elle ne se préoccupait plus de son poids depuis longtemps, elle venait consulter pour un problème de mémoire. J'ai pu constater à l'appui de tests que son état de santé s'était dégradé. Elle perdait la mémoire et un profond déséquilibre envahissait son corps. Elle risquait la crise cardiaque.

Je lui prescrivis les aliments sains et naturels ainsi que les compléments alimentaires de la Nutrimab[2]. Au cours des six premières semaines, Christine perdit dix kilos sans effort. Dans l'année, elle en perdit quarante. Aujourd'hui elle a retrouvé son énergie, sa mémoire s'est améliorée ainsi que ses rapports avec son entourage. Elle ressemble à une femme plus jeune et plus jolie. Un autre médecin qu'elle avait l'habitude de consulter lui fit des compliments, il lui dit qu'elle ressemblait à une femme de 35 ans. Elle avait réussi à rattraper treize années de dérive alimentaire et pouvait de nouveau jouir de la vie.

## Rajeunir et rester jeune : la peau

### ➤ *Notre peau reflète notre santé*

Nous désirons tous nous sentir au meilleur de notre forme, paraître plus jeunes et plus radieux. Chaque jour, je constate auprès de mes patients ce besoin universel auquel je réponds en expliquant mon programme de prévention anti-âge et ses effets sur l'apparence.

Quand on parle de vieillissement, ce qui est le plus visible est d'abord la peau. Son changement est sans aucun doute la première chose à laquelle nous sommes sensibles. C'est aussi l'aspect le plus décourageant du vieillissement. La peau est le miroir de notre santé. Il se passe bien des choses à l'intérieur de nous lorsque nous prenons de l'âge, la peau représente en quelque sorte la partie émergée de l'iceberg. Dans bien des cas, elle montre les premiers signes de maladie. D'ailleurs votre miroir vous en dit long sur votre forme. Vous avez sans doute remarqué qu'elle n'est pas au mieux lorsque vous êtes malade, stressé ou lorsque vous avez fait des abus alimentaires. Une chose est sûre : votre peau n'est jamais plus belle et lumineuse que lorsque vous êtes heureux et en bonne santé.

Vous connaissez cette sensation. Vous vous regardez dans le miroir et êtes choqué de voir que les rides aux coins des yeux sont plus grandes que votre sourire. Vous êtes sûrement frustré de constater que ces marques du temps ne cèdent pas aux soins des crèmes. Pour beaucoup de femmes, la prise de conscience de ces changements est assez soudaine. « Qu'est-ce qui s'est passé ? Pendant un moment, j'ai cru voir ma mère ! », me disent souvent mes patientes. En tant que nutritionniste qui s'occupe autant du surpoids que de prévention du vieillissement, je connais ces réactions. D'ailleurs, j'ai trop souvent vu les résultats malheureux de mesures désespérées prises pour inverser l'horloge du temps.

Le problème des méthodes invasives de rajeunissement est qu'elles agissent superficiellement et pour une durée très limitée. Les personnes ont l'air différentes mais elles n'ont pas vraiment l'air plus jeunes. Même si les rides sont atténuées, la peau conserve un aspect « artificiel ». Mes patientes ayant recours à ce système se plaignent que quelque chose ne leur semble pas normal dans leur nouveau visage. Aucune solution miracle superficielle et rapide ne change les fonctions de l'épiderme. Inverser les signes de l'âge exige de traiter la peau aussi bien de l'intérieur que de l'extérieur.

En plus de prévenir les maladies et les affections liées à l'âge, la Nutrimab² a pour objectif de réparer la peau en profondeur afin de lui redonner souplesse, luminosité et élasticité. La Nutrimab² lutte contre le vieillissement cellulaire à partir des notions d'inflammation silencieuse et d'hyperacidité. Ces deux éléments constituent la base d'une approche réussie. Ma formule anti-âge est une combinaison d'exercices, de soins du corps et de l'esprit qui repose sur un socle nutritionnel.

### ➤ *Prendre soin de soi à l'intérieur et à l'extérieur*

Il n'existe ni simple remède, ni ingrédient, ni antioxydant, ni crème qui puissent inverser les signes de l'âge. Ce qui donne des résultats c'est un programme complet qui s'attaque à toutes les causes de ces changements.

Ainsi, en restaurant l'environnement interne de la peau, les couches de graisse de l'épiderme seront hydratées et protégées des futurs dommages. Atténuer l'inflammation dans le corps diminue l'inflammation au niveau de la peau. Cela permet également d'hydrater et de réparer chaque cellule. C'est là tout l'intérêt des compléments anti-âge à base d'acides gras, de plantes et d'antioxydants aux vertus régénérantes et hydratantes.

Mon programme anti-âge agit globalement contre le vieillissement de manière que la peau retrouve un bel aspect. Pour rajeunir en profondeur, vous adopterez les changements alimentaires que je préconise : manger anti-inflammatoire, prendre des compléments nutritionnels ciblés, se relaxer pour retrouver un lien indispensable entre le corps et l'esprit. De même que la peau traduit ce qui ne va pas à l'intérieur de nous, elle est le reflet de notre bonne santé. Une alimentation et un mode de vie sains, le respect de l'équilibre corps-esprit auront des repercussions immédiates et prolongées sur votre apparence.

Si vous êtes tenté de sauter une étape, pensez aux nombreux bénéfices santé du programme ainsi qu'à la sensation de bien-être qu'il procure. Les bénéfices que vous en tirerez seront nombreux :

– fraîcheur du teint ;
– lignes et ridules visiblement atténuées ;

– aspect de la peau plus lisse et plus jeune ;
– amélioration de la texture et de la luminosité de la peau ;
– diminution des problèmes cutanés et des réactions allergiques ;
– hydratation en profondeur des peaux sèches.

La littérature scientifique récente montre bien que l'inflammation silencieuse est à la source de l'accélération du vieillissement. Nous pouvons donc reconstruire notre santé et agir sur notre silhouette en stimulant le milieu cellulaire où agit l'inflammation. Tous les organes y compris le cœur, le cerveau, les os, les muscles et la peau peuvent bénéficier de cette régénération.

La lutte contre l'inflammation silencieuse doit être considérée comme l'élément réparateur fondamental de la médecine esthétique du futur. C'est en arrêtant l'inflammation que l'on déclenche les mécanismes de réparation cellulaire qui sont la principale force pour décupler la longévité.

Certains aliments, plantes ou compléments nutritionnels offrent de réels bénéfices anti-âge et anti-inflammatoires. Même si nous ne pouvons devenir plus jeunes, nous pouvons apprendre à ralentir le temps, et le bénéfice de cette action va au-delà du simple aspect physique. De plus, en donnant la priorité aux actions naturelles, nous agissons à un niveau environnemental qui influence notre futur.

### ➤ *Le trio qui accélère le vieillissement*

Trois facteurs concourent particulièrement à l'inflammation silencieuse et au vieillissement de la peau. Ce sont :

– *la glycation* (une sorte de « caramélisation » qui se produit dans les tissus internes lorsque nous consommons trop de sucre) ;

– *l'hyperacidité* (une « acidification », avec pour conséquence une perte musculaire et osseuse lorsque l'équilibre entre les aliments acides et les aliments bases n'est pas respecté ;
– *le stress oxydant* (qui est lié à la « rouille » qui se produit dans l'organisme en réponse au stress environnemental : pollution, tabac…).

Ces phénomènes affectent le milieu cellulaire et ont une incidence importante à la fois sur le fonctionnement de notre organisme et sur notre apparence. Il est possible d'agir sur ces trois facteurs clés du vieillissement accéléré : en régulant le premier par des changements alimentaires, en compensant le second par les vitamines et minéraux antioxydants et le troisième par les deux à la fois.

### Le phénomène de glycation

Une des principales causes du vieillissement prématuré est une alimentation trop riche en sucre et en aliments rapidement transformés en sucre dans le sang comme le pain, les pâtes, les pommes de terre, les sodas et les jus de fruits industriels.

Ces niveaux trop élevés de sucre dans le corps favorisent la production de substances pro-inflammatoires. Le sucre se fixe aux protéines et cette réaction entre les sucres (glucides) et les protéines caramélise les tissus ; c'est ce qu'on appelle la glycation, phénomène favorisant le vieillissement prématuré.

Elle ne se produit pas uniquement dans le corps, elle est aussi présente dans les aliments que nous consommons et dépend de la manière dont on les prépare. Nos assiettes trop riches en sucre, en graisses et en protéines sont pourvoyeuses de glycation. Les aliments transformés, trop cuits, frits ou préparés à température élevée sont générateurs de produits de glycation et de toxines. L'ajout de sucre dans les plats cuisinés a également tendance à accélérer ce processus de « caramélisation ».

Ainsi, lorsqu'on mange ces aliments « manipulés » on ingère les produits de la glycation qui ont les mêmes répercussions sur notre organisme que ceux que nous fabriquons nous-mêmes.

Au niveau de la peau, les molécules de sucre qui s'attachent aux protéines de collagène vont perturber le fonctionnement du collagène et former des rides. Seuls une alimentation et un mode de vie anti-inflammatoires peuvent en prévenir et en éviter les dégâts.

Nous devons ainsi apprendre à lutter contre la glycation qui détruit les protéines de notre corps et perturbe son fonctionnement cellulaire. Comment ? En maintenant les taux de sucre et d'insuline à un niveau raisonnable comme nous l'avons vu au chapitre 4 (page 119).

## L'équilibre acide-base contre le vieillissement cutané

De tous les facteurs qui influencent la beauté et la luminosité de votre peau, l'équilibre entre les acides et les bases (le pH) est l'un des plus importants. Une hyperacidité ou un déséquilibre chronique du pH donnent une peau terne, fatiguée et déclenchent des troubles cutanés : ils perturbent l'aspect des protéines, notamment le collagène, et affaiblissent les muscles du visage. La peau devient plus ridée, plus sèche, plus terne.

Par ailleurs, la peau est un organe vulnérable à l'acidose métabolique latente. Lorsque l'équilibre entre les aliments acides et les aliments basiques n'est pas respecté, l'organisme puise naturellement dans ses réserves. De ce fait, la peau n'est plus revitalisée en profondeur, des perturbations apparaissent qui aboutissent aux rides.

## Le stress oxydant

Le troisième accélérateur du vieillissement est le stress oxydant (ou oxydatif) dont l'origine est liée aux radicaux libres. Si personne ne sait avec certitude pourquoi nous vieillissons, une hypothèse qui prévaut aujourd'hui parmi les scientifiques est celle des radicaux libres générateurs de stress oxydant. Ce phénomène rouille les cellules et favorise l'inflammation alors que celle-ci, à son tour, provoque la production de radicaux libres. Un cercle vicieux qui endommage fortement cellules et organes.

De nombreux facteurs comme le tabac, le stress psychique, les pesticides, le rayonnement solaire en excès, la pollution, mais aussi une mauvaise alimentation et une hygiène de vie laissant à désirer favorisent le stress oxydant et sont autant de pourvoyeurs de radicaux libres.

Durant leur brève existence (quelques secondes), les radicaux libres provoquent une cascade inflammatoire (voir page 68) avec des dommages cellulaires. Plus le niveau de ces radicaux libres est élevé, plus le vieillissement est accéléré et le risque de maladies accru. Nos organes internes ne sont pas les seuls à en souffrir, les dommages rejaillissent sur notre apparence. La peau se creuse, perd son tonus et sa luminosité.

Pour se protéger des radicaux libres nocifs, l'organisme a développé des systèmes de défense qui permettent de réguler leur production. Ces radicaux libres sont neutralisés par des enzymes qui ont besoin d'oligoéléments pour fonctionner : cuivre, zinc, fer, sélénium, ainsi que les agents antioxydants comme les vitamines du groupe A (en particulier le bêtacarotène), les vitamines C et E. On comprend alors bien tout l'intérêt d'un bon apport de ces éléments protecteurs (voir page 198). L'étude Suvimax a montré que, même en France, pays considéré comme développé et riche, une grande partie de la population était carencée en ces éléments.

# Appliquer le programme anti-âge

Mes patients me disent souvent que l'étape la plus difficile est de consacrer du temps à pratiquer les exercices physiques et à se relaxer. Les personnes qui ne peuvent s'arrêter pour prendre soin d'elles-mêmes sont en proie à un stress permanent qui participe au vieillissement.

Les histoires de Francesca et de Paul-Henry montrent comment atteindre les principaux objectifs anti-âge afin de protéger sa peau.

**La consultation anti-âge de Francesca**

Francesca est une femme très active qui, avant de venir me consulter, a eu recours à la médecine esthétique. Mais, malgré une connaissance précise du sujet, elle a eu peur de tomber dans la spirale de la dépendance. Ses injections de produits de comblement, jadis tous les six mois, étaient devenues beaucoup plus fréquentes, tous les deux mois en moyenne. Les conséquences commençaient à se faire sentir sur son visage et, étrangement, elle ressentait une certaine fatigue chronique.

Pour bien comprendre son problème, je procédai à un long interrogatoire pour trouver la méthode la plus efficace qui répondrait à ses attentes. Francesca faisait les choses à fond : semi-végétarienne, elle limitait strictement les corps gras, ne consommait que des œufs et une fois de temps en temps du poisson. Elle avait du mal à imaginer l'intérêt rajeunissant d'une alimentation plus équilibrée. Ayant vécu dix ans à Saint-Barth, elle avait passé de nombreuses années au soleil. Comme beaucoup de femmes, elle adorait arborer une peau bronzée toute l'année. Mais n'ayant pas mesuré l'importance des dangers des rayons UV et d'une alimentation peu équilibrée, elle avait aujourd'hui une peau déshydratée et assez marquée.

En l'examinant, je remarquai des taches de pigmentation sur l'ensemble du visage, des poches sous les yeux et une perte musculaire assez précoce qui accentuaient son vieillissement prématuré. Avant de lui proposer ma méthode, je tenais à connaître son état de santé général.

Elle me confia qu'elle avait constaté une fatigue récurrente et des troubles du sommeil qui empiraient. De gros problèmes de famille la stressaient. Francesca occupait un poste important dans une société de production audiovisuelle qui venait d'être rachetée et l'angoisse de perdre son travail la tenaillait. Elle n'avait plus confiance en elle. Non seulement elle se sentait vieille mais elle se disait fragile et seule, déprimée par le peu de perspectives qui s'offraient à elle.

Je l'interrogeai sur ses habitudes alimentaires. Comme beaucoup de mes patientes, Francesca prenait soin de sa ligne en ne mangeant que des salades, des soupes, des fruits, des légumes et des pâtes. De temps en temps, elle s'accordait un dessert au chocolat, son point faible.

Le matin, elle prenait une tasse de café et un toast à la confiture ; un complexe de vitamines quotidien lui redonnait de l'énergie.

Elle faisait un peu d'exercice dans un club de gym, mais irrégulièrement.

Riche de ces informations, je prescrivis quelques analyses en laboratoire et lui expliquai qu'une prise de sang s'imposait pour vérifier son niveau d'inflammation. Ces informations m'ont permis d'établir un plan d'action pour commencer à résoudre ses problèmes de santé, notamment la fatigue.

*Les compléments alimentaires*

Lors de la deuxième consultation, je décidai de lui proposer une supplémentation en antioxydants. J'expliquai à Francesca que le vieillissement prenait naissance non pas à la surface de la peau mais dans les cellules et que les radicaux libres étaient souvent à l'origine de lésions cellulaires. Le seul moyen de cicatriser les dégâts cutanés était de prendre des antioxydants, notamment les vitamines C et E, et de limiter l'exposition au soleil, à l'origine des taches sur sa peau et des rides sur son visage.

Je lui expliquai dans le détail la façon dont l'inflammation silencieuse affecte le métabolisme général dont celui de la peau. Cette consultation réussit à convaincre Francesca de l'importance d'une alimentation anti-inflammatoire riche en antioxydants et de l'adoption d'un programme complet dont voici le détail :

**Contre le vieillissement :**

– une supplémentation en acides gras essentiels (AGE) riche en EPA, DHA et GLA, ALA, un excellent complément alimentaire pour prévenir ou atténuer les effets de l'âge ;

– des antioxydants à base de vitamines E et C ;

– du coenzyme Q10, un antioxydant qui se concentre dans les membranes cellulaires et protège des attaques des radicaux libres.

**Contre la fatigue :**

– du magnésium et de la vitamine B6 ;

– un complément nutritionnel reminéralisant à base de citrates de calcium et de magnésium (pour éviter la perte de densité osseuse) ;

– du zinc et du sélénium (deux minéraux importants pour la production des enzymes qui préviennent les attaques des radicaux libres).

*Le programme alimentaire anti-âge*

Francesca était semi-végétarienne et faisait attention aux graisses. Il était donc évident qu'elle souffrait d'une importante carence en protéines et en AGE ; de plus, son alimentation ne lui apportait pas la quantité indispensable de vitamines, minéraux et antioxydants.

Je préconisai une alimentation aux vertus anti-âge pourvoyeuse d'un équilibre idéal en protéines, glucides et acides gras essentiels.

– **Au petit déjeuner** : 2 blancs d'œufs au plat avec des asperges, des champignons et une tomate. Un yaourt au soja ou un petit bol de fromage blanc avec des fruits rouges (myrtilles).

– **Au déjeuner** : environ 125 g de saumon en papillote parfumé au gingembre et accompagné d'une farandole de légumes ;

– **Dans l'après-midi** : cocktail purifiant, avec citron pressé au gingembre, eau gazeuse, feuille de menthe et 6 amandes fraîches.

– **Au dîner** : soupe de type minestrone, avec plusieurs légumes dont certains sont riches en protéines, une salade de pousses d'épinards, d'avocat avec des cerneaux de noix et un filet d'huile d'olive, fromage blanc à 20 % de matière grasse et un fruit frais à faible index glycémique.

Les vertus anti-âge de ce programme dépendent autant de l'association des bonnes protéines animales, de la diversité des légumes et des végétaux variés, que de l'apport de bonne graisse représentée par l'*huile d'olive extra-vierge* et les poissons gras. Rappelons que l'action anti-inflammatoire de l'huile d'olive est attribuée à un composé phytochimique, appelé hydroxytyrosol, présent uniquement dans l'huile d'olive, qui semble inhiber les enzymes productrices des médiateurs pro-inflammatoires.

Pour en obtenir les bénéfices, je recommandai à Francesca de mettre un filet d'huile d'olive sur une protéine ou des légumes cuits, au déjeuner et au dîner.

Par ailleurs je lui indiquai les bienfaits anti-inflammatoires des *épices* comme le gingembre et le curcuma, dus à leurs composés phytochimiques.

Je lui expliquai ensuite l'intérêt d'inclure d'autres aliments riches en graisses protectrices, comme l'*avocat* et les *noix*. Depuis des années, Francesca boudait cet aliment à cause de son taux de matières grasses. À tort, car il contient surtout des lipides monoinsaturés, ceux-là mêmes qui protègent des maladies cardiaques et de certains cancers. Un fruit comme l'avocat contient des acides gras monoinsaturés, qui réduisent l'inflammation, mais il ne contient ni cholestérol ni sodium et présente un taux de matières grasses saturées très bas. Riche en nutriments, il apporte du potassium, du magnésium, des folates, des fibres alimentaires, de la riboflavine et des vitamines C, E et B6. Ses agents phytochimiques tels que la lutéine et d'autres antioxydants contribuent à son action anti-inflammatoire et anti-âge.

La noix, elle, est remarquable par son contenu particulièrement élevé en acides gras polyinsaturés avec un bon équilibre entre les oméga-6 et les oméga-3, dont les bienfaits sur la santé cardio-vasculaire sont bien démontrés. Lorsqu'on sait que le contenu en lipides de la noix et ses autres principes actifs apportent un lot de bienfaits sur la santé, on n'hésite plus à en consommer régulièrement.

Je lui démontrai ensuite la nécessité de consommer des légumes à feuilles foncées comme l'épinard, très reminéralisants. En salade ou en plat d'accompagnement, il est une source importante d'antioxydants, composés neutralisant les radicaux libres. Ces molécules très réactives sont impliquées dans l'apparition des maladies cardio-vasculaires, de certains cancers et d'autres maladies liées au vieillissement. C'est également le légume le plus riche en composés alcalinisants.

Je lui confirmai que la consommation des fruits, en particulier des fruits rouges comme la *myrtille*, était très utile. Les propriétés antioxydantes et anti-inflammatoires de la myrtille contribuent à protéger le cerveau et semblent prévenir l'arthrite. Ses nutriments peuvent aider à renforcer les vaisseaux sanguins, et à améliorer ainsi la santé cardio-vasculaire et la pression artérielle. La myrtille contient aussi du manganèse et de la vitamine C.

Après avoir passé en revue les principaux groupes d'aliments, j'établis avec Francesca les grandes règles de son programme nutritionnel :

– privilégier des repas légers et fréquents ;
– éviter la consommation de sucres rapides ;
– favoriser la cuisson douce ou à la vapeur pour limiter les méfaits de la glycation avancée qui accélère le vieillissement de la peau.

Avec cette nouvelle approche nutritionnelle, Francesca mangeait désormais des aliments riches en antioxydants et de bonnes graisses. Semi-végétarienne, elle avait eu l'habitude de consommer plus de végétaux que la moyenne, mais je lui expliquai que sans l'apport suffisant de protéines de qualité, les cellules ne se réparent pas aussi bien. Il fallait donc qu'elle accepte d'intégrer un peu plus de poissons gras à son alimentation quotidienne, pour l'effet anti-inflammatoire des acides gras essentiels et pour leur apport en protéines indispensables au système immunitaire.

*Le meilleur des soins cosmétiques*

Francesca souhaitait avoir des conseils pour ses traitements cosmétiques. Étant nutritionniste, ma prescription de traitements cutanés obéissait aux mêmes règles que celles que je donnais pour la prise en charge nutritionnelle. D'abord, les stratégies de détoxination alcaline (voir page 256) pouvaient à elles seules permettre de prendre quelques longueurs d'avance sur l'accélération du vieillissement. Leur action purifiante est visible sur la peau en offrant une luminosité et un éclat qui rivalisent avec de nombreux traitements cosmétiques.

Ensuite, je lui recommandai des traitements externes pour renforcer l'efficacité de la Nutrimab[2]. Il s'agit d'offrir à la peau une combinaison de plusieurs nutriments comme les vitamines C et E pour leur action antioxydante, des acides gras essentiels pour leur action anti-âge et antivieillissement, du magnésium, du sélénium, du zinc et du cuivre pour satisfaire les besoins en oligoéléments. Ces derniers agissent comme des régénérateurs cellulaires.

Prévenir le vieillissement de la peau consiste avant tout à empêcher son dessèchement et à la protéger des méfaits du soleil. Les crèmes de soins équilibrantes contenant un filtre de protection anti-UV améliorent son aspect en la rendant plus souple et luttent efficacement contre l'apparition des rides.

*Lutter contre le stress pour rajeunir et sublimer sa peau*

J'expliquai aussi à Francesca qu'un élément clé de la Nutrimab[2], pourtant atypique à première vue, se trouvait dans la prise de conscience de l'impact du stress dans le processus de vieillissement. Le stress est l'ennemi numéro un de la peau : il entraîne la sécrétion d'hormones, cortisol et insuline, qui attaquent le collagène et accélèrent la formation de rides, provoquent des crises d'acné chez l'adulte, des irritations et des allergies, des cernes sous les yeux et même des chutes de cheveux.

Pour remédier à son stress et à son anxiété, je lui proposai de pratiquer régulièrement des exercices de respiration et de relaxation profonde ainsi qu'une activité physique dès qu'elle le pouvait. La pratique de la marche active quinze minutes deux fois par jour, en plus d'aérer l'esprit, stimule la circulation sanguine, délivrant ainsi plus de nutriments aux cellules. Ce qui contribue à réduire les causes d'inflammation responsables des rides.

Par peur de perdre son emploi, Francesca avait négligé sa vie relationnelle. Sa situation familiale étant fragile, je lui conseillai de prévoir, en fonction de son emploi du temps, quelques dîners entre amis. Ce soutien affectif lui ferait du bien et lui permettrait de faire face plus facilement aux difficultés professionnelles.

Il était important à ce stade qu'elle apprenne à écouter son corps, à méditer, ou à prendre du temps pour elle-même afin de récupérer de la fatigue accumulée. Cette attitude réduirait son niveau de stress.

### La consultation anti-âge de Pierre-Henry

Avec l'âge, toutes les personnes souhaitent se surpasser pour rester audacieuses, rigoureuses dans leur travail et faire preuve d'une forme à toute épreuve. C'était le cas de Pierre-Henry, l'un de mes patients depuis trois ans maintenant.

Lorsque Pierre-Henry est venu pour la première fois dans mon cabinet, ce directeur artistique d'une importante agence de communication ne présentait pas de problème particulier en apparence.

Je le questionnai sur le motif de sa venue. Sa réponse a été claire : une morosité, une lassitude l'envahissait : il constatait que sa passion pour son travail diminuait et avait l'impression de ne plus être aussi créatif et entreprenant qu'avant. Il se sentait fatigué et avait l'impression de vieillir prématurément alors qu'il n'avait pas 45 ans.

Il semblait ne plus pouvoir supporter le stress et la pression permanente dans son agence de communication. Pour la première fois de sa vie, Pierre-Henry avait envie de tout quitter.

Par manque de temps le midi, il se contentait souvent de se faire livrer une pizza au bureau. Il travaillait de plus en plus tard, ne pratiquait plus aucun sport et ne trouvait pas le sommeil.
Je lui demandai en tout premier lieu de passer quelques examens de routine afin d'éliminer plusieurs causes possibles à son état. Ces analyses révélèrent une glycémie et un taux de cortisol supérieurs à la normale.

*Les premières étapes*
La préoccupation première de Pierre-Henry était de toute évidence son impression d'être vieux. Il n'avait que 43 ans, mais son visage montrait déjà des signes de vieillissement prématuré et son corps n'était plus aussi mince et en forme qu'auparavant.
Après mon examen, je lui expliquai le premier point de mon programme : le changement de ses habitudes alimentaires. Une alimentation riche en nutriments et en bonnes matières grasses lui ferait perdre les quelques centimètres qui alourdissaient son tour de taille et aurait un effet apaisant et anti-inflammatoire qui ralentirait le processus de vieillissement. Il devait également choisir une activité physique pour gérer son stress. Un taux de cortisol élevé de façon chronique était extrêmement nocif pour sa santé. Lorsque le taux de cortisol s'élève, la glycémie grimpe avec le risque de développer une maladie cardio-vasculaire. Lui permettre de retrouver un niveau de stress normal était donc un des objectifs du programme.
Sceptique, Pierre-Henry croyait peu au fait qu'une nouvelle alimentation et une gestion du stress lui permettent d'atteindre son objectif rapidement, mais il se prit au jeu.
Il devait initier un certain nombre de changements, en prenant des compléments nutritionnels qui amélioreraient son état de santé et l'aideraient à perdre du poids et à retrouver son acuité intellectuelle. Il devait intégrer dans son emploi du temps quelques heures d'activité physique et prendre le temps de se relaxer. Il songea d'emblée au taï-chi. Il m'expliqua avec beaucoup d'enthousiasme que c'était une « gymnastique énergétique globale » dérivée des arts martiaux, qui associe de nombreux mouve-

ments continus et circulaires exécutés avec lenteur et précision à une maîtrise de la respiration. Elle améliore la souplesse, renforce le système musculaire et maintient une bonne santé physique, mentale et spirituelle. L'aspect méditatif et l'extrême précision des gestes lui permettraient d'apaiser son mental, d'améliorer sa concentration et contribuerait à lui apporter un plus grand calme. Cela correspondait à son objectif : recréer le lien entre le corps et l'esprit, entreprendre une activité physique, baisser son niveau de cortisol tout en lui procurant du plaisir et de nouvelles rencontres dynamisantes.

*Manger pour rétablir l'équilibre*

Habitué à acheter un croissant à la boulangerie pour son petit déjeuner, il devait débuter sa journée avec quelque chose de plus nutritif : des protéines de qualité qui lui donneraient du tonus et lui permettraient de gérer les fringales de la journée.

Ensuite, Pierre-Henry avait à rééquilibrer sa glycémie en réduisant sa consommation de féculents et d'aliments industriels. Une glycémie élevée, même pour des non-diabétiques, peut être néfaste. Je lui expliquai que l'insuline, sécrétée en réaction à l'ingestion de féculents industriels ou de sucres, pouvait provoquer l'inflammation cellulaire, favorisait le stockage des graisses dans la paroi artérielle et la formation de plaques d'athérome dans les artères du cœur.

Je lui précisai que les bons glucides apportaient l'énergie nécessaire tout au long de la journée et contribuaient au maintien d'une glycémie stable. Une glycémie trop basse (hypoglycémie) a plus de conséquences qu'une simple somnolence. Elle donne un teint terne et des traits tirés, une mine rédhibitoire pour qui doit présenter une nouvelle campagne publicitaire.

Pierre-Henry devait aussi penser à s'hydrater correctement en buvant un à deux litres d'eau par jour. L'eau représente en effet bien plus qu'un simple moyen d'étancher la soif. Elle apporte les nutriments nécessaires à chaque cellule de l'organisme, élimine les toxines et améliore le fonctionnement du système immuni-

taire. Un apport suffisant en eau évite les méfaits de la déshydratation à l'origine de maladies et donc du vieillissement.
Pour retrouver le plein d'énergie tout en restant raisonnable dans sa consommation de caféine, je lui suggérai d'ajouter aux protéines du petit déjeuner des glucides complexes, du type flocons d'avoine, des fruits frais de préférence à faible index glycémique comme les myrtilles, les framboise ou les fraises.
Enfin, je soulignai l'importance d'un bon apport en matières grasses. Comme la plupart de mes patients, Pierre-Henry ne connaissait pas la différence entre les bonnes et les mauvaises graisses. Je l'informai qu'il existe trois types d'acides gras importants : oméga-3, 6 et 9, qu'il était important d'équilibrer le rapport oméga-3 et 6 dans l'organisme. La plupart des personnes manquent d'oméga-3. Je lui proposai d'incorporer des poissons gras à son menu et pour faire bon usage des graisses, je lui donnai quelques astuces : les mauvaises graisses sont celles qui restent solides à température ambiante, par exemple la margarine, le beurre, les graisses animales et tout ce dont l'étiquette stipule « matière grasse hydrogénée ». Les bonnes graisses protectrices se trouvent principalement dans les poissons gras, dans l'huile d'olive et l'huile de colza. Pour un bon apport d'acides gras essentiels, je lui prescrivis une complémentation en huile de poisson riche en EPA/DHA, en huile de bourrache (source d'acide gamma-linolénique) et en graines de lin (ALA).
Après cette consultation, Pierre-Henry avait suffisamment d'informations sur la Nutrimab[2] pour l'appliquer et en tirer tous les bénéfices. Il avait compris l'origine de son vieillissement prematuré et de sa fatigue. C'est ce qui le motiva pour changer son style de vie.

*Un régime qui agit comme une liposuccion*

Pierre-Henry n'avait pas le temps de faire du sport. Il savait que cette négligence avait des effets visibles et néfastes sur sa silhouette. Je n'avais pas besoin de lui rappeler la nécessité de pratiquer un sport puisqu'il avait montré un grand enthousiasme à l'idée de faire du taï-chi. En plus de son choix, je lui recommandai de prévoir une séance d'haltères pour renforcer sa masse musculaire. Les recherches montrent qu'une masse musculaire plus importante favorise une meilleure utilisation des calories ainsi qu'une plus forte résistance aux maladies inflammatoires comme le diabète. L'activité de renforcement musculaire induit la formation de tissu osseux en agissant sur la masse osseuse (sa densité et sa texture) et contribue à la prévention des blessures et du vieillissement prématuré.

Avec la reprise d'une pratique sportive régulière, une bonne alimentation et un bon apport en antioxydants, vitamines, minéraux, compléments naturels et extraits de plantes, Pierre-Henry allait progressivement retrouver une silhouette et le tonus d'un homme plus jeune que lui.

Lorsqu'il revint me voir quelques mois plus tard, il semblait transformé. Il avait retrouvé son optimisme et son dynamisme. Il me raconta tous les changements survenus dans sa vie. Son poids avait diminué et s'était stabilisé. Sa peau avait un meilleur aspect et, selon lui, il avait même rajeuni de quelques années. Il se sentait plus efficace dans son travail et avait repris goût aux projets. Pierre-Henry se sentait plus jeune intérieurement et extérieurement : c'est le meilleur moyen d'être heureux et en bonne santé.

## ➤ *Mes recommandations anti-inflammatoires et anti-âge*

Avec les dernières données scientifiques qui ont établi le lien entre l'inflammation et l'accélération du vieillissement, les médecins savent désormais mieux traiter les modifications liées à l'âge. De nouveaux moyens d'évaluation du processus à l'origine des maladies inflammatoires et du vieillissement prématuré ont été mis au point. La meilleure des stratégies anti-âge est une approche qui prend en compte l'état de santé global. La Nutrimab[2] et les compléments nutritionnels constituent une part essentielle du programme de soins anti-âge du futur.

Pour conserver une jolie peau, il convient d'abord de soigner son alimentation. Tout ce qui nourrit l'organisme retentit sur l'apparence. Il en va ainsi de la détoxination et d'une hydratation régulière qui améliorent la circulation du sang et rendent la peau plus lumineuse et plus jeune. Une alimentation riche en bons glucides, en protéines, en acides gras essentiels réduit l'inflammation, baisse la glycémie et donne bonne mine. Bénéfice secondaire : ce type d'alimentation améliore l'équilibre émotionnel.

De plus, une alimentation riche en vitamines C et E, ainsi qu'en coenzyme Q10 entretient la santé de l'organisme, de la peau et rend les cheveux plus brillants et les ongles plus solides.

En d'autres termes, pour se sentir et avoir l'air jeune aussi longtemps que possible, il faut commencer par prendre en compte à la fois la qualité des aliments et celle des produits cosmétiques, en considérant ces produits que vous appliquez sur votre peau comme une nutrition cutanée pouvant vous aider à ralentir le vieillissement.

## Les aliments de la régénération cellulaire

### LES ALIMENTS STARS ARC-EN-CIEL

Riches en nutriments protecteurs, ils sont largement présents dans les fruits et les légumes. Ils réduisent les risques de cancers digestifs, du sein et de la peau. Leur richesse en minéraux, en vitamines protectrices et en antioxydants spécifiques (le resvératrol dans les raisins, le lycopène dans la peau des tomates) explique leur pouvoir. Les fruits rouges (cassis, myrtilles) et les graines de grenade, en plus d'être antiallergiques et antioxydants, contiennent des pigments qui protègent du rayonnement solaire. Les agrumes regorgent de vitamine C antioxydante. Les légumes et les fruits recommandés, par exemple les fruits secs, outre leur pouvoir antioxydant, débordent de sels alcalins qui améliorent l'équilibre acide-base.

LES ALIMENTS RICHES EN BONNES GRAISSES

La qualité de la peau dépend en grande partie des acides gras polyinsaturés qui composent les membranes de ses cellules. Or ces acides gras sont une cible privilégiée des radicaux libres, de l'acidité et de la glycation. Vous le savez maintenant, on en consomme trop peu mais les poissons gras, l'huile de colza, le saumon vous en apportent en quantité. Par ailleurs, l'augmentation du stress oxydant et le déclin hormonal lié à l'âge diminuent progressivement la production de collagène et d'élastine, deux composants des tissus de soutien de la peau. Résultat : les rides s'installent et le visage s'affaisse. Nous devrions donc privilégier ces bons acides gras pour maintenir la jeunesse de notre peau, autant que les bonnes protéines.

## La micronutrition

Pour couvrir tous les besoins de la cellule, aussi variés qu'importants, il est utile, voire nécessaire de recourir aux suppléments alimentaires. Les acteurs clés de cette micronutrition anti-inflammatoire sont les acides gras de la famille des oméga-3 mais également certains oméga-6 pourvus en GLA, les antioxydants, certains oligoéléments (sélénium, zinc, magnésium), les polyphénols et le coenzyme Q10. La supplémentation, seule, ne suffit pas à pallier une alimentation inadéquate, mais elle assure la couverture minimale ou permet de traverser des situations temporairement plus difficiles (maladies métaboliques, infectieuses ou cancers).

## ➤ *Mes recommandations pour un mode de vie anti-inflammatoire et anti-âge*

### Agir sur le stress

Le stress est un important facteur de vieillissement en contribuant au processus d'inflammation qui perturbe l'équilibre de l'organisme. Qu'il s'agisse de stress physique ou de stress psychique, dès lors que vous êtes stressé, votre corps réagit en libérant du cortisol qui favorise l'inflammation silencieuse.

Combattre le vieillissement de l'organisme, c'est agir en prévention sur la production de cortisol. Voici des exemples de mauvaises habitudes génératrices d'inflammation :

– l'exercice trop prolongé ou trop intense ;
– les excès de table ;
– sauter des repas ;
– la consommation excessive de stimulants comme la caféine ;
– une alimentation déséquilibrée en glucides.

Certains comportements pro-inflammatoires ont une incidence encore plus visible sur la peau : il s'agit des agressions extérieures, du manque de sommeil et d'exercice, de la surexposition au soleil et d'une mauvaise élimination.

### Pourquoi le niveau de stress a-t-il un impact direct sur la beauté de la peau ?

Notre peau est un organe très actif et non uniquement, comme nous pouvons le penser, une barrière protectrice pour notre organisme. Le cerveau et les organes communiquent directement entre eux par l'intermédiaire des nerfs mais aussi indirectement *via* des messagers chimiques. Un stress mental favorise la production de l'hormone du stress, le cortisol, créant ainsi une inflammation de tous les organes, y compris de la peau, exprimée par l'apparition de boutons, de rides et ridules, par une peau déshydratée, terne et moins souple.

Lutter contre le stress permet de combattre le vieillissement cutané. Voici un programme dont l'action sur le stress aura un effet sur votre rajeunissement :

- simplifiez votre routine beauté en privilégiant le nettoyage de la peau, son hydratation et la protection solaire ;
- dormez suffisamment : les hormones de croissance sécrétées pendant la nuit favorisent un meilleur fonctionnement des cellules ;
- apprenez à vous relaxer en ayant une bonne respiration qui permettra au cerveau de faire une pause et de recharger les cellules en énergie ;
- mettez-vous au vert en passant plus de temps dehors, dans la nature ou dans un espace vert.

Les cures de détoxination ont l'avantage de combiner tous les aspects de ce mode de vie anti-âge.

### Détoxination alcaline

Un autre facteur de vieillissement prématuré est l'intoxination organique. Les déséquilibres liés au mode de vie moderne et au stress provoquent un excès de toxines dont l'organisme ne parvient plus à se débarrasser : vous souffrez alors de fatigue, de rétention d'eau, d'irritabilité, de troubles du sommeil et de problèmes de transit. Les toxines retenues dans le corps augmentent ce qui a pour conséquence l'accélération de votre vieillissement.

Bien que notre organisme utilise chaque jour des systèmes de détoxination naturels, selon ce que nous mangeons et notre mode de vie, il peut être nécessaire de stimuler ce processus naturel par une cure reminéralisante. Le concept de détoxination de la Nutrimab² a deux objectifs : la réduction de l'exposition du corps aux substances et aux aliments toxiques pro-inflammatoires et l'élimination des toxines. Cette action favorise le rééquilibrage acide-base utile pour lutter contre la perte osseuse et la déminéralisation, tous deux facteurs de vieillissement. Cette cure est d'autant plus utile qu'elle permet de mettre au repos le métabolisme en lui redonnant de bonnes bases de fonctionnement, ce qui, à son tour, induit le contrôle de l'insuline et l'amincissement. C'est un aspect fondamental de l'approche anti-âge et minceur de la Nutrimab².

### L'exercice physique

L'activité physique conserve les muscles en bonne constitution, tout en diminuant la graisse abdominale. Il est maintenant démontré par les études qu'effectuer 30 minutes de marche rapide quotidienne a une incidence favorable sur le taux de mortalité. Mes recommandations sont même de faire deux à trois fois par semaine un sport plus prononcé que la marche (vélo, natation, jeu de balle, etc.) pour réduire le risque de maladies cardio-vasculaires. Il est en outre important de pratiquer régulièrement un sport d'intensité modérée pour consommer les acides gras. En effet, un sujet entraîné consomme en une heure de course à pied 20 % de glucides et 80 % de lipides, alors que le sujet non entraîné consomme à l'inverse seulement 30 % de lipides et 70 % de glucides.

## ➤ *Préserver la peau des agressions*

L'aspect de la peau est un indice de l'état général de l'organisme. Elle est encore plus vulnérable que les autres organes aux variations du niveau d'inflammation.

La surcharge en médiateurs pro-inflammatoires et la glycation contribuent à la fixation de l'eau et à une perte d'élasticité du tissu sous-cutané. Cet état accélère aussi la formation de la cellulite et le vieillissement cutané.

Les maladies de l'épiderme, principalement celles qui rendent la peau sèche et squameuse, notamment l'eczéma et les allergies cutanées, apparaissent souvent sur un terrain perturbé. La mise en place d'une approche nutritionnelle anti-inflammatoire, avec une supplémentation en minéraux, huiles de poisson et antioxydants, autant que le mode de vie recommandé permettent d'atténuer ces symptômes. De ce fait, si vous souhaitez conserver le plus longtemps possible une peau jeune, radieuse et un corps en parfait état de marche, je vous conseille d'éliminer les aliments à index glycémique élevé qui provoquent les ravages que nous avons évoqués dans ce chapitre.

QUATRIÈME PARTIE

# Rétablir la relation corps-esprit avec la Nutrimab$^2$

CHAPITRE 7

# Vaincre les obstacles à votre succès

## Les obstacles de catégorie 1

Même si la maîtrise de l'inflammation silencieuse semble facile, de nombreux obstacles d'ordre alimentaire, biologique ou environnemental peuvent se dresser sur votre route. Plus vous en serez conscient et plus vous serez en mesure de les gérer.

### ➤ *Les aliments industriels : un plaisir ou une drogue ?*

Les produits industriels ont investi notre alimentation. Ils conditionnent nos habitudes et expliquent les déséquilibres alimentaires et l'actualité de l'inflammation. Avec le développement agro-alimentaire, la nourriture industrialisée est devenue plus accessible et bien moins chère que les aliments naturels. Facilement disponible, rapide à préparer, ses caractéristiques la rendent souvent plus séduisante que les produits frais. D'autant plus qu'elle permet de satisfaire rapidement des désirs que l'on assimile souvent à la faim alors qu'ils sont dus à la fatigue, à l'ennui ou au stress. Ces facteurs émotionnels peuvent saboter toutes nos stratégies, même les meilleures.

### ➤ *La dépendance au sucre*

L'épidémie d'inflammation, de surpoids et d'accélération du vieillissement est la conséquence d'une dépendance à la nourriture industrialisée dont la richesse en sucres n'est plus à démontrer. Bien sûr, vous me direz que les légumes contiennent des glucides, mais les personnes en surpoids ne doivent pas leurs kilos superflus aux brocolis ou aux cinq fruits et légumes qu'il est conseillé de prendre chaque jour. Nous consommons trop de sucres raffinés qui sont une sorte de drogue pour le corps en raison de leur effet sur le tonus et l'humeur. Essayez de vous priver pendant quelques jours de sucre ou d'aliments qui en contiennent et vous constaterez les difficultés qu'il y a à se soustraire à cette substance. Plus vous mangez d'aliments sucrés (sodas, plats cuisinés, sirops, pâtisseries, produits laitiers, chocolat), plus vous en aurez envie.

Même si elle est difficile à entendre, nous devons accepter cette vérité toute simple : la surconsommation de sucre est toxique. Parmi ses effets nocifs, on observe des fringales sucrées, une nervosité, des maux de tête, des accès de fatigue, des vertiges, des trous de mémoire, une transpiration excessive, un manque de concentration, des troubles de la vision, une sensation de soif, des troubles digestifs (constipation, ballonnements), une baisse de la libido. Sur un terrain génétique prédisposé, sa consommation régulière peut installer une intolérance au glucose, cause de diabète, surpoids et inflammation.

Manger trop de sucre détruira vos efforts pour combattre l'inflammation. Toutefois, suivre un régime trop pauvre en sucre, interdisant les fruits et légumes est dangereux. L'insuffisance de sucre prive le cerveau de la quantité minimale dont il a besoin pour fonctionner correctement. Dès que le taux de sucre sanguin est trop faible, le cerveau émet des signaux de détresse par l'intermédiaire du cortisol qui est alors activé et agit en profondeur et de manière nocive sur le métabolisme. Le cortisol sécrété en quantité excessive augmente l'insulinorésistance, la production de médiateurs pro-inflammatoires et le surpoids. L'équilibre alimentaire, parce qu'il est le fil conducteur d'un mode de vie anti-inflammatoire, doit donc être respecté.

Comme pour les acides gras, le choix des bons glucides est essentiel, pas uniquement pour lutter contre le vieillissement de la peau et le surpoids, mais également contre l'inflammation.

Les petits plaisirs de la vie comme un bout de chocolat qui accompagne un café, un morceau de gâteau d'anniversaire, un bon verre de vin lors d'une petite fête entre amis ne sont pas interdits. Ces délices, lorsqu'ils restent occasionnels, ne vous feront pas de mal et vous aideront à inscrire votre nouveau style de vie dans la durée.

### ➤ *L'abus d'alcool*

Un bon verre de vin de temps à autre sera sans conséquence, mais si votre objectif est de perdre du poids et d'améliorer votre santé, il faut apprendre à en réduire sa consommation. Le vin est métabolisé essentiellement par le foie. Si une consommation modérée de vin rouge peut avoir des effets bénéfiques sur la santé, notamment sur le système cardiovasculaire, l'abus chronique d'alcool est particulièrement néfaste car à long terme il provoque l'inflammation chronique, source de maladies et de vieillissement prématuré.

Un excès d'alcool favorise l'accumulation de graisses dans les cellules qui en temps normal n'en contiennent que de très faibles quantités. Ces graisses, en général des triglycérides, saturent le foie de lipides, ce qui constitue la première étape vers les maladies hépatiques (le « foie gras » ou stéatose).

L'alcool perturbe aussi l'absorption, le stockage et l'activation des vitamines et des minéraux. Une consommation excessive d'alcool fait chuter le niveau de vitamine C, nutriment essentiel et principal antioxydant de notre organisme. La chute de ce niveau a pour conséquence un stress oxydant qui « rouille » tout l'organisme et accélère le vieillissement. La diminution du niveau de vitamine C a également pour conséquence une réduction des niveaux d'enzymes antioxydantes produites par l'organisme, chargées de lutter contre les dégâts des radicaux libres, notamment sur la peau. Par ailleurs, le métabolisme de l'alcool est générateur de radicaux libres, de produits potentiellement dangereux et raréfie les vitamines de l'organisme. Des enquêtes épidémiologiques confirment la fréquence élevée de déficiences vitaminiques chez des personnes consommant de l'alcool. Les folates, les vitamines B1, B6, PP, D et E sont les premières menacées. Une étude évaluant, chez des patients alcooliques, les concentrations en micronutriments antioxydants et en marqueurs du stress oxydant, a démontré que la consommation d'alcool diminue les niveaux de micronutriments de façon significative. Elle abaisse aussi nettement les niveaux de glutathion, l'antioxydant naturel majeur du foie. Ces carences en micronutriments limitent la capacité de l'organisme à lutter contre les radicaux libres, le stress oxydant et plus généralement le vieillissement cutané. Consommer de la vitamine C contribue certes à protéger les cellules cérébrales contre les effets néfastes de l'alcool, mais la meilleure stratégie consiste à limiter la consommation d'alcool.

Toutefois, la sur- ou la sous-consommation de sucre ou d'alcool n'est pas le seul obstacle à la maîtrise de l'inflammation. Des dispositions génétiques défavorables et un environnement pollué en sont également responsables.

### ➤ *Gènes et environnement*

Personne ne souhaite grossir ou devenir obèse et encore moins développer une maladie cardiaque, un cancer ou une maladie d'Alzheimer.

Les maladies modernes sont souvent multifactorielles : il existe une interaction entre des gènes très variés et notre environnement alimentaire pro-inflammatoire. Cela signifie que nous ne sommes pas tous programmés de la même façon pour réagir à la nourriture. Le métabolisme de certaines personnes transforme très rapidement la nourriture en graisse, alors que d'autres personnes pourront manger plus sans prendre le moindre kilo.

Les nouvelles recherches changent notre regard sur les causes de l'*obésité*. On considère la génétique comme un des facteurs déterminants qui expliquent cette épidémie. L'héritage génétique des personnes obèses les rend souvent plus vulnérables à l'alimentation moderne. En cas de prédisposition génétique à l'obésité, la personne risque de ne plus reconnaître les signaux de faim et de satiété, ce qui la conduit à manger sans faim. Ce comportement résulte des déséquilibres hormonaux dus à la surconsommation d'aliments industriels raffinés, riches en sucres qui perturbent l'équilibre de l'insuline. Or cette tendance à la prise de poids affecte surtout des personnes ayant une prédisposition génétique les empêchant de gérer l'arrivée massive de sucre et de produits industriels.

S'il est impossible de modifier les gènes, on peut agir sur leur expression et optimiser sa santé en mangeant d'une manière plus réfléchie. Une nouvelle alimentation vous aidera à reprogrammer votre métabolisme et à brûler les graisses plus rapidement. On pensera alors aux aliments comme s'ils étaient des médicaments à prendre en quantité adéquate pour parvenir à cet objectif.

### ➤ *Pollution et stress environnemental*

Tabac, pollution atmosphérique, méfaits du soleil et ondes électromagnétiques, ce que l'on regroupe sous le nom de stress environnemental stimule l'inflammation silencieuse.

Chaque jour, nous sommes exposés à de nouvelles substances chimiques, à la pollution de l'air et de l'eau. Notre environnement de vie est envahi de quantité de toxines que nous respirons ou absorbons sans le savoir.

Tout comme l'explosion de la consommation de sucre et l'inversion rapide du rapport alimentaire oméga-6/oméga-3, l'augmentation des polluants déversés dans nos rivières et dans notre environnement est un phénomène récent. Nous sommes parmi les premiers consommateurs européens de pesticides. Ces toxiques déséquilibrent les réactions les plus élémentaires de notre corps.

Par l'alimentation, par le manque de sommeil ou d'exercice physique, par la consommation déraisonnée d'alcool ou de cigarettes, notre mode de vie est générateur de toxines. Plus le nombre de toxines présentes dans le corps augmente, plus on court le risque de développer une inflammation silencieuse et des maladies chroniques.

Agir pour un monde meilleur, c'est savoir choisir ce que nous consommons afin d'éviter les pollutions interne et externe. La première étape d'un processus de détoxination repose sur une alimentation saine et anti-inflammatoire qui aidera non seulement le corps à se détoxiner mais aussi la planète à retrouver son équilibre.

Pour contrer les effets des polluants environnementaux et ainsi éviter un stress inflammatoire, je vous conseille donc, dans un premier temps, de pratiquer la méthode de détoxination.

## ➤ *La solution : se détoxiner*

Les cures de détoxination de la Nutrimab[2] sont nées de mon expérience de la méthode acide-base. J'ai remarqué que les patients qui pratiquaient régulièrement la détoxination présentaient un meilleur niveau d'énergie. En stimulant leurs émonctoires, ils éliminaient les toxines et les acides, retrouvaient un teint éclatant et une peau lumineuse.

Je les ai donc questionnés sur leurs habitudes alimentaires. Les personnes ayant une mauvaise digestion n'étaient pas aussi en forme que celles qui avaient une bonne digestion et une bonne élimination.

Les patients qui diminuaient leur consommation d'aliments « sensibles » consommaient plus de fibres et moins de viande, mâchaient bien, prenaient leurs repas dans le calme et avaient une meilleure digestion. Ces gestes santé ont eu un réel impact sur leur niveau de glycémie, de stress et finalement sur l'inflammation silencieuse. Ils se sentaient mieux, démontrant ainsi qu'il existe une connexion entre le maintien d'un bon équilibre intestinal, une bonne digestion et la gestion de l'inflammation silencieuse.

J'ai ainsi trouvé plusieurs raisons expliquant comment l'intoxination et la digestion affectaient l'inflammation, le bien-être et même la santé de la peau.

### Pourquoi éliminer les toxines ?

Dans les soixante dernières années, l'agriculture et l'élevage industriels se sont intensifiés. Les polluants et les toxines ont envahi l'environnement et nous-mêmes.

Même s'il est regrettable de constater que c'est l'homme qui a introduit les toxines pro-inflammatoires dans son environnement, il est essentiel de s'en protéger. Les toxines nuisent au bon fonctionnement des systèmes immunitaire et nerveux, neutralisent nos protections contre les radicaux libres et stimulent le développement de maladies inflammatoires chroniques comme les cancers ou les maladies cardio-vasculaires.

Les sources de pollution sont multiples : l'émission de gaz toxiques des voitures et des industries provoque une atmosphère irrespirable. Et nous passons environ 80 % de notre temps à l'intérieur alors que l'air que nous y respirons n'est pas meilleur. Les moquettes, la peinture, les meubles, l'air émis par les chaudières, la colle, les parfums d'intérieur, les isolants, les produits d'entretien rendent l'air intérieur tout aussi dangereux. Il contient toutes sortes de polluants volatils (monoxyde de carbone, benzène, formaldéhyde…) qui peuvent provoquer des toux, des migraines, des irritations…

Le meilleur moyen de se protéger de la pollution est de renforcer nos propres protections. Et le système immunitaire est plus fort lorsqu'un mode de vie sain, un sommeil suffisant sont associés à une bonne alimentation, sans excès de sucres, de graisses ou d'alcool et à une pratique régulière du sport. Éliminer les toxines, c'est à la fois éviter de les faire entrer dans son organisme et s'en débarrasser si elles sont déjà présentes.

La détoxination est une cure qui stimule d'abord les émonctoires, c'est-à-dire les organes chargés de l'évacuation des déchets (reins, intestins, poumons, foie, peau). Elle permet également de mettre le mental au repos et de s'oxygéner grâce à l'air pur qu'apportent la campagne ou l'éloignement de la pollution.

Concept fondamental des médecines anciennes depuis Hippocrate, la détoxination est toujours considérée comme une étape essentielle pour trouver l'équilibre dans les médecines naturelles et intégratives. Pour y parvenir, nous devons créer un environnement anti-inflammatoire sain.

Cet exercice indispensable passe d'abord par une prise de conscience pour se traduire ensuite en de nouvelles attitudes de vie. Cela consiste à :

– se prémunir en éliminant les allergènes, les infections et les toxines de votre corps et de votre environnement ;
– ajuster son alimentation, en réparant le corps avec une nutrition personnalisée, renforçant le système immunitaire et équilibrant les hormones ;
– réparer les blessures psychologiques pour retrouver confiance et estime de soi, établir une relation différente à notre corps en régénérant ses forces grâce à une bonne gestion du stress, un bon sommeil et à davantage d'exercices physiques doux.

Pour rendre notre environnement moins toxique nous devons créer un équilibre autour de nous et chez nous afin de nous soutenir dans nos actions et nous aider à maintenir nos résolutions et nos objectifs, en adoptant des comportements anti-inflammatoires :

– aérer régulièrement, réduire de 1 ou 2 °C le chauffage, et privilégier des produits d'entretien respectant l'environnement ;
– boire de l'eau filtrée et nettoyer les fruits et légumes à l'eau ;
– vérifier les systèmes d'aération et de chauffage ;
– privilégier les matériaux de construction et le mobilier les plus écologiques pour les maisons ;
– respecter l'écologie autour de soi ;
– éviter la pollution, les bruits stressants de la ville, par exemple en allant en train à la campagne le week-end ;
– respecter le rythme du corps par le sommeil et le repos ; respecter notre équilibre psychologique.

Faire le ménage dans ses placards est une étape de la stratégie de détoxination. La cuisine devient un espace favorable à l'équilibre inflammatoire. Débarrassez-vous des aliments néfastes et remplacez-les par ceux qui s'intègrent à votre nouveau projet alimentaire.

Sont à éliminer :

– la menace blanche, c'est-à-dire le sucre, le sel et les aliments fabriqués à base de farine blanche (pâtes, riz, pommes de terre, pain…) ;
– les tentations, c'est-à-dire tous les produits qui pourraient vous faire pencher du mauvais côté : friandises, gâteaux ;
– les boissons addictogènes telles que le café et l'alcool ;
– les aliments industrialisés.

Si, en plus de ces précautions, vous disposez quelques plantes dépolluantes dans les pièces principales de votre maison ou de votre appartement, elles auront non seulement un rôle esthétique mais aussi écologique ; l'air ambiant en sera de meilleure qualité.

Les plantes dépolluantes contribuent à éliminer la plupart des composés volatils toxiques présents dans l'air. Les plantes, êtres vivants, se nourrissent et échangent avec le milieu extérieur par leurs feuilles et leurs tiges qui absorbent et rejettent des gaz et de la vapeur d'eau.

Certaines d'entre elles sont très efficaces. L'azalée élimine l'ammoniac dégagé par les produits nettoyants, le chrysanthème absorbe le trichloréthylène des peintures murales. Le ficus est parfait contre le formaldéhyde, présent dans de nombreux emballages, les essuie-tout, la mousse d'isolation ou la moquette. Le lierre est la meilleure plante contre le benzène des détergents.

Par son action de rééquilibrage alimentaire, de drainage et de purification, la détoxination est efficace dans la prévention de l'inflammation silencieuse. Ses bienfaits sur l'apparence et le teint, l'énergie et la vitalité, les fringales et le sommeil se font sentir très rapidement.

## Les obstacles de catégorie 2

### ➤ *Le manque de sommeil*

Nous avons tous un jour ressenti les effets de la fatigue et du manque de sommeil ; une des causes les plus courantes du développement de nombreuses maladies.

Améliorer la qualité de votre détente et de votre sommeil est donc une autre priorité de mon programme anti-inflammatoire.

Il y a un siècle, l'homme dormait en moyenne neuf heures par jour. Aujourd'hui, il ne passerait plus que six à sept heures sur l'oreiller. Le sommeil poserait-il un problème dans une société vouée à la productivité et à la performance ? La carence de sommeil est à l'origine de nombreux maux : obésité, risque augmenté de contracter des maladies, accélération du processus de vieillissement. Une des conséquences des avancées technologiques est la disponibilité croissante (jusqu'à vingt-quatre heures sur vingt-quatre) des loisirs, TV, Internet, salles de sport, bars, magasins et épiceries, qui peuvent nous tenir éveillés jusque tard dans la nuit et nous priver de précieuses heures de sommeil, ce que nous paierons tôt ou tard. Cette forme de stress se manifeste à l'intérieur, dans l'organisme, par la production de cortisol. La privation de sommeil, même au cours d'une seule nuit, entraîne une carence qui ne cessera d'augmenter jusqu'à ce qu'un sommeil suffisant en qualité soit obtenu. Une somnolence excessive apparaît lorsque le manque de sommeil s'accumule. Mais ce n'est pas la seule conséquence. Des études récentes ont ainsi montré qu'une privation prolongée de sommeil (quatre heures de sommeil pendant six nuits consécutives) chez des jeunes garçons de 20 ans les transforme physiologiquement en individus de 60 ans. Le stress s'élevant significativement est à l'origine de problèmes d'hypertension, voire des pertes de mémoire. Quelques jours de privation de sommeil peuvent donc suffire à produire des changements apparentés au vieillissement accéléré : troubles du métabolisme (sucre et hormones) et piètre rendement physique. À long terme, l'insuffisance de sommeil affaiblit le système immunitaire et majore le risque de diabète : l'organisme ne réussit plus à bien gérer le sucre. Le stress engendré incite alors à rechercher dans les sucres raffinés un semblant d'énergie. La relation entre stress, manque de sommeil et résistance à l'insuline explique de nombreux cas d'obésité.

Les stimulants pris au cours de la journée (café, thé, cola...) qui maintiennent l'organisme dans un état d'excitation constant empêchent la plupart des personnes de s'endormir.

Même s'ils sont pris le matin, ces stimulants peuvent interférer avec les rythmes de sommeil. Si vous avez des difficultés à bien dormir, essayez avant tout de moins consommer ces excitants.

### ➤ *Le stress et la production de cortisol*

Parmi les causes qui font monter en flèche la production de médiateurs pro-inflammatoires, le stress occupe une bonne place. Ce facteur important de vieillissement agit directement sur le processus d'inflammation.

Le stress se définit comme une perturbation de l'équilibre normal de l'organisme en réaction aux pressions d'ordre physique, émotionnel ou mental quotidiennes.

Lorsque vous êtes stressé, vous libérez des hormones qui fournissent un supplément d'énergie pour affronter une situation particulière. Tout ce qui augmente la production de ces hormones est appelé stimulant. Ce sont les substances contenues dans le thé, le café, le chocolat, la cigarette, mais ce sont également les pensées et les habitudes de vie stressantes.

En cas de stress, qu'il soit physique ou psychique, le corps réagit en libérant du cortisol. Un taux de cortisol chroniquement élevé peut entraîner une foule de problèmes de santé, de l'insulino-résistance à la destruction de cellules nerveuses, en passant par l'affaiblissement du système immunitaire, une pression artérielle plus forte et le vieillissement de la peau. Vous risquez alors de prendre du poids, de perdre votre vivacité intellectuelle et de devenir vulnérable à toutes sortes de maladies infectieuses.

Combien de fois vous est-il arrivé, lors d'une période de stress, de céder à vos fringales de sucre en mangeant une tablette de chocolat ? Cette consommation « émotionnelle » est liée au cortisol qui stimule le métabolisme lipidique et le métabolisme glucidique pour procurer rapidement de l'énergie à l'organisme en cas d'agression. Il provoque alors une libération d'insuline afin de stabiliser la glycémie qui tend à s'élever. Résultat : un regain d'appétit.

C'est un cercle vicieux, l'augmentation rapide des taux de sucre sanguin et d'insuline est suivie d'une chute tout aussi rapide, et de nouveau d'une fringale de glucides. Or ce cycle incite l'organisme à produire encore plus de cortisol pour maintenir un taux adéquat de sucre sanguin dans le cerveau. Ainsi, une personne soumise à un stress chronique lié à une surproduction régulière de cortisol risque d'avoir des fringales ou des compulsions alimentaires l'incitant à manger trop.

Le cortisol influence également la répartition de la masse graisseuse, particulièrement dans la partie supérieure du corps, ce qui peut être un signe avant-coureur de maladies comme le diabète et les maladies cardiaques.

### ➤ *Le cycle stress-douleur*

Une douleur qui dure plusieurs mois a un tel effet sur votre état d'esprit qu'elle peut vous faire oublier l'insouciance, le bonheur de vivre et le sentiment de légèreté, même si vous êtes d'un bon tempérament. Reconnaître les signes du stress physique ou émotionnel permet de se prendre en main plus facilement. On peut en prévenir les effets néfastes pour éviter que se déclenchent inflammation, douleur et maladie.

**L'histoire de Ségolène**

L'histoire de Ségolène est représentative d'un état de dépression suite à une douleur chronique, assez courant. Voici le récit de sa souffrance.

« Il y a deux ans, je suis tombée dans les escaliers en allant dans ma cave. Après la chute, j'ai senti une vive chaleur comme si de l'électricité traversait la partie inférieure de mon dos. L'impact avait été si fort que j'avais peur de bouger mes jambes. J'avais déjà eu des douleurs lombaires auparavant, mais ce que j'ai ressenti ce jour-là était incomparable. Et cela m'a effrayée ! Je suis restée allongée dans cette position durant plusieurs minutes. Un moment qui m'a semblé interminable.

Finalement, mon mari est venu à mon secours. Il m'a aidée à me relever, fort heureusement je pouvais encore bouger mes membres.

Il m'a tout de suite emmenée à l'hôpital le plus proche où j'ai subi une série d'examens. Le médecin m'a rassurée en m'informant que je n'avais qu'un déplacement de vertèbres. Pour réduire la douleur, il m'a conseillé de placer une compresse chaude à l'endroit où cela faisait mal et de prendre un médicament anti-inflammatoire pour atténuer la douleur. Il a fallu deux semaines pour que la douleur s'estompe mais elle est revenue un mois plus tard. Malheureusement, cette fois-ci les traitements n'ont eu aucun effet.

La douleur a continué à me torturer pendant plusieurs mois. Cette situation me détruisait, je n'avais plus d'énergie pour y faire face. Dans cette épreuve dont l'origine était une douleur physique, j'ai découvert le monde de la souffrance morale et de la dépression. Je souffrais d'inquiétude, de peur et j'étais pleine de ressentiment. Mon entourage, mon mari, mon fils et mes collègues payaient le prix fort de cette douleur et de mon amertume. Mon mariage n'a pas survécu à cette situation et c'est à ce moment-là que je me suis rendu compte que la douleur m'avait enfermée dans une sorte de carcan qui affectait ma volonté et ma combativité. J'avais l'impression d'avoir pris quinze ans en six mois. Cette douleur contrôlait ma vie. »

Les personnes souffrant de douleurs chroniques, comme celles liées à certaines affections inflammatoires, subissent une forme de stress qui déclenche l'anxiété et la dépression.

Inversement, l'état d'humeur influence le niveau d'inflammation de la personne. Les études effectuées au Duke University Medical Center montrent que les gens en bonne santé mais en proie à des émotions négatives, à la colère, à l'hostilité et à la dépression ont des taux plus élevés de marqueurs de l'inflammation que les personnes plus calmes.

Le secret pour rester plus jeune et prévenir le développement des maladies chroniques ne doit pas être l'aspiration à une vie libre de contraintes dénuée de tout stress, de confrontations ou de défis. Il s'agit de trouver le bon équilibre où vous vous sentez juste assez poussé pour que les choses restent fraîches et excitantes sans compromettre votre santé mentale et physique.

Plusieurs méthodes existent pour réduire le stress et retrouver la forme. Elles sont faciles à mettre en œuvre et peuvent procurer un réel plaisir.

### ➤ *La solution : réconcilier le corps et l'esprit pour réduire l'inflammation*

Gérer le stress et le comportement nutritionnel en reprogrammant l'esprit est une des techniques qui offrent des résultats sur le long terme.

Les bénéfices de cette démarche fondée sur la relaxation sont multiples : vous vous sentirez en grande forme et apprendrez à développer une nouvelle estime de soi et à être attentif à ce que vous mangez et buvez. Vous dormirez mieux, pratiquerez des exercices physiques réguliers et améliorerez vos relations. L'approche globale et intégrative de votre santé est la clé pour faire durer ces changements.

La plupart du temps, nous sommes conscients de nos actes et n'accédons à notre inconscient que lorsque nous créons ou dormons. Apprendre à se connecter avec son moi profond (partie mentale et partie émotionnelle) pourra vous aider dans beaucoup de cas à atteindre vos objectifs, trouver de la créativité et dépasser vos difficultés.

### Les activités énergétiques stimulantes pour se reconnecter à l'énergie vitale

Il y a de nombreuses façons de vaincre le stress. Cela consiste par exemple à pratiquer une activité qui plaît et qui rend heureux. Par exemple le yoga, la méditation ou bien une sortie entre amis. Pour certains, il s'agit plus d'une activité créative et artistique comme la sculpture, la peinture et le chant qui apportent la plénitude. Bien sûr il n'y a pas de formule universelle mais chacun peut trouver ce qui le stimule, lui procure de la joie et chasse le stress. Même s'il nous est difficile de l'admettre, notre réponse au stress et à l'anxiété est un choix guidé par nos habitudes. Ainsi, quelle que soit la situation à laquelle nous devons nous confronter, il est possible de choisir le moyen adéquat de se relaxer. Le faire par le biais de l'esprit est une bonne chose car c'est le cerveau qui détermine notre perception du stress. Dans un aller-retour permanent, il est donc essentiel de s'occuper de l'esprit pour calmer le corps, ses douleurs et ses tensions et travailler sur le bien-être de notre corps pour tranquilliser notre esprit. Cette relaxation vous conduira vers un état de déconcentration mentale et de détente musculaire qui vous aidera à renforcer votre confiance et votre équilibre. Tout l'enjeu est de gérer les conflits autrement qu'en les subissant.

Recentré sur soi, on est en mesure de reconnaître ses propres émotions, d'améliorer ses relations avec autrui et d'atteindre ainsi ses objectifs de bien-être.

Les méthodes qui suivent proposent des chemins pour tourner l'attention vers soi, rechercher le calme intérieur en se libérant des pensées envahissantes et obtenir un état de relaxation et d'apaisement qui agit sur le corps.

## Les méthodes de réduction du stress et de relaxation profonde

L'absence d'émotions est un des plus grands obstacles à l'état de bien-être. Que ces émotions soient positives ou négatives, il est important de laisser votre corps s'exprimer et libérer ses sentiments. Mais il faut apprendre à les maîtriser pour ne pas les laisser envahir vos pensées et votre corps

Avant de commencer vos exercices, ménagez-vous un endroit calme où vous ne serez pas interrompu.

### LA RESPIRATION

Je préconise depuis longtemps les bienfaits de la respiration consciente qui est à mes yeux un des moyens les plus simples et les plus efficaces de soigner le mental par le corps.

Du point de vue biologique, la respiration se distingue des autres fonctions corporelles car elle est autant involontaire, comme dans le sommeil, que volontaire en état de veille où nous pouvons la moduler ou la bloquer.

La respiration consciente a une puissante action sur le stress, elle augmente la vitalité et procure une grande sensation d'apaisement.

En contrôlant votre respiration, vous pouvez réguler votre rythme cardiaque, la circulation de votre sang, votre tension artérielle et avoir une action positive sur votre système immunitaire.

Une respiration bien contrôlée, profonde et régulière permet d'évacuer les tensions, maîtriser les émotions et accroître l'énergie. Canaliser son attention sur ce mécanisme réflexe influence l'esprit en installant une sensation de plénitude. Bien respirer a d'autres atouts : combattre le mal de dos, oxygéner le cerveau, tonifier le système nerveux et favoriser la sécrétion d'endorphines, véritables molécules du bien-être.

C'est pour l'ensemble de ces avantages que je préconise une relaxation simple et efficace qui complétera mon approche nutritionnelle anti-inflammatoire. Vous ressentirez très rapidement les effets bénéfiques de la relaxation profonde à condition de la pratiquer régulièrement.

Voici quelques principes fondamentaux :

- chaque fois que vous y pensez, respirez plus lentement, plus profondément, plus calmement et plus régulièrement ;
- à la fin de l'expiration, essayez de rejeter encore un peu plus d'air ;
- respirez consciemment le plus souvent possible.

Prenez conscience de vote respiration. Asseyez-vous, fermez les yeux, concentrez-vous sur l'expiration et l'inspiration. Cette première phase d'observation vous permettra d'accéder à une partie méconnue de vous-même. Respirez correctement : une bonne inspiration part du ventre, puis remonte vers la poitrine en soulevant le diaphragme.

Voici l'exemple d'une technique de respiration relaxante que je préconise régulièrement :

- commencez par vous installer dans une position confortable (dos droit si vous êtes assis par exemple) et restez dans cette position pendant tout l'exercice ;

– expirez entièrement par la bouche de façon audible en gardant cette position ;
– inspirez profondément et calmement par le nez pendant cinq secondes ;
– retenez votre respiration pendant six secondes ;
– expirez par la bouche de façon audible pendant huit secondes ;
– répétez les étapes trois à quatre fois.

Ces exercices comportent de nombreux avantages : ils sont faciles à pratiquer par tous et à tout âge, ne nécessitent aucun matériel et peuvent être exécutés n'importe où.

### LA MÉDITATION PAR LA RESPIRATION

De plus en plus de patients pratiquent la méditation et me disent être pleinement satisfaits de ses bienfaits. Ils découvrent une façon efficace de maîtriser leurs stress et de contrôler les agressions extérieures.

Je suis persuadé que cette pratique peut vous aider à augmenter votre concentration mentale, votre attention et votre efficacité dans toutes vos activités. Elle vous rapproche de vous-même en vous donnant plus de clarté et de cohérence. Vous pouvez la pratiquer seul ou avec d'autres personnes, tout dépend de votre façon de vous relaxer. Des manuels bien faits vous permettront de la pratiquer plus intensément.

La méditation est une discipline orientale pratiquée depuis longtemps, qui repose sur la transformation des facteurs de stress en facteurs de bien-être. Méditer incite à prendre soin de soi, à consacrer quelques minutes quotidiennes pour développer une attitude sereine d'acceptation de la réalité. En apaisant l'esprit, vous apaiserez en même temps votre stress intérieur. Vous entrerez en contact avec votre « moi » intérieur en induisant un état de relaxation profonde. Cette pratique améliore la balance émotionnelle. Elle agit sur l'estime de soi en apaisant notre esprit préoccupé par les peurs et les attentes et améliore ainsi notre cohérence personnelle.

Pratiqué dès le matin, ce moment de silence aide à affronter positivement les défis de la journée. Grâce au calme qu'elle procure, la méditation vous laisse entendre votre « petite voix » intérieure. Il s'agit d'une technique à la fois simple et complexe. Simple, parce qu'elle consiste à relâcher la tension et à se concentrer ; complexe, car il faut apaiser le flux constant des pensées.

Pour être efficace, la méditation doit être pratiquée de façon régulière dans le calme afin d'obtenir des effets physiologiques notables.

Il n'existe pas une manière unique de méditer. Toute activité qui permet de se libérer l'esprit et suscite un apaisement peut être considérée comme une forme de méditation.

C'est le cas des pêcheurs à la ligne au bord d'une rivière concentrés sur leur activité, des marcheurs silencieux, des peintres contemplatifs face à un paysage, des voyageurs qui regardent défiler les nuages… et de tous ceux qui savent apprécier la poésie de la vie.

### LA VISUALISATION

Si l'exercice de la méditation vous semble trop difficile ou ne correspond pas à votre tempérament, il existe d'autres techniques parmi lesquelles la visualisation mentale.

Vous pouvez vous relaxer en restant éveillé de manière plus consciente et plus contrôlée, en étant attentif aux réactions apaisantes que déclenchent certaines images évoquées.

Vous pouvez vous transporter en imagination dans des endroits où vous avez vécu des expériences qui vous ont laissé un souvenir agréable de bonheur comme une plage, une ville, un moment de vacances, un souvenir heureux… Vous vous projetez dans ce décor de rêve qui fait rejaillir des sensations associées à ces souvenirs. Rappelons-nous l'effet que peut avoir un film sur notre état émotionnel. Et pourtant nous savons que ce que nous voyons n'existe pas dans la réalité. Pour influencer notre subconscient, rien ne vaut une image, même si elle est créée mentalement. Cette méthode fait appel à une faculté que nous possédons tous de changer notre état interne grâce au pouvoir de l'imagination.

Je vous conseille vivement d'expérimenter ces méthodes faciles de relaxation seul ou à l'aide de manuels ou d'autres matériels disponibles.

### LE MASSAGE : TOUCHER LE CORPS POUR APAISER L'ESPRIT

Toucher est un besoin biologique, un élément essentiel d'un état de bien-être optimal et la plus ancienne manière de soigner. Les médecines traditionnelles ont toujours privilégié le massage, le considérant comme une des plus puissantes thérapies qui apaisent le corps de ses tensions et de ses souffrances. Le massage agit sur le corps mais aussi sur le mental.

On ne considère pas assez la satisfaction des besoins tactiles comme fondamentale. Le sens du toucher est pourtant le premier à se développer chez l'humain. C'est à travers sa peau, qui est de loin l'organe sensitif le plus développé à la naissance, que l'enfant met le monde à portée de sa main, au sens propre du terme.

Aujourd'hui, le massage fait partie intégrante des médecines complémentaires. C'est un acte qui procure une relaxation profonde : être massé par un autre aide à se réapproprier son corps tout en installant une relation de confiance avec autrui.

Les massages ont un excellent pouvoir antistress qui freine les fringales en abaissant le cortisol. Une étude menée auprès de femmes ayant des troubles du comportement alimentaire a démontré qu'un massage régulier permet de diminuer les symptômes d'anxiété et de stress en relation avec la baisse du cortisol. Les massages constituent une thérapeutique anti-inflammatoire efficace. Les pressions et les manipulations de la peau activent les circulations lymphatique et veineuse.

Le massage est aussi l'un des meilleurs moyens naturels pour lutter contre le stress, la tension, la fatigue nerveuse et physique de la vie quotidienne. Son principe est très simple, le corps réagit dès qu'il est touché car le massage stimule le système nerveux en diminuant la tension et l'hyperactivité. Il procure une détente et un bien-être immédiats, il améliore le sommeil. Il libère et relâche les tensions musculaires du dos, du cou et des épaules, zones privilégiées des répercussions psychologiques. Il favorise la production d'endorphines, ces hormones qui diminuent la perception des douleurs et procurent une sensation de bien-être et de relaxation. Il stimule, fortifie et régule le système circulatoire, respiratoire, musculaire, immunitaire, gastro-intestinal, nerveux…

Le contact physique est important à tout âge et je vous encourage à privilégier cette méthode de thérapie naturelle en vous offrant régulièrement un massage. C'est une véritable expérience de partage, d'intimité et de complicité. Progressivement, vous devenez plus sûr de vous et la technique fait place à un langage d'amour et de tendresse.

## L'ACUPUNCTURE

L'acupuncture est une thérapie chinoise pratiquée depuis plus de cinq mille ans. À la différence de la médecine traditionnelle, l'acupuncture repose sur une vision globale de l'homme qui ne fait qu'un avec son esprit et son environnement. Ainsi, non seulement elle remédie aux symptômes mais elle traite aussi la cause même du mal en utilisant les points d'énergie le long des lignes de force qui parcourent le corps (les méridiens). Cette médecine énergétique permet de mieux analyser et gérer le stress.

Lorsque l'on traite un problème par l'acupuncture, il n'est pas rare de constater que plusieurs autres symptômes s'estompent graduellement puisque la source du problème initial est cause d'autres problèmes.

Mais son rôle bénéfique est la prévention. Cette méthode n'est pas un remède miracle qui fait disparaître les maladies mais elle offre la possibilité de les soulager car, en activant les mécanismes de régulation de l'organisme, elle optimise le processus d'autoguérison. Elle harmonise ainsi les flots énergétiques et agit sur l'ensemble des systèmes de l'organisme avant l'apparition de la maladie.

Elle permet aussi de traiter, avec d'autres pratiques, une variété de déséquilibres nerveux comme la dépression ou le stress ou des affections articulaires d'origine inflammatoire comme l'arthrite ou la tendinite.

En 1997, un rapport publié par le prestigieux National Institute of Health (NIH) des États-Unis, intitulé *Consensus Development Conference on Acupuncture*, concluait que l'acupuncture pouvait être efficace pour soulager un grand nombre d'affections en tant que traitement complémentaire ou alternatif, ou encore en étant incluse dans un programme de traitement multidisciplinaire.

En Europe, l'acupuncture est reconnue depuis plus de quarante ans. Elle peut compléter la prise en charge des médecines occidentales par son action préventive de certaines maladies.

### LE YOGA

Le yoga est centré sur la communication corps-esprit par le travail du souffle et des postures corporelles. La méthode est axée sur la recherche de détente et de concentration.

Un des buts du yoga est de retrouver la fluidité dans le corps et dans l'esprit à travers la relaxation, la respiration, la concentration et le détachement intérieur.

En agissant en profondeur, cette discipline aide à retrouver une bonne respiration, à détendre et tonifier les muscles, à renforcer la région abdominale et à éliminer les toxines. Elle stimule les organes vitaux (digestifs, respiratoires, sexuels...) et rétablit l'énergie intérieure.

La concentration et la volonté requises influent sur les nerfs : on ressent un profond bien-être qui se répercute sur tous les actes de la vie quotidienne et les relations avec les autres.

Le yoga est considéré comme une activité anti-inflammatoire qui diminue le stress et l'inflammation tout en réactivant le système lymphatique.

Ses effets bénéfiques sont :

- sur le plan physique, l'acquisition de la souplesse tandis que le système nerveux s'équilibre et la résistance à la fatigue et le dynamisme s'accroissent ;
- sur le plan psychique, le yoga contre le stress et permet d'aborder les problèmes quotidiens sous un angle beaucoup plus positif.

Celui qui pratique le yoga prend en main les rênes de son devenir et acquiert les moyens d'une véritable autonomie.

### LA SOPHROLOGIE : L'HARMONISATION DE LA CONSCIENCE

La sophrologie est une technique de relaxation qui s'apparente à l'hypnose car elle installe un état de calme et de conscience apaisée. Elle est une synthèse des pratiques orientales de méditation, de yoga et de relaxation occidentale. La respiration et l'évasion mentale sont les clés de cette pratique thérapeutique. Elle permet d'affiner l'état de conscience en harmonisant le corps et l'esprit, chassant peurs, angoisses et tensions. C'est un antidote efficace contre le stress ambiant et un bouclier contre les agressions extérieures.

Cette technique, fondée sur des exercices de visualisation et de concentration, fait accéder aux régions supérieures de la conscience. Apaisante, elle travaille sur l'harmonie entre le corps, le mental et l'esprit pour un bien-être supérieur.

La sophrologie est aussi axée sur l'attention aux sensations physiques. Par exemple, elle peut atténuer des douleurs causées par un traitement médical, faire préparer un examen ou une compétition, faire abandonner une dépendance ou réduire certains effets inflammatoires.

## LE CHANT

Libérez-vous en chantant. Le chant recèle de multiples bienfaits qu'il est bon de cultiver. Le chant équivaut à un vrai travail de relaxation qui aide à se détendre en profondeur. Il permet d'évacuer le stress et les énergies négatives accumulées. La plupart du temps nous respirons du bout des lèvres. Or, pour bien chanter, on doit pratiquer la respiration abdominale. Les poumons se remplissent d'air, le diaphragme se relâche et descend vers le ventre lors de l'inspiration. Cette respiration profonde oxygène l'organisme permet de relâcher les tensions musculaires et provoque une véritable détente physique. Chanter est un excellent antidépresseur qui permet d'augmenter la sécrétion d'endorphine, l'hormone du bien-être. On travaille sa posture et on retrouve confiance en soi. Le chant a un effet anti-âge indéniable. C'est une véritable gymnastique faciale qui entretient l'élasticité de la peau, des joues, du menton et du cou. De plus, c'est un acte de partage qui offre le plaisir de respirer, d'articuler avec les autres, d'être reconnu dans un groupe. L'ensemble de ces effets favorables retentit globalement sur la santé. Je conseille cette activité comme un antidépresseur à pratiquer à tout âge sans modération.

## LE RIRE COMME ANTISTRESS

Une attitude mentale positive, signe d'une bonne santé physique et psychique, contribue à affronter les diverses situations de la vie. Utiliser l'humour dans sa vie est, selon moi, un signe de maturité et de bonne maîtrise de soi. C'est également un des facteurs du bien-être. Le rire est un excellent antidote au stress. Il faut apprendre à développer une attitude positive pour qu'elle devienne une seconde nature, une façon de voir, une philosophie de vie. Tout cela demande un travail sur soi, du temps et de l'effort. Vous en serez récompensé par une vie plus riche et plus stimulante.

Nous avons tous entendu parler du rire thérapeutique dont il a été démontré qu'il améliorait réellement la santé et combattait la maladie.

Le rire joue un rôle significatif dans le renforcement du système immunitaire et la réduction de la tension artérielle. Il relaxe les muscles et produit un sentiment général de bien-être.

LE REPOS

L'équilibre et la régularité sont la clé du succès pour mettre en place un mode de vie qui préserve la santé et combatte l'inflammation. Rééquilibrer son horloge interne est une des clés du mode de vie anti-inflammatoire et anti-âge.

Vous pouvez prévenir les problèmes liés au stress en reconnaissant les premiers signes d'un manque de sommeil et en augmentant graduellement votre nombre d'heures de sommeil jusqu'à vous sentir parfaitement reposé. Plus le « déficit » de sommeil est important, plus il vous faudra de temps pour récupérer.

Le sommeil et le repos sont essentiels au bon fonctionnement de notre organisme. Ils permettent à notre système cérébral et à notre corps de se régénérer. La sieste est souvent considérée comme de la paresse et nous ne la pratiquons pas assez. Or il est démontré qu'une sieste régulière accroît la longévité et réduit le risque de maladies cardio-vasculaires.

Veiller tard, grignoter à n'importe quelle heure de la journée, sauter un repas sont autant de facteurs qui dérèglent notre horloge interne et les gènes qui régulent nos rythmes biologiques.

Dans l'idéal, il faudrait régler le rythme de notre existence quotidienne sur des cycles naturels comme le lever et le coucher du soleil. Mais comme ce n'est pas vraiment possible, l'idée est de savoir reposer son corps, ce qui peut se faire simplement en s'étendant sur son lit ou sur une chaise en fermant les yeux. Cela paraît un peu simpliste, mais le repos est une mesure importante qui permet de rester en bonne santé et de bien vieillir.

Pour retrouver un équilibre sain, mettez en place un emploi du temps qui respecte votre organisme. Voici quelques conseils pour vous reposer et bien dormir :

- adoptez un rythme régulier avec les mêmes heures de coucher et de lever d'un jour à l'autre, et des repas pris à des heures régulières ;
- accordez-vous quelques moments de solitude et de passivité totale ;
- faites une sieste de vingt minutes, pas plus, de préférence allongé dans l'obscurité ;
- profitez de la lumière naturelle du soleil pour vous promener, en évitant la période 10 heures-15 heures ;
- dans la chambre, au coucher, préférez une lumière tamisée ;
- pour dormir, préférez le calme et l'obscurité ;
- pour vous endormir facilement, évitez de dîner tard et prévoyez une boisson apaisante en début de soirée (une tisane à la valériane ou de la mélatonine, hormone de régulation des cycles du sommeil, prescrite en cas de troubles du sommeil, sous contrôle médical) ;
- évitez la prise de caféine.

Prenez soin de vous parce que votre santé est précieuse, vous n'avez qu'une seule vie. Vous vous sentirez beaucoup mieux, vous serez plus heureux et vous aurez moins envie de vous jeter sur votre frigo.

Voilà les principales méthodes qui vont vous permettre de vous protéger du stress. Lorsque vous aurez identifié celles qui vous correspondent le mieux, pratiquez-les régulièrement. N'attendez pas la « crise » de stress. Ne le laissez pas influencer votre santé, vous avez en main toutes les méthodes pour le maîtriser.

**Antoine**

**La conscience de soi dans sa relation avec les autres**

Antoine, concepteur de sites Internet, avait 41 ans lorsqu'il s'est présenté à mon cabinet. À première vue, il semblait à l'aise, souriant, racontant des histoires drôles, mais j'ai vite senti que sa gaieté dissimulait un grand stress et peut-être même une profonde tristesse.

À la fin de la consultation, il s'est plaint de deux problèmes : une dorsalgie chronique et un manque d'énergie récurrent. Malgré tout ce qu'il avait essayé, il semblait n'avoir trouvé aucun remède à ses douleurs dorsales tenaces. Il en avait assez d'avoir perdu autant de temps.

Son manque d'énergie s'était petit à petit amplifié et aujourd'hui ce problème le gênait, il n'arrivait pas à se concentrer sur son travail, ni à faire de l'exercice ou tout simplement sortir avec des amis. Pour éviter d'avoir mal, il préférait rester chez lui, regardait la télévision, lisait, ou restait à se reposer. En temps normal, Antoine était un vrai Parisien qui avait l'habitude de sortir et de voir des expositions. Malgré toutes ces activités, il était un célibataire endurci qui aimait rester seul. Son activité professionnelle lui laissant beaucoup de liberté dans la gestion de ses horaires, il pouvait passer des après-midi entiers seul à observer l'agitation de la ville d'une terrasse de café, accompagné de son ordinateur. Comme il me précisait en souriant : « Je me balade avec mon bureau ! »

L'histoire médicale d'Antoine révéla un certain nombre de symptômes, maux de tête, allergies fréquentes et troubles gastriques occasionnels. Je lui appris également que sa tension artérielle était trop élevée et qu'il souffrait d'épuisement. Je lui fis comprendre qu'il devait changer de rythme de vie.

J'ai vite identifié chez Antoine la présence d'une maladie inflammatoire silencieuse qui pouvait devenir plus grave avec le temps et affecter son système cardio-vasculaire et son système immunitaire.

Je conclus très rapidement que son mode de vie pouvait être à l'origine de ses problèmes. Le stress généré par sa nouvelle activité qu'il décrivait comme instable l'empêchait d'avoir des horaires réguliers. Sa solitude déréglait son sommeil et ses habitudes alimentaires. Il avait perdu son énergie vitale et manifestait une forme de déconnexion chronique, c'est-à-dire une rupture entre ses émotions et son mental.

Vivant seul, souffrant de cette solitude et ne sachant à qui confier ses problèmes, Antoine avait fait quelques séances de psychothérapie, mais il les avait vite interrompues car la perspective de s'exprimer le mettait mal à l'aise. Même s'il était disposé à envisager la dimension psychologique de ses symptômes, il pensait, comme beaucoup, que ses douleurs dorsales avaient pour cause un problème physique et que sa fatigue était liée à ce problème.

Je lui ai expliqué que sa dorsalgie était une des affections les plus fréquemment rencontrées dans une société sous stress et que cette affection n'avait pas grand-chose à voir avec une quelconque anomalie de structure. Son travail sédentaire, assis toute la journée devant son ordinateur, pouvait générer une mauvaise posture. De plus, les tensions et le stress dus au manque de stabilité professionnelle ainsi que son mode de vie déséquilibré pouvaient être une autre cause de ses douleurs. L'inactivité physique n'était pas non plus pour rien dans le manque de soutien de sa colonne vertébrale.

Le mal de dos est très commun, beaucoup de personnes se plaignent de douleurs lombaires, souvent en rapport avec des tensions émotionnelles. Le stress, les conflits quotidiens ajoutent encore plus de tension sur la colonne vertébrale. C'est cet ensemble de choses qui est responsable du mal de dos. Il est illusoire de croire que l'on peut régler ce problème avec des anti-inflammatoires ou des antalgiques. Il faut aller au-delà du traitement des symptômes. J'ai donc longuement expliqué à Antoine les moyens disponibles pour développer une meilleure conscience de soi, car c'est la connexion avec soi qu'il faudrait développer pour mieux répondre à nos besoins essentiels, tant ceux de notre corps que ceux de notre esprit.

Il devait tout d'abord trouver une technique qui l'aiderait à relâcher ses tensions musculaires, à réduire le stress avec une bonne relaxation comme la respiration profonde, le massage, ou la méditation. Il fallait qu'il apprenne à mieux « utiliser » son corps pour conserver sa souplesse ! Des sports comme la natation, des pratiques comme le yoga ou le taï-chi pouvaient être efficaces pour l'aider à modifier ses habitudes.

Le cœur de ce travail est la respiration. Une respiration profonde, consciente et lente rééquilibre la balance du cerveau entre les émotions négatives (anxiété, peur, colère) et les émotions positives (joie, confiance, enthousiasme). Le système nerveux rétablit automatiquement l'harmonie entre la tension et le relâchement. Toute une série de mécanismes réparateurs du corps se met alors en marche. La médecine intégrative, qui inclut dans son approche le corps et l'esprit, le constate : pratiquer la respiration favorise la santé du corps et de l'esprit. Les différentes approches n'ont pas toutes la même vocation. Le programme nutritionnel, les compléments soignent les phénomènes inflammatoires, pas la posture. L'acupuncture et certains massages par exemple permettent de réduire l'inflammation et aident au relâchement musculaire.

Au fond quel était le problème d'Antoine ? Une vie dénuée de contacts et de relations constructives : sans compagne, avec peu d'amis, sans animal de compagnie, ni passion ni hobby, peu de relations avec sa famille, Antoine était coupé de ses émotions. Rien ne lui permettait de se libérer de ses symptômes. Ce qui n'est pas sain.

Il est important pour chacun de développer une vie sociale car nous sommes faits pour vivre au sein d'une famille, d'une tribu, d'une communauté, d'une équipe et sans ce lien nous souffrons.

Nous vivons à notre époque un déficit d'attention. Sans cesse interrompus dans nos échanges quotidiens – au restaurant on répond au téléphone, on envoie des SMS –, nous perdons très vite contact avec nous-même et avec nos émotions.

Nous sommes dans un tourbillon infernal qui nous demande d'aller vite sans réfléchir, de travailler dur dans une compétition permanente. Nous ne prenons pas le temps de nous arrêter pour faire le bilan de nos actes et de nos choix. Sans stratégie de vie, nous sommes aveuglés, nous ne réfléchissons pas à notre existence, nous n'écoutons pas notre cœur ni le souffle et la respiration qui nous maintiennent en vie.

Pourtant, bon nombre de personnes sont fières de leur indépendance et prennent leurs distances à l'égard des autres.

Certains, ayant vécu des expériences douloureuses, s'isolent volontairement dans une stratégie défensive alors que d'autres n'ont tout simplement jamais appris à établir des liens constructifs avec autrui.

Nous avons tous besoin de moments de solitude, certains plus que d'autres, mais si cette solitude ne s'accompagne pas de liens sociaux, elle devient le terrain, au niveau mental et émotionnel, de maladies qui se cristallisent dans le corps.

C'est pourquoi j'ai expliqué à Antoine que ses problèmes étaient beaucoup plus d'ordre émotionnel que physique. Il n'était pas vraiment malade, mais il manifestait les premiers signes de l'empreinte du stress sur son mode de vie générateur d'inflammation silencieuse. Manque de sommeil, stress récurent, alimentation déséquilibrée, perte de contact avec ses émotions, tous ces symptômes pouvaient bien à terme faire le lit de la maladie chronique ou avoir des effets préjudiciables sur sa santé. Il devait introduire dans sa vie ce qui lui faisait défaut. Or la situation que vivait Antoine est souvent rencontrée chez des personnes qui ont une vie relationnelle en apparence très riche. Le problème est en nous, il est le signe de notre difficulté à communiquer et à être écouté dans une société qui valorise plus la compétition et l'individualisme que l'attention portée à l'autre.

Cette situation crée une perte de confiance en soi et en l'existence, elle est source d'un état d'insatisfaction qui est sans doute en grande partie responsable du malaise social actuel. Celui-ci se traduisant par une dépendance sans cesse croissante aux antidépresseurs et aux stimulants qui ne font qu'anesthésier encore plus nos émotions.

Pour résoudre un problème, il faut remédier à tous les facteurs qui le provoquent. Par exemple, Antoine devait faire attention à sa posture. L'ergonomie est importante : travailler de façon confortable, avoir un siège adapté, un clavier et un écran d'ordinateur à bonne hauteur sont autant d'éléments à prendre en compte dans la gestion du mal de dos.

J'ai donné à Antoine un certain nombre de conseils pour changer son mode de vie, comme entreprendre un travail thérapeutique sur lui-même pour remonter à la source de ses problèmes, trouver une activité qui lui permettrait de faire de nouvelles connaissances et de réveiller l'étincelle qu'il semblait avoir perdue.

Mes conseils furent les suivants, il devait :

– Améliorer son alimentation en équilibrant ses repas avec des aliments pro- et anti-inflammatoires. Prendre des compléments nutritionnels comme l'huile de poisson et le GLA pour lui apporter les nutriments anti-inflammatoires nécessaires à la réduction de l'inflammation.

– S'exercer deux fois par jour à faire cinq cycles de respiration consciente pour apprendre à se décontracter et atténuer les tensions.

– Pour finir il devait essayer de reprendre contact avec une personne qu'il n'avait pas vue depuis longtemps pour renouer des liens avec son passé.

– Se faire accompagner dans les différentes étapes du changement pour conserver un rythme régulier et sa motivation.

## Les obstacles de catégorie 3

➤ *Le manque d'exercice*

Vous connaissez le constat : dans les pays industrialisés la grande majorité des plus de 50 ans souffrent de maladies cardio-vasculaires. Depuis plusieurs décennies, ces maladies constituent le premier facteur de mortalité dans nos sociétés. Si vous voulez éviter la catastrophe, il existe aujourd'hui une solution simple vous permettant de rajeunir et de prévenir les maladies cardio-vasculaires et l'inflammation qui les accompagne.

Un entraînement cardio-vasculaire alimentant l'ensemble de l'organisme en oxygène et en sang est la clé d'une vie longue et active. Le secret, c'est l'exercice régulier et modéré.

La sédentarité est l'un des pires facteurs de risque cardiaque, comparable au tabagisme et à l'excès de cholestérol. Par conséquent, il convient de maintenir un certain niveau d'exercice physique, notamment par la pratique d'une activité de loisir qui permet de bouger son corps, que ce soit le jardinage, la marche, la danse ou le vélo… Les personnes sédentaires courent deux fois plus de risques de subir une maladie du cœur ou un accident vasculaire cérébral. Une vie active est indispensable pour conserver une bonne santé cardio-vasculaire tout en réduisant le risque d'inflammation.

Voici comment l'exercice réduit l'inflammation et le risque de maladies cardio-vasculaires. Votre cœur est un muscle qui battra, *grosso modo*, quatre milliards de fois tout au long de votre vie. Sans pause aucune, et en se maintenant en bon état en dépit des abus. En fait, une crise cardiaque n'a pas grand-chose à voir avec la santé du cœur : elle dépend plutôt de l'état du système circulatoire.

Lorsque vous menez une vie inactive et mangez des aliments trop raffinés et riches en graisses saturées, des dépôts de cholestérol et de gras s'accumulent sur la paroi interne des artères. Même les vaisseaux des personnes qui semblent en bonne santé sont tapissés de ces dépôts formant une plaque qui épaissit au fil des décennies, entravant peu à peu le flux sanguin qui irrigue une partie de votre cœur. Cette situation est à risque d'infarctus.

Fort heureusement tout cela peut être évité. On connaît l'importance d'une alimentation équilibrée pour la prévention des maladies et le rajeunissement général de l'organisme. Mais peu de gens savent à quel point l'exercice physique est crucial. Chaque fois que vous faites un exercice suffisamment intense pour transpirer, vous imposez un effort à vos muscles et épuisez leurs réserves d'énergie. En fait, vous stimulez les mécanismes de réparation et de croissance des tissus, ce qui fortifie vos muscles. Les enzymes et protéines libérées par l'action musculaire pénètrent alors dans le système sanguin et y déclenchent une réaction en chaîne d'inflammation et de détérioration, rapidement suivie par un phénomène de réparation et de croissance. C'est l'effet ultime de l'exercice : une réaction inflammatoire, immanquablement suivie de réparation et de régénération cellulaire.

Tout exercice physique notable entraîne une production de ces protéines, en quantité directement proportionnelle à la durée et à l'intensité de l'effort. Chez les coureurs de marathon, par exemple, le taux de « bonnes » protéines peut être multiplié par cent en fin de course. Tout exercice, même modéré, stimule la production de ces facteurs de croissance tissulaire. Au-delà de la bonne alimentation, l'exercice peut contribuer à réparer les vaisseaux abîmés. Il semble inverser le processus inflammatoire et stimuler la régénération artérielle. Chaque fois que vous pratiquez une activité physique, le sang circule à travers vos muscles, prenant au passage les protéines de croissance pour les transporter aux quatre coins du corps. Tout l'organisme, des articulations au cerveau, reçoit une dose de ces substances régénératrices.

Les études démontrent que les hommes et les femmes les plus en forme ont un taux de mortalité trois fois moins élevé que les « sédentaires ». Plus on bouge, plus le risque de développer l'inflammation silencieuse diminue. Cependant, les « mauvaises » protéines, celles qui sont responsables de l'inflammation et de la détérioration des tissus attaquent en permanence votre corps, surtout si vous êtes inactif. Aussi, inscrivez-vous à un club de marche, choisissez des vacances actives, pratiquez régulièrement de la marche ou un exercice physique quotidien et vous transformerez votre vie.

### ➤ *La solution : des exercices pour réduire l'inflammation silencieuse*

Vous pouvez rééquilibrer votre système anti-inflammatoire en donnant à votre corps l'exercice et l'entraînement dont il a besoin.

Contrairement aux idées reçues, l'exercice physique n'aide pas seulement à maigrir et à se muscler, il contribue également au bon fonctionnement des organes d'élimination en stimulant la transpiration et le transit.

L'exercice physique contribue à la libération des endorphines et diminue le taux de cortisol, ce qui permet de gérer le stress et l'anxiété, d'améliorer la qualité du sommeil et d'influer positivement sur l'humeur. Au-delà des bienfaits qu'elle apporte à notre santé, une bonne forme physique rehausse la qualité de vie et procure plus d'énergie.

En favorisant la perte de poids et la combustion des mauvaises graisses, une activité physique régulière contribue à diminuer les risques de diabète, plus particulièrement chez les sujets qui y sont génétiquement prédisposés.

Elle protège l'organisme de nombreuses affections. Il a été démontré qu'une activité physique régulière augmente la qualité et l'espérance de vie (en réduisant les risques de maladies et troubles de santé...). Elle constitue une vraie méthode préventive contre l'ostéoporose, la fatigue, la prise de poids et, plus généralement, contre le vieillissement de l'organisme.

Un maximum de deux heures hebdomadaires d'activité physique influence les cellules de manière bénéfique et maintient l'équilibre hormonal.

J'insiste sur la « modération », car l'exercice à un degré extrême n'est pas recommandé et peut être aussi dommageable que son absence totale. En effet, à fortes doses, il pousse le corps au-delà de ses limites, ce qui génère hyperacidité et inflammation chronique.

Si l'exercice physique est aussi essentiel pour votre santé c'est que les organes ont besoin d'être sollicités en permanence ; à défaut ils « rouillent » et ne peuvent plus assurer leurs fonctions de manière optimale.

Avec une alimentation saine et une attitude positive, des exercices physiques modérés vous permettront de rester jeune plus longtemps, d'évacuer le stress accumulé au quotidien, de bénéficier ainsi d'une meilleure régénération cellulaire et surtout de réduire l'inflammation silencieuse.

Tout le monde peut faire de l'exercice. Les personnes qui se disent trop fatiguées pour en faire constatent souvent un regain d'énergie après seulement quelques essais.

Les personnes plus âgées peuvent pratiquer des exercices de renforcement musculaire afin de réduire les risques de chutes et de fractures osseuses. Les personnes qui souffrent de maladies chroniques ont la possibilité d'augmenter leur endurance, leur optimisme face à l'existence et leur capacité à effectuer les activités quotidiennes grâce à l'activité physique. Honnêtement, bien peu de personnes peuvent présenter une excuse valable pour ne pas faire de l'exercice sous une forme ou une autre.

Quelle que soit la nature du sport ou de l'activité choisie, *la régularité est indispensable.* Dans le cadre de la méthode anti-inflammatoire de la Nutrimab[2], l'exercice vous procurera des bienfaits immédiats pour le contrôle du poids. Il est également excellent pour la peau et les os, et contribue à une bonne construction de la masse musculaire. Sur le plan psychologique, l'activité physique procure des sentiments de satisfaction, de bien-être et d'estime de soi nés du plaisir de relever des défis et d'atteindre les objectifs fixés.

## Quelle méthode pour obtenir plus facilement des bénéfices ?

La plupart de mes patients n'aiment pas faire de l'exercice. Il existe pourtant un éventail très large d'activités susceptibles d'améliorer la forme physique qui procure les bienfaits anti-inflammatoires, et si nous devions n'en recommander qu'une seule, ce serait la marche. Ses avantages sont multiples. La marche est un exercice naturel, simple et facile.

Si vous la pratiquez d'une manière active et soutenue qui accélère le rythme cardiaque et la respiration, elle vous apportera tous les bénéfices d'un bon exercice physique anti-inflammatoire.

L'environnement urbain s'y prête autant que la campagne, la montagne ou le bord de mer. Je vous recommande de la pratiquer toute l'année. Marchez le plus souvent. Cela n'exige qu'une planification minimale et aucun équipement.

Dès que je peux me détendre, je n'hésite pas à profiter des opportunités qu'offre la ville. On peut marcher partout et j'invite régulièrement mes patients à bénéficier de ses bienfaits.

Au-delà du changement alimentaire, la marche est une des toutes premières prescriptions que je donne à mes patients.

Grâce à cette activité, vous pourrez facilement améliorer votre santé et votre bien-être.

En conclusion, offrez à votre corps les bienfaits d'une marche active quotidienne et d'une véritable respiration et il sera prêt à vaincre les obstacles du stress et de la vie.

## ➤ *La prescription d'activités physiques*

### La marche active

La marche active est une marche rythmée de 30 à 60 minutes, à pratiquer le plus grand nombre de jours par semaine. Il s'agit de marcher d'un bon pas, comme si vous étiez en retard à un rendez-vous, en balançant énergiquement les bras. Les muscles de vos épaules, bras, dos, abdomen, cuisses et jambes sont ainsi sollicités.

Cette marche contribue à réduire les risques de maladies cardiaques et l'inflammation.

Elle favorise la respiration et la circulation veineuse et artérielle des membres inférieurs tout en renforçant le muscle cardiaque. À long terme, la marche active modèle la silhouette et la rend plus svelte. Pour atteindre cet objectif, il est conseillé de marcher 10 000 pas par jour, soit environ une demi-heure à une heure de marche. Vous pouvez descendre de l'autobus ou du métro un arrêt ou deux avant le vôtre, éviter de garer votre voiture devant votre lieu de travail ou votre domicile, accompagner les enfants à l'école à pied ou favoriser la prise des escaliers plutôt que l'ascenseur ou l'escalator. Mais rien n'est plus agréable qu'une grande promenade pendant le week-end.

Un élément de mesure est parfois nécessaire car de nombreuses personnes éprouvent le besoin d'avoir des points de repère pour leur activité physique. Munissez-vous alors d'un podomètre qui comptabilisera les 10 000 pas quotidiens.

La marche est un remède efficace contre le stress, elle aide à contrôler les émotions. Associée à une respiration profonde, elle vous apportera une sensation de bien-être et de confort physique.

## L'exercice aérobique ou cardio-training

Ce travail en endurance a des effets étonnants sur les plans musculaire, articulaire, pulmonaire, cardiaque, circulatoire et psychologique mais aussi sur le plan calorique.

Lors d'une activité physique, le corps s'approvisionne en énergie en puisant dans les réserves de graisses ce qui va permettre de les brûler de manière efficace.

L'exercice aérobique entraîne une baisse de la fréquence cardiaque au repos et de la tension artérielle, tout en apportant une amélioration du taux de cholestérol sanguin. Plus on le pratique régulièrement, plus on gagne en endurance.

J'encourage chaque personne à pratiquer une forme d'activité physique aérobique pendant au moins trente minutes chaque jour. La forme physique a un effet très important sur la prévention ou la réduction des conséquences de nombreuses maladies, notamment le diabète, l'hypertension et les maladies cardiaques.

## Le minitrampoline

Le minitrampoline est un appareil peu encombrant et facilement disponible. Il peut être utilisé dès le plus jeune âge et jusqu'à des âges avancés. Le saut au trampoline est une activité sportive ludique qui vous surprendra par son pouvoir énergisant. Cette activité améliore le transport des nutriments, en activant la circulation du sang et en favorisant l'élimination des déchets acides. Il joue aussi un rôle important dans le maintien de l'équilibre, de la masse musculaire et de l'ossature. Le trampoline a un fort pouvoir énergisant ; il améliore l'endurance et la fonction cardiaque.

Vous pouvez vous exercer sans sortir de chez vous tout en regardant la télévision ou en écoutant de la musique.

## Le renforcement musculaire ou travail en résistance

Un autre exercice pour améliorer votre santé est le renforcement musculaire qui se pratique avec de petites haltères. En plus des exercices de cardio-training, il est important de compléter votre activité physique par un travail musculaire dont les avantages pour la santé sont considérables : diminution des douleurs liées à l'arthrose, des douleurs lombaires, amélioration esthétique et sensation de bien-être.

Le renforcement musculaire est une solution pour éviter ou éliminer la tendance à grossir au niveau de la ceinture abdominale, indice de vieillissement. Des études ont démontré qu'une heure de musculation deux fois par semaine suffisait à réduire les risques de grossir au niveau du ventre.

Comme je l'ai expliqué dans le chapitre 6, l'accumulation de cette graisse peut être à l'origine d'une augmentation du risque cardio-vasculaire, d'inflammation chronique et de risque accru de diabète.

Pour cette raison, je vous conseille de pratiquer des exercices physiques modérés mais quotidiens qui vous permettront de maîtriser le stress en évitant l'installation des graisses dangereuses.

Je vous propose des exercices de musculation par séries de dix minutes. Les haltères permettent d'effectuer des exercices variés renforçant les articulations et la masse musculaire, en corrigeant la posture et diminuant les maux de dos en faisant travailler les muscles dorsaux. La durée de votre entraînement doit augmenter progressivement. Mais respecter une alternance d'exercices vous permettra d'éviter de trop solliciter muscles, tendons et ligaments.

Plus vos muscles seront en bonne santé, plus vous accomplirez vos tâches quotidiennes facilement, qu'il s'agisse de soulever des enfants, tondre la pelouse, porter les courses ou les valises.

Certaines femmes sont inquiètes à l'idée d'entreprendre un programme de renforcement musculaire car elles craignent de se retrouver avec les muscles saillants des culturistes. Pour des raisons de génétique, il est peu probable que cela se produise. Elles n'ont pas la même corpulence que les hommes et ont dix fois moins de testostérone qu'eux. L'entraînement musculaire permet aux femmes de tonifier leurs muscles et de brûler les graisses sans développer des muscles aussi forts que ceux des hommes.

De plus, les muscles brûlent plus de calories que de graisses même au repos et améliorent votre performance physique, pas seulement dans le sport mais dans la vie en général.

La musculation amincit en attaquant le gras corporel et préserve la jeunesse. Vos muscles seront lisses, fermes et toniques.

## Les étirements ou stretching

Les étirements apportent de nombreux bienfaits. Ce sont des exercices tellement indispensables aux muscles que nous devrions les pratiquer spontanément. Ceci est encore plus vrai lorsque vous les pratiquez après un renforcement musculaire où le stress imposé aux muscles et aux articulations est très important. Ils préviennent alors l'apparition de courbatures, de crampes produites par l'accumulation de déchets acides dans les muscles.

Les étirements améliorent non seulement les capacités de récupération, mais ils réduisent également les risques de blessures, en vous aidant à obtenir davantage de puissance musculaire. Des muscles et des articulations bien étirés souffriront moins lors d'efforts intenses et la raideur et les courbatures souvent éprouvées après un entraînement peuvent être diminuées, voire éliminées par des étirements adaptés.

Les étirements associent des mouvements de gymnastique traditionnelle et des exercices de yoga. Ils favorisent la circulation sanguine et luttent contre l'usure prématurée des articulations. Quotidiens, ils maintiennent une bonne condition physique et améliorent la respiration.

La meilleure formule est celle des étirements statiques qui font travailler lentement et soigneusement chaque muscle jusqu'à ressentir une légère tension mais pas de douleur. Commencez toujours par un étirement en douceur, en maintenant la position environ trente secondes, jusqu'à ce que le muscle commence à se détendre. En maintenant l'extension, la sensation de tension doit diminuer. Sinon, relâchez légèrement.

Les étirements doivent être pratiqués sans recherche de performance, sans douleur et en se concentrant sur la respiration. Ils sont particulièrement efficaces dès la fin d'un entraînement, lorsque le muscle est encore chaud. Mais vous pouvez vous étirer à tout moment de la journée. Deux à cinq minutes, plusieurs fois par jour, garderont vos muscles en parfait état et bien détendus. Enfin, pour une meilleure récupération, terminez par un bon massage.

En résumé :

– Faites de l'exercice aérobique d'endurance six jours par semaine pour tonifier l'activité cardiaque, aider à combattre l'hypertension, améliorer l'élasticité des artères, brûler les calories (marche active, natation, vélo, rameur, trampoline...).
– Faites de la musculation trois fois par semaine pour entretenir la masse osseuse et musculaire.

– À la fin de chaque séance, réservez cinq à dix minutes pour les étirements et la relaxation.
– N'oubliez pas de marcher.

En conclusion, la conjonction de ces activités va stimuler l'organisme et le rendre plus efficace dans son renforcement musculaire et dans sa gestion des graisses. Pratiquer l'ensemble de ces activités physiques en alternant exercices d'endurance et renforcement musculaire suivi des étirements est important : la partie aérobique-cardio sollicite le cœur et le souffle, la partie renforcement musculaire dessine chaque partie du corps en brûlant les masses graisseuses réparties dans le corps, les étirements détendent tout le corps.

Plus vous pratiquerez ces activités de façon régulière et modérée plus vous maîtriserez l'inflammation silencieuse.

### ➤ *Conseils pour conserver votre motivation*

#### Pas de précipitation

L'enthousiasme et la motivation du début vous obligent parfois à commencer trop vite et trop intensément vos activités physiques alors que votre corps n'a pas eu le temps de s'habituer à ce nouveau rythme de vie. Vos muscles et vos articulations peuvent être plus vulnérables aux blessures. Mais vous ne le sentirez que le lendemain au réveil. Il est fortement conseillé de commencer le programme lentement car il serait dommage d'abandonner à cause de blessures. Ensuite vous pourrez accroître vos activités progressivement, mais ce n'est pas obligatoire.

Il est possible d'ajouter trois minutes chaque semaine à votre temps de marche active, vous aurez ainsi augmenté votre endurance en seulement quelques mois. Pendant la musculation ou les étirements, n'hésitez pas à écouter de la musique, vous ne verrez pas le temps passer et vous y prendrez plus de plaisir.

### Ne vous découragez pas

Pour s'habituer à un nouveau rythme de vie, il faut au début s'adapter et se forcer un peu, mais au bout de deux ou trois mois, vous ne pourrez plus vous passer de votre entraînement !

Vous pouvez aussi trouver un partenaire de sport qui vous motivera et avec lequel vous pourrez mettre en place une stratégie chaque semaine. Il est beaucoup plus agréable de faire du sport à deux. Parler pendant l'effort n'est pas mauvais pour votre endurance, cela prouve que vous avez un bon rythme et que votre souffle est régulier.

### Programmez vos activités physiques

Faites votre plan en fonction de vos capacités physiques. Si vous voulez vous lever à 5 heures du matin en sachant pertinemment que cela ne vous correspond pas, prévoyez un autre moment de la journée plus agréable pour vous. Choisissez les activités qui vous plaisent le plus. Si vous aimez le sport à deux, préférez le tennis à la course à pied par exemple.

### Ne relâchez pas vos efforts

Lorsque l'on modifie son emploi du temps, on a souvent tendance à ne pas le respecter au pied de la lettre et à se laisser prendre par d'autres événements, « bonne excuse » pour ne pas faire ses exercices. Il faut donc trouver des moyens de respecter son emploi du temps.

**Recommandations avant d'entreprendre un programme d'exercice physique**

Il est conseillé d'obtenir l'accord de votre médecin, surtout si vous avez été longtemps inactif ou si vous avez des problèmes de santé.

– Consultez votre médecin pour obtenir un bilan de santé et discutez du programme d'exercices sécuritaires avant d'entreprendre toute activité physique.

– Déterminez des objectifs à court terme. Il est important de considérer les exercices comme une partie intégrante de votre nouveau mode de vie anti-âge et anti-inflammatoire, indépendamment de la fluctuation des kilos.

– Continuez de vous fixer des buts réalistes au fur et à mesure de votre évolution physique, et ne perdez pas votre motivation en chemin.

– Améliorez vos exercices en fonction des progrès effectués.

– Pratiquez vos exercices avec modération pour éviter les blessures.

– Associez un échauffement et un moment de relaxation à tout entraînement. Ils font partie intégrante de l'exercice.

### ➤ *Planning*

#### À faire tous les jours

**Échauffements** : consacrez cinq à dix minutes avant chacun de vos exercices physiques.

**Cardio** : trente minutes. Exemples : marche active, course à pied, step, trampoline, natation, danse, vélo, rameur, aquagym…

**Renforcement musculaire** : dix minutes.

- Musculation pour le haut du corps (pectoraux, épaules, triceps, dos, biceps, abdominaux).

– Musculation pour le bas du corps (quadriceps, arrière des cuisses, mollets, abdominaux).

**Récupération et étirements** à la fin de chaque séance d'exercices, consacrez cinq à dix minutes à la récupération et aux étirements.

**Relaxation** : cinq minutes à la fin de l'ensemble de vos exercices

Exemples : respiration profonde, yoga…

**Test de la parole** : si vous êtes incapable de parler pendant l'effort et de tenir une conversation, vous forcez probablement trop. Même si vous manquez un peu de souffle pendant la séance d'entraînement ou pendant la marche active, vous devriez également être en mesure de parler clairement. Si vous en êtes incapable, ralentissez le rythme.

**Hydratez-vous** : buvez beaucoup d'eau avant, pendant, après les exercices physiques. Apportez une bouteille d'eau si vous êtes loin d'une source d'eau pendant l'effort.

*Soyez à l'écoute de votre corps. Accordez-vous une journée de repos dans la semaine.*

**L'histoire de Louise**

**Bouger pour reprendre confiance en soi**

Louise, étudiante de 24 ans, est arrivée à Paris il y a deux ans pour terminer ses études de langues. Elle vivait seule, sortait rarement en raison de ses examens, se plaignait qu'aucun garçon ne s'intéresse à elle. Elle pensait que son existence n'avait aucun sens et avait peu d'espoir que cela change un jour. Elle adorait regarder la télévision affalée sur son canapé jusque très tard le soir lorsqu'elle ne surfait pas sur Internet ou compensait son stress en mangeant déséquilibré ou en fumant un paquet de cigarettes. Déprimée, elle avait pris dix kilos et avait consulté plusieurs psychologues sans succès. Un jour, une de mes patientes, qui suivait les mêmes cours qu'elle, l'amena à mon cabinet. Je sentis tout de suite chez elle son manque de confiance. Elle était déprimée et ne

**Exemple d'une semaine complète d'exercices**

| JOUR 1 | JOUR 2 | JOUR 3 | JOUR 4 | JOUR 5 | JOUR 6 | JOUR 7 |
|---|---|---|---|---|---|---|
| 5 minutes d'échauffements | | | | | | |
| 30 minutes de marche active | 30 minutes de step ou de marche active | 30 minutes de marche active | Repos | 30 minutes de step ou de marche active | 30 minutes de marche active | 30 minutes de step ou de marche active |
| 10 minutes de musculation du haut du corps | 10 minutes de trampoline vélo ou de tapis | 10 minutes de musculation du bas du corps | Repos | 10 minutes de trampoline vélo ou de tapis | 10 minutes de musculation du haut du corps | 10 minutes de trampoline vélo ou de tapis |
| 10 minutes d'étirements | | | | | | |
| 5 minutes de respiration profonde | 5 minutes de respiration profonde | 5 minutes de respiration profonde | Repos | 5 minutes de respiration profonde | 5 minutes de respiration profonde | 5 minutes de respiration profonde |

savait pas quoi faire de son avenir. Après avoir longuement parlé avec elle, je lui ai donc proposé d'apprendre à gérer son stress avec un programme combinant à la fois relaxation profonde et exercices physiques. Ma proposition l'étonna car elle n'avait jamais envisagé l'exercice physique comme une solution à son mal-être. Courir avec ses kilos en trop lui semblait impossible !

Je lui ai répondu qu'il fallait qu'elle accompagne sa démarche de changement de vie par la recherche d'un bien-être intérieur et d'une véritable stratégie d'entraînement physique pour éviter les effets néfastes du stress sur l'organisme.

Je l'ai rassurée en lui expliquant que les modifications physiologiques induites par la mise en activité du corps se développent avec la régularité des séances de relaxation et d'activité physique qui permettent l'utilisation optimale des ressources de l'organisme.

Je lui ai également expliqué que le sport devait être envisagé comme un moyen de gérer les conséquences du stress sur le bien-être psychologique et sur la santé et non comme une contrainte. Pour ces raisons, elle devait commencer doucement en variant les activités physiques : elle choisit de se mettre en mouvement avec la danse qu'elle aimait et qui pouvait lui permettre de développer des liens. En sport complémentaire, elle choisit le jogging. Elle pouvait commencer à trottiner sans trop lever les genoux et ralentir au moindre essoufflement. Une des règles est de ne jamais éprouver ni douleur ni fatigue. Il est inutile de forcer. Elle devait pouvoir parler ou chanter pendant l'effort. Son objectif était de se mettre en condition en bougeant le plus possible au moins trois fois par semaine. Cela lui semblait impossible, mais elle accepta le défi et son amie proposa de l'accompagner.

Elle est revenue me voir trois semaines après. Les débuts avaient été difficiles, elle avait failli abandonner mais, grâce à son amie, elle avait tenu le coup. Dès la deuxième semaine elle avait ressenti quelque chose de nouveau : elle avait réussi à dépasser ses limites. Aux yeux d'autres personnes, trottiner seulement un kilomètre par jour pouvait sembler ridicule mais c'était son exploit à elle, elle se sentait nettement mieux. Par cette expérience, elle avait appris qu'elle pouvait changer ses habitudes et reprendre sa vie en main. Elle dormait mieux, avait gagné de la confiance et ne passait plus son temps à s'apitoyer sur son sort. Aujourd'hui, elle a perdu ses kilos en trop, fume beaucoup moins et pratique 45 minutes d'activité physique par jour avec son petit ami.

De nombreuses études ont démontré que l'activité physique pouvait être comparée à un antidépresseur efficace. Après quelques semaines de traitement de sujets déprimés, on a découvert que les personnes ayant pratiqué une activité physique se portaient aussi bien que les personnes ayant pris des médicaments. Au début, il n'y avait pas de grande différence, mais au bout d'un an, les « sportifs » étaient entièrement sortis de leur dépression alors que la majorité des personnes qui prenaient des médicaments n'étaient pas sorties d'affaire.

Un exemple ? Tout le monde a déjà participé à une réunion où une personne en colère est sortie et est revenue calmée après une petite marche de dix minutes. Et on connaît la phrase : « Va faire un tour, ça te fera du bien », expression imagée des bienfaits de la dépense physique sur le stress et l'anxiété.

CHAPITRE 8

# Guérir des douleurs chroniques, combattre les maladies

## En finir avec les douleurs chroniques

Tout le monde connaît la douleur. Elle est un système d'alarme essentiel qui nous avise d'un dérèglement interne (tumeur, infection) ou externe (blessure, brûlure). Elle nous prévient qu'une partie de notre corps est en difficulté et nous force à consulter un médecin avant que le trouble ne s'aggrave.

Mais qu'en est-il lorsque le signal d'alarme ne fonctionne pas immédiatement ?

J'ai souligné le caractère insidieux de l'inflammation silencieuse ainsi que son influence sur notre vieillissement prématuré. Mais l'inflammation silencieuse, avec ses caractéristiques propres, n'est généralement pas ressentie puisqu'elle reste en deçà du niveau de perception de la douleur. Lorsqu'elle dure, elle peut dépasser le stade du silence et déclencher des douleurs difficilement tolérables. Les douleurs insupportables causées par l'inflammation peuvent se manifester dans plusieurs affections chroniques qui sont en général des maladies dites inflammatoires.

| Site de l'inflammation | Description médicale |
|---|---|
| Cœur | Myocardite |
| Peau | Dermatite |
| Veine | Phlébite |
| Nez | Rhinite |
| Tendon | Tendinite |
| Articulation | Arthrite |
| Cerveau | Encéphalite |
| Pancréas | Pancréatite |
| Foie | Hépatite |
| Méninges | Méningite |
| Bronches | Bronchite |

Il existe cependant d'autres maladies inflammatoires qui sont douloureuses comme la fibromyalgie, le syndrome de fatigue chronique, la maladie de Crohn...

Les maladies liées à l'inflammation silencieuse que j'ai déjà mentionnées (maladies cardio-vasculaires, diabète, maladie d'Alzheimer, cancer...) peuvent toutes provoquer d'importantes douleurs quand elles arrivent à un stade avancé. Le corps réagit différemment, ce qui éveille l'attention.

Ces douleurs chroniques nuisent à la qualité de vie, elles sont à l'origine de fatigue, de mauvais sommeil, de manque de concentration, de contrariétés, de problèmes relationnels avec les proches. Vivre avec des douleurs chroniques et leur cortège de symptômes empêche le système immunitaire de fonctionner correctement et de combattre les infections.

De nos jours, on a pris conscience que de nombreux facteurs prédisposent à l'inflammation et que, pour supprimer la douleur, il faut en connaître la cause.

**Voici l'histoire de Cathy**

Cathy, attachée de direction de 46 ans, est venue me voir en consultation pour perdre du poids et ce qu'elle m'a dit lors de sa seconde consultation m'a aidé à comprendre toute sa détresse.

« Bien que les kilos en trop m'inquiètent, ce que j'espère avant tout est de pouvoir contrôler les douleurs que je ressens continuellement au niveau du genou et du dos. Elle est présente vingt-quatre heures sur vingt-quatre, sept jours sur sept. C'est cette douleur qui m'empêche de dormir la nuit et celle du genou qui m'oblige à abandonner toutes mes activités préférées comme le jardinage ou la danse. De plus, j'ai un tiraillement persistant dans la hanche droite que les médicaments ne parviennent pas à soulager.

« Vous devez perdre du poids », lui ai-je conseillé. « Mais comment ? » me répondit-elle désespérée.

Cathy avait toujours eu du mal à suivre ses précédents régimes jusqu'à la fin, mais elle se doutait bien que j'avais raison. Elle savait que, si elle ne perdait pas de poids, son état ne pouvait qu'empirer. C'est ainsi que je lui ai proposé une prise en charge tenant compte simultanément de ses douleurs chroniques et de son surpoids. L'objectif étant de diminuer les facteurs pro-inflammatoires à l'origine de ses douleurs et de sa difficulté à maintenir un poids stable.

Plus de seize millions de Français vivent avec des douleurs chroniques. Ce chiffre inclut les personnes qui souffrent de douleurs ostéo-articulaires (arthrose, polyarthrite rhumatoïde, ostéoarthrite), celles qui vivent avec d'importantes douleurs musculaires ainsi que celles qui souffrent de douleurs à la suite d'une blessure sportive ou d'un accident.

Peu importe le type de douleur ressentie, vous savez à quel point elle peut affecter tous les aspects de votre vie : votre sommeil, votre alimentation et votre santé en général, vos relations avec les autres aussi bien en famille qu'au travail.

## ➤ *La meilleure méthode pour vaincre les douleurs*

En tant que médecin nutritionniste et grâce à mon expérience de spécialiste en médecine du sport, je suis régulièrement confronté à la douleur chronique et rencontre chaque jour des patients qui cherchent des traitements contre les douleurs liées à leur inflammation.

Je soigne ces maux et prescris régulièrement des médicaments contre la douleur. Certains d'entre eux soulagent bien tandis que d'autres ont des effets secondaires inattendus.

Les médicaments et plus particulièrement les anti-inflammatoires ne traitent pas les problèmes de douleur à leur source. Ils agissent localement contre un dommage précis en inhibant les médiateurs pro-inflammatoires dérivés de l'acide arachidonique.

Ces médicaments peuvent paraître séduisants par leur action immédiate, mais ils ont l'inconvénient d'inhiber tous les médiateurs, qu'ils soient pro ou anti-inflammatoires. Utilisés de manière prolongée, ils peuvent même avoir des effets secondaires graves comme l'affaiblissement du système immunitaire et l'ulcère de l'estomac.

La meilleure solution à ces problèmes de douleurs est de loin la diminution du niveau d'inflammation silencieuse apportée par un changement nutritionnel capable de supprimer la douleur chronique. Ceci permet une régénération cellulaire (à un niveau microscopique) qui réduit le degré d'inflammation, de douleur et donc les différents handicaps liés à cet état. En fait, plus vous souffrez de douleurs chroniques, plus votre niveau de médiateurs pro-inflammatoires est élevé. Beaucoup de mes patients ont maintenant adopté l'approche nutritionnelle comme traitement de la douleur. Ils ont pu, en premier lieu, perdre ou contrôler leur poids et la plupart ont constaté une baisse des marqueurs de l'inflammation : la CRP, l'insuline et le niveau de mauvaises graisses.

J'ai rencontré de nombreux patients qui ont essayé tous les régimes possibles et imaginables sans vraiment connaître de réel succès et ont finalement décidé d'adopter la Nutrimab[2]. Ils ont non seulement perdu leurs kilos en trop, mais ils ont réussi à soulager leurs douleurs. Cette perte de poids les a aidés à retrouver la joie de vivre, à partager plus de moments agréables en famille et avec leurs amis. Ne souffrant plus de douleurs, ils ont pu retrouver peu à peu une vie active. D'un point de vue médical, leur pression artérielle et leur niveau de cholestérol se sont normalisés.

### ➤ *Une solution élégante à la dépendance aux médicaments*

J'admets que j'utilise des médicaments pour abaisser le taux de cholestérol ou de sucre chez les patients qui ne changent pas leur style de vie ou chez ceux pour lesquels ces changements ne sont pas suffisants. Mais, avec le temps, je constate que les patients qui améliorent leurs paramètres sanguins grâce aux changements nutritionnels, à l'exercice et à l'amélioration de leur style de vie plutôt qu'avec les médicaments, paraissent plus énergiques et se sentent cent fois mieux. Il est vrai que cela peut sembler plus contraignant que d'avaler une pilule, mais la qualité de leur vie s'avère bien meilleure, même si cela prend un peu plus de temps.

Pour réduire la douleur sans risquer les effets secondaires de médicaments, il faut de façon logique abaisser le taux d'acide arachidonique et diminuer la production des médiateurs pro-inflammatoires, sans freiner les anti-inflammatoires. Pour ce faire, la bonne pratique consiste à adopter la stratégie que je recommande dans ce livre. Elle vous permettra de réduire le taux d'acide arachidonique dans votre organisme en ne fournissant plus la matière première des médiateurs pro-inflammatoires.

**Les douleurs de dos de Marilyne**

Si vous rencontrez aujourd'hui Marilyne, vous aurez du mal à croire qu'il y a à peine trois ans elle pesait quatre-vingt-dix kilos. À 42 ans, cette grande et belle responsable de mode était divorcée. Sa fille unique avait quitté la maison pour suivre des cours à l'Université de Londres. Déprimée par tous ces changements, Marilyne commençait à multiplier les dîners entre copines. Seule chez elle, elle se laissait aller à manger des snacks et de bons petits plats devant la télévision.

Marilyne est venue consulter pour d'intenses migraines. Elle n'avait plus d'énergie, se sentait plus vieille qu'elle ne l'était. Elle souffrait également d'un mal de dos dû à son surpoids et à de longues stations debout dans les rayons de son magasin. Après avoir pratiqué quelques tests, il fut évident que son anxiété était cause de la majorité de ses douleurs. Ses triglycérides et son taux de mauvais cholestérol (LDL) étaient très élevés, son taux de bon cholestérol (HDL) faible tandis que sa glycémie à jeun élevée indiquait qu'elle avait atteint un stade de prédiabète. Sa pression artérielle était également élevée.

Ensemble, nous avons parlé de médicaments qui pouvaient stabiliser son taux de cholestérol mais, comme la plupart des gens, Marilyne était inquiète à l'idée de prendre des médicaments et insistait pour être aidée de façon plus naturelle par une meilleure diététique et de nouvelles habitudes de vie. Après avoir terminé les différentes étapes du programme, Marilyne a atteint le poids qu'elle s'était fixé en seulement huit mois. « La grande quantité de légumes, de fruits ainsi que les autres aliments comme les fruits de mer dont je raffole, le poisson et les grillades que je mangeais suffisaient à couvrir ma faim », dit-elle.

Après la perte de ses kilos, elle continua le programme facilement pour vivre plus sainement. Elle apprit à gérer son stress et retrouva un meilleur sommeil. Ces étapes l'ont aidée à prendre conscience des différents problèmes à l'origine de sa prise de poids. Réconciliée avec son corps, elle s'est inscrite dans un club de sport pour continuer à contrôler son poids et ses émotions.

Les résultats de Marilyne s'améliorent tous les jours. Son taux de cholestérol s'est rapidement stabilisé, sa pression sanguine, son taux de glycémie à jeun et son taux de mauvaises graisses reviennent à un niveau normal. Elle a pu constater qu'avec la stabilisation de son alimentation et de son poids ses douleurs avaient presque entièrement disparu.

## ➤ *Les 5 étapes pour l'amélioration des douleurs chroniques*

L'inflammation silencieuse est destructrice et fait des dégâts sans bruit.

L'approche nutritionnelle anti-inflammatoire contourne les facteurs qui créent cette inflammation. Avec un mode de vie adapté, on peut contrer l'inflammation silencieuse et améliorer ses douleurs chroniques. Ce nouveau mode de vie repose sur 5 points :

1. Une alimentation anti-inflammatoire.
2. Une supplémentation anti-inflammatoire et antioxydante.
3. Des exercices physiques anti-inflammatoires.
4. Une gestion du stress.
5. L'amélioration de la qualité du sommeil.

En agissant progressivement sur votre qualité de vie, vous retrouverez forme et tonus tout en perdant du poids.

## Comment l'inflammation silencieuse mine-t-elle la santé ?

Les recherches récentes ont démontré qu'il existe une composante inflammatoire dans la survenue de la plupart des maladies chroniques. C'est pourquoi l'inflammation silencieuse est dangereuse pour notre santé.

En effet, le processus inflammatoire, qui est à l'origine un moyen de défense naturel, peut se prolonger et se transformer en inflammation silencieuse. L'organisme continue à produire des hormones pro-inflammatoires qui poursuivent leur bataille, mais cette fois contre nous. Cette perturbation du processus inflammatoire est due à une réaction démesurée de notre système immunitaire qui active les globules blancs en trop grande quantité. Malheureusement, l'inflammation silencieuse ne génère aucune douleur pénible qui nous pousserait à prendre un anti-inflammatoire pour enrayer la souffrance et, par là même, l'inflammation. Nous ne prenons aucune mesure car nous n'avons pas conscience de l'existence de cette inflammation. La réaction inflammatoire n'est d'abord pas assez douloureuse pour que l'organisme envoie des signaux de souffrance au cerveau. C'est ainsi qu'à long terme, cette inflammation imperceptible opère sournoisement son action destructrice tel un feu qui brûle lentement. Elle peut graduellement détruire le métabolisme. Ce mal s'infiltre dans tout le corps, perturbant le système immunitaire, la division cellulaire et le fonctionnement d'organes vitaux comme le cerveau et le cœur.

## ➤ *Le surpoids*

**Le surpoids de Jean-Paul et ses douleurs au genou**

J'ai commencé à soigner Jean-Paul en raison de douleurs au genou il y a quinze ans.

Ce professeur de maths, entraîneur de rugby à mi-temps, pesait environ cent cinq kilos et, l'année précédente, il en pesait environ cent quarante-cinq. Aujourd'hui, à 50 ans, il a un poste dans l'administration et ne joue plus au rugby. « Lorsque je monte l'escalier du parking ou que je me baisse pour ramasser quelque chose, je ressens une douleur atroce au genou, raconte Jean-Paul. J'hésite parfois à sortir avec mes enfants ou avec mes collègues par peur que la douleur ne devienne insupportable. » L'indice de masse corporelle (IMC) de Jean-Paul le situait dans la catégorie des obèses. Son IMC ne montrait pas seulement qu'il risquait une maladie cardio-vasculaire, un cancer ou un diabète, mais il indiquait aussi qu'il y avait une possibilité d'inflammation à l'origine des douleurs.

Des chercheurs ont établi le lien entre obésité et inflammation silencieuse en identifiant les marqueurs inflammatoires qui, présents à doses anormales dans le sang, peuvent déclencher une maladie. J'ai expliqué à Jean-Paul que son surpoids était bien plus grave qu'un simple problème esthétique ou de confort comme il pouvait le penser.

Nous savons aujourd'hui que la graisse est un organe vivant qui comme toute glande produit des hormones : des médiateurs pro-inflammatoires qui ont une grande influence sur l'organisme. Ces messagers contribuent à l'apparition de l'inflammation silencieuse. L'obésité n'est pas seulement une affaire d'esthétique. La graisse qui s'accumule, notamment sur le ventre, peut être dangereuse pour la santé. Très active sur le plan métabolique, la graisse, caractéristique d'une silhouette en forme de pomme, est à l'origine du vieillissement prématuré et de maladies chroniques.

Le surpoids peut être associé à des problèmes de santé comme l'hypertension, un taux de cholestérol élevé ou un diabète. Ma nouvelle approche nutritionnelle peut non seulement faire perdre du poids mais elle peut également diminuer la concentration de marqueurs pro-inflammatoires nocifs. Elle peut, en même temps, réduire la douleur et le risque de contracter une maladie plus grave.

### ➤ *Les maladies cardio-vasculaires*

En France comme aux États-Unis, les maladies cardio-vasculaires sont un fléau. Il y a encore peu de temps elles pouvaient être comparées à un problème de « tuyauterie » : une artère était un conduit qui pouvait dans certains cas être obstrué par un bouchon de cholestérol qui bloquait la circulation du sang avec, pour conséquence, une crise cardiaque. Depuis peu, on sait que ce processus est plus complexe, le cholestérol ayant l'inflammation chronique pour alliée.

Pour nombre d'entre nous, une douleur qui survient au début d'une crise cardiaque paraît surgir de nulle part. On joue au tennis, on jardine et, soudain, on ressent une terrible douleur. Il faut réaliser que le drame ne se déroule pas dans le muscle cardiaque, mais au niveau des artères coronaires, ces vaisseaux qui mènent le sang au cœur. Il reçoit aussi des nutriments et l'oxygène *via* le sang des artères. Si celles-ci se bouchent, le muscle cardiaque est privé d'oxygène, ce qui déclenche une crise cardiaque.

Les cardiologues s'accordent à dire que les maladies des artères (artérite, athérosclérose, infarctus) ont pour origine une inflammation localisée dans l'artère. Les dépôts de cholestérol dans les artères appelés scientifiquement athéromes, infiltrent les parois des vaisseaux sanguins et créent des caillots qui augmentent les risques de crise cardiaque en bloquant l'irrigation sanguine. Or on constate aujourd'hui que bien des victimes de crises cardiaques ont un taux de cholestérol normal. Selon la logique, il existe donc d'autres facteurs qui contribuent aux crises cardiaques.

C'est le Dr Rudolf Virchow, grand pathologiste européen des années 1940 qui, le premier, après avoir examiné des tissus de personnes décédées de crise cardiaque, a considéré les problèmes cardiaques comme des troubles inflammatoires. Comme il n'existait à l'époque aucun moyen de détecter l'inflammation, personne n'a donné suite à cette hypothèse formulée en 1948. En revanche, les médecins pouvaient mesurer le taux de cholestérol sanguin : facteur rapidement mis en cause dans les maladies cardio-vasculaires.

Le lien entre l'inflammation et les maladies cardiaques n'a pas fait l'objet d'autres recherches avant les années 1970. Lorsque Russel Ross, de l'Université de Washington, a défendu le lien entre les maladies cardiaques et les troubles inflammatoires. C'est seulement à la fin des années 1990 que le premier marqueur sanguin de l'inflammation silencieuse, la protéine C-réactive (CRP) fut découverte. Ceci a permis de mettre en lumière le rôle central de l'inflammation silencieuse dans les maladies cardio-vasculaires.

Si vous souhaitez conserver un cœur en bonne santé, il faut donc surveiller l'inflammation de votre organisme.

De ce fait, la Nutrimab[2] peut être considérée comme un régime cardio-protecteur efficace, car elle s'attaque à de multiples cibles. La majorité des stratégies nutritionnelles de protection du cœur s'attachent uniquement à faire baisser le taux de cholestérol. Mais le cholestérol, comme nous l'avons vu, n'est pas le facteur majeur de déclenchement des cardiopathies.

Pour une meilleure protection, il faut aussi réduire les autres facteurs de risque. Par exemple, le taux sanguin d'homocystéine, un acide aminé qui altère les parois de vos artères coronaires. Mon approche nutritionnelle agit sur le taux d'homocystéine en augmentant le taux d'acide folique par l'apport de la vitamine B9 présente dans les fruits, les végétaux à feuilles vertes et les légumes. Le poisson contribue également à la résorption du taux d'homocystéine.

La Nutrimab[2] est bénéfique pour ceux qui souffrent de maladies cardiaques. Son objectif n'est pas d'éliminer les médicaments mais juste d'en réduire l'utilisation. Il est en effet vérifié que l'excès de médiateurs pro-inflammatoires est mauvais pour le cœur alors que les médiateurs anti-inflammatoires ont un effet positif sur la forme en réduisant les risques d'attaque cardiaque. Je rappelle toutefois que l'équilibre des médiateurs est à la base de la philosophie de cette méthode.

### ➤ *Les maladies auto-immunes*

Il existe une catégorie importante de maladies caractérisées par une inflammation incontrôlée : les maladies auto-immunes.

La polyarthrite rhumatoïde, la sclérose en plaques et le lupus sont parmi les exemples les plus significatifs de l'acharnement de l'inflammation silencieuse contre le corps. L'organisme s'attaque à lui-même car le système immunitaire lance des attaques dévastatrices contre des cellules et des tissus sains. Cette auto-immunité peut endommager le cerveau, la glande thyroïde, les articulations, les muscles, le tube digestif, aboutissant ainsi à des maladies inflammatoires chroniques. Cette réaction de défense anormale n'est pourtant pas liée à la présence d'un intrus détectable.

Les dommages engendrés par l'auto-immunité ont une cause commune : une inflammation à la fois incontrôlée et inappropriée. De nouveaux médicaments anti-inflammatoires puissants et très coûteux ont donné espoir aux personnes qui souffrent des maladies comme la polyarthrite rhumatoïde. Ces médicaments arrêtent l'action des médiateurs pro-inflammatoires pour atténuer la douleur. Malheureusement, ils ne peuvent guérir les lésions déjà subies par les tissus et ne sont pas dépourvus d'effets indésirables. La façon la plus naturelle de réparer les dommages est de favoriser activement le processus anti-inflammatoire naturel de l'organisme en adaptant l'alimentation et le mode de vie, afin qu'il amorce un processus naturel de guérison.

### ➤ *Les allergies*

Selon l'Organisation mondiale de la santé, les allergies se situent au sixième rang des maladies dans le monde. Les allergies respiratoires sont les plus courantes avec 10 à 20 % de la population française souffrant de rhinite allergique et 2,5 millions de personnes asthmatiques.

Les allergies sont des réactions immunitaires anormales aux substances appelées allergènes. Il peut s'agir d'un aliment, d'une particule en suspension dans l'air comme le pollen ou le poil d'animal, d'un médicament, d'acariens ou du venin de certains insectes. Pour qu'il y ait allergie, il faut que les barrières de protection (peau, muqueuses) aient été franchies par l'allergène. La première fois que l'allergène pénètre dans le corps, il est pris en charge par des cellules du système immunitaire qui enregistrent toutes ses caractéristiques. On appelle cela la sensibilisation, elle ne provoque aucun signe clinique.

Lorsque l'allergène s'introduit de nouveau dans l'organisme, les cellules immunitaires le reconnaissent et peuvent déclencher une allergie en activant des cellules appelées mastocytes qui sécrètent de l'histamine. Les réactions allergiques se traduisent par différents symptômes comme ceux d'une allergie alimentaire, d'une rhinite allergique, de l'asthme, de l'eczéma ou de l'urticaire. Les symptômes cliniques sont une rougeur (par dilatation des vaisseaux), un gonflement des tissus, des larmoiements, des sifflements respiratoires, des mucosités, une congestion nasale, une toux, des démangeaisons intenses. Dans certains cas, il peut y avoir une réaction brutale et grave avec malaise et chute de tension artérielle.

Lorsque l'exposition à l'allergène est continue ou répétée il existe alors une inflammation silencieuse.

On sait aujourd'hui que l'alimentation moderne trop riche en oméga-6 augmente les risques d'allergies, avec leur cortège de signes inflammatoires.

Le meilleur traitement des allergies est bien sûr d'éviter les allergènes qui en sont responsables, ce qui n'est pas toujours possible. Pour soulager les symptômes, il existe un grand nombre de médicaments mais ils ne sont pas sans effets secondaires gênants (somnolence...). Une supplémentation nutritionnelle concourt à prévenir les allergies et soulager certains des symptômes. Une étude a conclu que certains acides gras pouvaient jouer un rôle clé dans la prise en charge des inflammations dues aux allergies. L'administration d'un supplément en acides gras oméga-3 rend les membranes cellulaires plus saines, diminuant le nombre de réactions allergiques.

Certains flavonoïdes que l'on trouve en abondance dans les herbes, les fruits et les légumes inhibent le processus de l'allergie. Une étude japonaise récente a mis en évidence l'action très bénéfique de la quercétine, puissant flavonoïde, sur les symptômes de rhinite allergique.

### ➤ *Le cancer*

Cancers et inflammation sont intimement liés car l'inflammation agit de concert avec les mutations génétiques, les agents procancer comme les produits chimiques, les rayons ultraviolets ou certaines infections pour transformer les cellules saines en cellules tumorales malignes. L'inflammation perturbe le matériel génétique (ADN) des cellules normales. Elle intensifie le mécanisme de division des cellules, ce qui augmente le risque de leur transformation en cellules malignes, donc de cancer. En général, plus l'inflammation se propage, plus le risque de cancer augmente, ce qui explique la majoration du risque de cancer au fil des années.

Pour prévenir une maladie chronique comme le cancer, la Nutrimab[2] préconise une alimentation saine en visant l'équilibre des messagers pro- et anti-inflammatoires par une alimentation et un mode de vie équilibrés.

Mais l'inflammation chronique a bien d'autres conséquences encore, dont un risque accru de maladies neurologiques.

### ➤ *Les maladies dégénératives*

On a récemment reconnu le rôle joué par l'inflammation dans la maladie d'Alzheimer, une forme de démence en forte augmentation. De nouvelles recherches suggèrent que le déclin mental et les pertes de mémoire caractéristiques de cette maladie pourraient être prévenus en luttant contre l'inflammation silencieuse.

Ainsi, en tentant de comprendre pourquoi certains patients souffraient plus précocement que d'autres de la maladie d'Alzheimer, des chercheurs ont mis en lumière un indice plutôt révélateur : les personnes qui prenaient déjà des anti-inflammatoires pour une arthrite ou d'autres affections ont moins développé la maladie d'Alzheimer que celles qui n'en prenaient pas. On peut supposer que le système immunitaire se défend des dépôts caractéristiques de la maladie d'Alzheimer qui se forment au niveau du cerveau. Une réaction inflammatoire pourrait expliquer l'aggravation de cette maladie dégénérative.

Des études scientifiques récentes montrent d'ailleurs que toute mesure qui atténue l'inflammation silencieuse en freinant la production de médiateurs pro-inflammatoires (comme la prise d'aspirine ou d'huile de poisson) semble réduire les risques de maladie d'Alzheimer. Ces mesures préventives doivent être prises longtemps avant l'apparition de la maladie. En effet, il n'existe à l'heure actuelle aucun moyen fiable pour inverser le processus de démence lorsque celui-ci est déjà établi. C'est donc à chacun d'entre nous d'agir dès que possible pour prévenir le phénomène d'inflammation silencieuse.

### ➤ *Les troubles fonctionnels*

Certaines maladies fonctionnelles, c'est-à-dire impliquant des douleurs mais sans changement physique objectif, ont aussi une composante inflammatoire. Il s'agit du syndrome de l'intestin irritable (ou colite), caractérisé par des douleurs aiguës, des troubles du transit (diarrhée ou constipation). Cette maladie est associée à des micro-inflammations de l'intestin.

### ➤ *Le cas particulier du diabète*

Le *diabète de type 2* est favorisé par notre alimentation et notre vie moderne. Sa progression est constante et il est corrélé à une alimentation déséquilibrée riche en sucres, en aliments raffinés et au déséquilibre du système de contrôle du sucre sanguin.

La résistance à l'insuline qui est le phénomène précurseur du diabète entraîne une prise de poids dans la région abdominale. Cette graisse abdominale sécrète des médiateurs pro-inflammatoires qui vont eux-mêmes accentuer la résistance à l'insuline et la prise de poids. Un véritable cercle vicieux s'installe.

La découverte de ces connexions entre les maladies et l'inflammation silencieuse éclaire d'une façon nouvelle le vieillissement. Ce sont de nouvelles perspectives pour agir à la source des problèmes liés à l'âge, avec une alimentation et un mode de vie anti-âge. C'est ce que je vous propose pour profiter plus longtemps de votre jeunesse et vous garantir une longévité optimale.

## Agir avant la maladie

La plupart des maladies dites « de civilisation » sont évitables. Elles peuvent souvent être guéries ou soulagées une fois déclarées. Dans tous les cas, nos habitudes alimentaires comme le mode de vie jouent un rôle important.

Comme nous venons de le voir, certaines maladies peuvent être soulagées par une alimentation naturelle.

Nous savons que les aliments contiennent des dizaines de milliers de composants actifs, présents en particulier dans les fruits et les légumes. Nous ne sommes pas en mesure de déterminer précisément le mode de fonctionnement de toutes ces molécules, mais c'est à nos risques et périls que nous négligeons leur importance.

Nous savons que le phénomène d'oxydation est un des grands précurseurs des maladies.

Où trouve-t-on des antioxydants ? Presque exclusivement dans les fruits et les végétaux. Il existe des milliers d'antioxydants, et nous ne connaissons bien leur mode d'action que dans des cas précis. Les plus connus sont les vitamines C et E, et des minéraux comme le zinc et le sélénium. On peut mentionner également les caroténoïdes, au nombre de 600, qui donnent leur couleur aux carottes, aux oranges et aux melons.

Citons aussi les 5 000 composés du phénol ou polyphénols qui sont présents également dans tous les fruits et légumes. Le thé, le café et le vin en contiennent une proportion importante.

Enfin n'oublions pas les 7 000 composés du terpène, omniprésents dans les aliments végétaux, notamment les épices et les herbes aromatiques, qui ont un effet anticancer.

N'oublions pas non plus les milliers de bioflavonoïdes, une autre gamme de composés essentiels pour le corps. Nous savons qu'ils jouent un rôle capital et que la seule garantie d'en absorber consiste à manger des végétaux. Les compléments alimentaires ne peuvent être la seule solution : en connaissez-vous un qui contienne les 5 000 phénols, les 7 000 terpènes, les 600 caroténoïdes, les milliers de bioflavonoïdes, les dizaines de minéraux et les vitamines essentielles dont l'organisme a besoin ? On ne les trouve tous réunis que dans la variété des fruits, des salades et des légumes. Alors, n'hésitez pas à aller puiser toute cette richesse nutritionnelle là où elle se trouve.

CINQUIÈME PARTIE

# Le programme

CHAPITRE 9

# Le programme intégratif de la Nutrimab$^2$

Pour mincir et rajeunir à l'intérieur et à l'extérieur dans le cadre de mon programme anti-âge, il vous faut dix semaines. En régulant l'inflammation, vous retrouverez un corps dans lequel vous vous sentirez bien.

La méthode Nutrimab$^2$ est une nouvelle conception du bien-être et de la prévention santé dont l'action repose sur un équilibre métabolique et hormonal optimal.

## Les ingrédients du succès

Ce programme intégratif permet de maintenir un équilibre durable et d'optimiser la régénération cellulaire. Il repose sur cinq ingrédients fondamentaux :

- *une nutrition saine et variée* ;
- *des compléments nutritionnels* ciblés. Les aliments et les compléments agissent comme un traitement efficace aidant à rajeunir, maigrir, prévenir ou améliorer certaines maladies ;
- *le programme d'exercices physiques* associé, en équilibrant l'inflammation, permet de rester jeune et en bonne santé quel que soit votre âge ;

- *une stratégie de réduction du stress* par la respiration, la méditation et des exercices de relaxation profonde. Le tout invite à une véritable expérience du calme intérieur ;
- *une nutrition cutanée interne et externe* qui agit en synergie avec l'action anti-inflammatoire de la méthode.

Les cinq ingrédients de la Nutrimab[2] visent à maîtriser progressivement l'inflammation silencieuse en accédant à un meilleur équilibre hormonal, symbole d'harmonie interne. Cette action sur le métabolisme est à la fois préventive et curative, avec un effet antivieillissement et une perte de poids. Les résultats se voient à l'extérieur.

### ➤ *Votre support*

Votre agenda pilote (voir page 391) sera votre guide dans la poursuite de vos objectifs. Il vous aidera à rester en contact avec le programme en faisant chaque jour une petite synthèse qui vous aidera à faire le lien entre vos aspirations de départ et vos réussites.

### ➤ *Vos bénéfices*

Au bout de quelques semaines, vous constaterez des changements importants dans votre corps et ressentirez les bienfaits d'une santé optimale.

- En stabilisant le taux d'insuline vous retrouverez de l'énergie. Ce regain d'énergie vient de l'utilisation de vos réserves de gras corporel et principalement de la graisse située au niveau du ventre.
- Vous perdrez donc du poids et cela se verra très rapidement.
- Vous accéderez plus facilement à un meilleur équilibre émotionnel car vous apprendrez à gérer votre stress en abaissant votre taux de cortisol.

– À la fin de ce programme, vous aurez non seulement perdu votre excès de graisse toxique, mais vous aurez créé un environnement interne anti-inflammatoire.

Cette méthode constitue un guide qui, phase après phase, vous permettra d'accéder à un mode de vie anti-inflammatoire que vous adopterez pour longtemps.

Pour vivre, il faut manger et il est donc important de le faire avec intelligence et avec plaisir.

### ➤ *Les 3 phases*

Le programme nutritionnel se déroule progressivement en 3 phases et intègre des superaliments antioxydants, des acides gras essentiels, des protéines et des glucides de grande qualité. Les bienfaits de ces nutriments se combinent pour aboutir à un rajeunissement du corps et de la peau.

Phase 1 : rééquilibrage métabolique (voir page 356).

Phase 2 : revitalisation et recharge énergétique (voir page 368).

Phase 3 : stabilisation et régénération cellulaire (voir page 375).

### ➤ *Adapter le programme à vos objectifs*

Avec les informations de cet ouvrage et votre agenda pilote, vous allez mettre en pratique les acquis intégrés tout au long de votre lecture et les points essentiels de la Nutrimab².

Le programme Nutrimab² n'est pas un régime. En suivant ma méthode vous accéderez à une plus grande variété d'aliments qu'auparavant. Aucun aliment n'est éliminé car le corps a besoin de chacun des trois groupes d'aliments – glucides, protéines, lipides – pour être en bonne santé. Face à l'assiette, c'est l'idée de compensation qui domine : on compense ou on équilibre les aliments pro- et anti-inflammatoires.

### Objectif perte de kilos

Si vous avez des kilos à perdre vous les perdrez automatiquement en adoptant le nouveau style de vie que je recommande, mais le but principal de mon approche est de vous aider à retrouver une santé optimale et un rajeunissement interne et externe à long terme.

Cependant, si vous cherchez simplement à contrôler votre poids ou à vous sentir mieux, ma méthode sera tout aussi efficace.

### Rythme d'application

Pour reproduire le processus de rajeunissement, vous pouvez pratiquer régulièrement mon programme dépuratif de reminéralisation alcaline. Dans le cadre d'un mode de vie sain et anti-inflammatoire, ce programme de détoxination est un excellent moyen de se purifier et de se refaire une santé. Il permet d'obtenir un résultat plus important sur la luminosité et l'éclat de votre peau.

Il convient de suivre la méthode jour après jour pour bénéficier de tous ces avantages. Selon votre mode de vie et vos objectifs vous pouvez soit respecter ce programme à la lettre, soit vous en inspirer.

## Mettre en pratique la Nutrimab[2]

### ➤ *La prescription nutritionnelle*

Les menus comprennent 3 repas principaux par jour et 2 collations. Les collations sont facultatives mais sachez qu'elles peuvent éviter des fringales.

Chacun des trois repas – petit déjeuner, déjeuner, dîner – doit satisfaire les grands principes de la Nutrimab². Équilibrés en glucides, protéines et graisses, ils vous apportent les bons acides gras essentiels ainsi que les vitamines, les antioxydants, les minéraux et les phytonutriments à fort pouvoir antioxydant.

Les principes du PAI (page 153) et de la pyramide alimentaire du chapitre 4 (page 213) vous guideront naturellement et facilement.

## Les règles de base

Les 10 éléments clés de la Nutrimab² pour une santé rayonnante :

1. Appliquez la règle de la compensation raisonnée (page 377) dans la phase de stabilisation (page 375).
2. Commencez votre repas par une salade verte antioxydante.
3. Enrichissez votre corps avec de bons acides gras oméga-3.
4. Mangez au moins 8 portions de fruits et de légumes par jour.
5. Évitez les graisses trans ainsi que les graisses saturées.
6. Ne prenez que des huiles extra-vierges d'olive et de colza.
7. Mangez plus de protéines végétales contenues dans les légumineuses et le soja.
8. Rechargez l'organisme en compléments nutritionnels anti-inflammatoires et antioxydants.
9. Faites régulièrement des cures de fruits et de légumes frais (sous forme de jus ou de soupes).
10. Écoutez votre corps : pratiquez des exercices physiques et de réduction du stress.

## ➤ *Le petit déjeuner de la Nutrimab²*

Dans une stratégie anti-inflammatoire, le petit déjeuner ne doit surtout pas être négligé, il doit être amélioré. C'est un repas fondamental. Indispensable à l'équilibre alimentaire, il permet de reconstituer ses réserves pour bien commencer la journée. Et pourtant, nombre d'entre nous avalent juste une simple tasse de café ! Beaucoup se privent de ce repas par manque de temps ou parce qu'ils sont persuadés que sauter ce repas les aidera à perdre du poids. Mais ce n'est justement pas une bonne idée. Comment peut-on imaginer qu'il soit possible d'aller de Paris à Nice sans faire le plein d'essence avant de partir ?

Lorsqu'on ne prend pas de petit déjeuner, on éprouve rapidement une perte d'énergie. Ce « coup de pompe » nous conduit alors vers des aliments facilement disponibles et bourratifs comme les produits sucrés ou gras.

Rappelons que presque tous les aliments consommés traditionnellement le matin (viennoiseries, céréales, pain, beurre, œufs, crêpes, confitures, yaourt, saucisse, lard) sont pro-inflammatoires. Ils ont par ailleurs un faible pouvoir hydratant et ralentissent le transit intestinal. Votre corps mérite d'être nourri d'une manière beaucoup plus douce et plus saine après la nuit.

## Les critères d'un bon petit déjeuner anti-inflammatoire

### CRITÈRE 1

Un petit déjeuner équilibré anti-inflammatoire doit apporter les trois grands groupes de nutriments : glucides, lipides et protéines.

Exemples :

- des aliments glucidiques à index glycémique faible comme les fruits, un mélange de protéines végétales comme le lait de soja ou d'amande ou des protéines d'origine animale mais riches en bons acides gras comme une tranche de saumon fumé ;
- des blancs d'œufs en omelette, du jambon maigre, de la viande des grisons ou même des petits morceaux de poulet constituent eux aussi un apport en protéines intéressant.

Le petit déjeuner doit ressembler par sa composition à un vrai repas, fournissant vitamines, calcium et magnésium. Il favorisera l'*éveil énergétique*. Ainsi vous vous sentirez en pleine forme jusqu'au déjeuner sans avoir faim.

CRITÈRE 2

Un petit déjeuner anti-inflammatoire idéal respecte les équilibres du cortisol, de l'insuline et celui des médiateurs pro- et anti-inflammatoires.

Ce repas matinal diminue le risque d'apparition de résistance à l'insuline, premier pas vers l'inflammation silencieuse. Selon les études sur le sujet, les personnes qui prennent le temps de manger avant de partir travailler ont près de deux fois moins de problèmes d'obésité ou de résistance à l'insuline que celles qui n'en prennent pas. Ce premier repas permet à l'organisme de mieux gérer les apports en sucre et en calories au fil de la journée.

## Les bienfaits du petit déjeuner anti-inflammatoire

GLUCIDES : L'ÉNERGIE DU MATIN !

*Les jus de légumes et de fruits frais* sont des sources intéressantes de vitamines, minéraux et oligoéléments. Faciles à consommer, ils apportent les antioxydants nécessaires à la prévention du vieillissement prématuré : par exemple les flavonoïdes et les polyphénols des jus de pamplemousse et de raisin ou encore les caroténoïdes des jus de carotte et le lycopène des tomates qui aident à combattre les maladies inflammatoires.

Ils vous apportent l'énergie pour lutter contre la fatigue, les infections et ralentir le phénomène d'oxydation en plus de leur pouvoir alcalinisant. En les buvant, vous obtenez le maximum de nutriments pour répondre aux besoins de votre organisme.

Vous écarterez les viennoiseries au profit des fruits entiers, des compotes ou des salades de fruits à faible index glycémique (citron, pamplemousse, pomme, fruits rouges – framboises, myrtilles, mûres, avec modération et sans y ajouter de sucre). Les fruits à index glycémique élevé comme la banane sont supprimés ou fortement limités.

- *Si vous aimez les tartines, préférez le pain intégral* au pain à base de farine blanche, qui diffuse le sucre dans le sang plus lentement pour réguler la glycémie et permettre un fonctionnement optimal du cerveau.
- Vous pouvez le tartiner avec une confiture bio aux fruits sans sucre ajouté.
- *Les glucides à faible index glycémique* (inférieur à 35) doivent constituer la meilleure part du petit déjeuner. Mais il existe quelques exceptions notamment pour les aliments complets comme les flocons d'avoine ou les gruaux d'avoine dont l'index glycémique peut aller jusqu'à 55.

Les mélanges de müesli naturel avec des fruits secs – amandes et noix de Grenoble – sans sucre ajouté sont permis.

LIPIDES : POUR LES ACIDES GRAS ESSENTIELS

*Les graines de sésame* : contiennent des lignanes, phytonutriments responsables de tout un éventail d'effets bénéfiques pour la santé : elles sont antioxydantes, antibactériennes et ont des propriétés anticancer et antivieillissement remarquable. Les lignanes stimulent les niveaux d'antioxydants, diminuent l'inflammation, améliorent la pression sanguine, normalisent les niveaux lipidiques en brûlant les graisses, ce qui en fait un excellent nutriment minceur et perte de poids.

Le sésame renforce l'effet anti-inflammatoire des acides gras essentiels, diminue le cholestérol total et bloque les lésions liées à l'oxydation dans nos artères.

Les graines de sésame sont riches en protéines de bonne qualité (22 %) contenant tous les acides aminés essentiels. Elles sont également riches en minéraux organiques assimilables (magnésium, potassium, cuivre, fer), en vitamines B et E qui agissent sur la réduction de l'inflammation.

*Les graines de lin* : vous pouvez les incorporer, comme les noix, aux céréales, dans une salade ou dans un yaourt au soja ou un yaourt allégé aux probiotiques. Les produits à base de lin sont fortement recommandés surtout si vous êtes végétarien car votre apport en oméga-3 est moindre. Ces graines sont une bonne source d'oméga-3 notamment d'acide alphalinolénique (ALA). Elles contiennent de grandes quantités de fibres alimentaires, des protéines, des glucides et des minéraux dont une grande concentration en potassium. Elles ont une action bénéfique sur les maladies inflammatoires. Il est préférable de consommer le lin en graines plutôt qu'en huile.

*L'amande* vous apportera tous les bienfaits des graisses mono-instaurées (l'acide oléique que l'on retrouve dans les huiles d'olive et de colza). Elle peut être consommée en pâte à tartiner.

Cet aliment agit sur l'humeur et aide au bon fonctionnement du système nerveux. Ses fibres rassasient et améliorent le transit intestinal. De plus, magnésium, calcium, fer et antioxydants (vitamine E) vont réduire les dommages causés par les radicaux libres.

*La noix de Grenoble* au contenu particulièrement élevé en acides gras oméga-3 a de multiples bénéfices sur la santé cardiovasculaire et le vieillissement prématuré. Riche en antioxydants et source de fibres, elle améliore la digestion, diminue les risques du cancer du côlon et régule l'appétit.

PROTÉINES : POUR RÉGULER L'APPÉTIT

Dans le petit déjeuner Nutrimab[2] les protéines peuvent être de source végétale ou animale.

Le lait de soja, le fromage blanc (0 % ou 20 % de matière grasse) apporteront la meilleure source de calcium indispensable à la santé des os et à l'entretien de l'organisme. Ils fourniront aussi des protéines de bonne qualité, des vitamines A, D, et du groupe B, essentielles pour l'entretien de l'organisme.

Les laits végétaux (soja, amande...) savoureux et pratiques protègent la santé et contribuent à notre équilibre. Riches en calcium, ils sont dépourvus de cholestérol et fournissent à notre corps des protéines de qualité, des glucides complexes, des fibres végétales et des acides gras essentiels. Tout cela en étant digestes et peu allergisants...

BOISSONS AU CHOIX

*Le thé vert* est riche en vitamines, en minéraux et en antioxydants. Il favorise l'élimination des toxines, la digestion et limite l'absorption des graisses. Ses polyphénols ont de multiples actions bénéfiques. Ils jouent un rôle contre le mauvais cholestérol et dans la prévention des maladies cardiovasculaires.

*Le thé rouge* (roibos) contient de nombreux antioxydants et serait efficace dans la lutte contre les cellules cancéreuses. Il est naturellement alcalin et de bonne aide pour le système digestif.

*Les tisanes* préparées à base de plantes fraîches ont des propriétés curatives. Elles sont riches en vitamines, minéraux et oligoéléments. Elles favorisent l'élimination des toxines et la circulation sanguine.

Privilégiez les tisanes à base d'épices ou de plantes à l'action anti-inflammatoire reconnue comme les tisanes au gingembre et à la camomille.

Par exemple, la tisane à la camomille a des vertus *anti-inflammatoires, antispasmodiques et digestives.* Elle agit sur la nervosité et les insomnies et apaise les migraines. Elle est plutôt recommandée le soir après le repas.

LE SUCRE

Si vous avez besoin de sucrer, utilisez de préférence des sucres végétaux naturels à faible index glycémique comme le stévia ou le sirop d'agave que vous trouverez dans les magasins bio.

Le sirop d'agave, extrait de la sève de cactus, est un substitut naturel du sucre blanc qui a l'avantage d'avoir un index glycémique très bas, c'est-à-dire quatre à cinq fois plus bas que celui du miel. Il a un goût délicieux proche du miel très clair et peut être utilisé pour sucrer le thé, les fruits, les plats et les desserts.

### ➤ *La crème Nutrimab² : petit déjeuner star*

La crème Nutrimab² est un petit déjeuner de premier choix car il procure de nombreux bienfaits pour la santé. Elle est composée uniquement de *produits bénéfiques* : graines oléagineuses, laitage maigre, céréales, fruits et huile de première pression à froid. C'est un vrai repas digeste, aux éléments harmonieusement associés apportant au corps des vitamines et des acides gras essentiels. Privilégiez la crème Nutrimab² comme petit déjeuner anti-inflammatoire et énergisant.

### Petit déjeuner star : la crème Nutrimab$^2$

Composez votre crème Nutrimab$^2$.

*Glucides*

– **1er choix** : 250 ml (1 tasse) de fruits frais de saison variés, si possible biologiques (de préférence les baies et les fruits rouges : myrtilles, mûres, framboises, fraises…).
– **2e choix** : 1 poire ou pomme biologique, coupée en petits cubes ou un tout autre fruit de saison.
– **3e choix** : 2 figues sèches ou 3 abricots secs biologiques.
– Ajoutez 1 cuil. à thé (5 ml) de jus de citron ou du jus de pamplemousse biologiques.
– Et/ou 1 à 2 cuil. à thé de müesli sans sucre ajouté.
– Ajoutez 1 cuil. à soupe de sirop d'agave.

*Protéines*

– **1er choix** : 1/2 yaourt au soja.
– **2e choix** : 3 cuil. à soupe de fromage blanc maigre (0 à 20 % de matière grasse).
– **3e choix** : 1/2 yaourt nature biologique.

*Lipides*

– **1er choix** : graines de lin, graines de sésame, 1 cuil. à café de chaque.
– **2e choix** : 4 noix de Grenoble ou 1 cuil. à soupe d'amandes biologique effilées.
– **Ajoutez** 1 cuil. à thé de cannelle, vanille et/ou de muscade.

Complétez votre petit déjeuner star avec des compléments nutritionnels d'huile de poisson et d'huiles végétales ainsi qu'un mélange d'antioxydants et de bases reminéralisantes.

On peut également imaginer cette recette sous une forme salée : le sel, les herbes aromatiques, éventuellement les épices peuvent remplacer l'élément sucré. Des carottes, du fenouil ou des graines germées (alfalfa, fenugrec) remplacent les fruits. Sans légume, la version salée constitue un complément nourrissant pour accompagner une patate douce ou des pommes de terre rôties.

### ➤ *Le déjeuner et le dîner Nutrimab²*

Tout comme le petit déjeuner, le déjeuner est un repas indispensable qui permet de refaire le plein d'énergie même s'il s'agit d'une courte pause, d'un repas pris sur le pouce ou d'un déjeuner peu copieux. Les recettes du déjeuner et du dîner proposées dans ce programme sont interchangeables (voir page 347).

Le dîner est un repas plus léger, faites-le précéder d'une salade « arc-en-ciel » ou d'une soupe de légumes pour les minéraux, les antioxydants et les enzymes, car « la soupe réchauffe le cœur ».

Avant d'établir un menu, tenez compte des valeurs nutritionnelles de chaque aliment et privilégiez une alimentation saine, équilibrée, à base de produits frais, naturels et variés.

#### Les glucides

*Les fruits et légumes* : vous pouvez les consommer à profusion. Choisissez les plus beaux de toutes les couleurs et à faible index glycémique. N'oubliez pas que les aliments à faible index glycémique ne sont pas la seule solution contre la menace de l'inflammation silencieuse. Il faut aussi savoir équilibrer les nutriments (glucides, protéines, lipides) entre eux.

Les glucides peuvent se compenser entre eux suivant votre repas. Si vous devez consommer des aliments à index glycémique élevé par exemple lors d'un repas festif, vous pouvez en compenser les effets en équilibrant votre assiette avec plus de légumes et de salades. Si, pour la majorité des personnes qui suivent cette méthode, il est conseillé de consommer à chaque repas des aliments à faible index glycémique, cela ne signifie pas qu'il faille éliminer les autres glucides. Il est simplement préférable de les limiter et de les compenser.

HUIT PORTIONS DE FRUITS ET LÉGUMES PAR JOUR

Manger huit fruits et légumes par jour peut sembler difficile, mais voici quelques conseils qui vous permettront d'atteindre cet objectif :

- prenez un fruit frais ou des fruits secs en collation ;
- mangez au moins une salade verte ou d'autres légumes crus tous les jours ;
- prenez des fruits frais en dessert ;
- mangez des soupes riches en légumes variés ;
- souvenez-vous qu'il est important de consommer des fruits et légumes de couleurs et goûts différents.

*Les salades* : assurez-vous qu'elles ont des feuilles bien foncées, choisissez de préférence la laitue, la scarole, les épinards, le chou frisé…

Vous pouvez les améliorer en ajoutant des légumes cuits et trois ou quatre noix de Grenoble et amandes.

*Les pâtes, le riz et les autres féculents* à base de farine blanche sont remplacés par des pâtes et du riz complet. Les pommes de terre sont préparées entières avec la peau, cuites à l'eau ou à la vapeur. Tous ces aliments doivent être consommés avec modération et mélangés avec des légumes cuits à la vapeur ou avec des soupes de légumes. En respectant les règles de compensation, vous pouvez vous préparer de bons spaghettis *al dente*, des tagliatelles ou des vermicelles toujours cuites *al dente* (index glycémique bas ou moyen).

## Les protéines

*Choisissez du poisson de première qualité* pour le déjeuner ou le dîner. Prenez un poisson gras riche en bonnes graisses oméga-3 comme le saumon, le filet de maquereau ou de sardine par exemple.

Certains produits de la mer sont maigres et ne contiennent qu'un dixième de la quantité d'acide gras oméga-3 des poissons gras. C'est le cas de la morue, de la crevette, du crabe, de la sole… Les poissons frits contiennent encore moins d'oméga-3 et sont souvent très riches en acides gras trans et en acides gras oméga-6 nocifs pour la santé.

Si vous n'aimez pas le poisson, utilisez des protéines végétales comme les fèves, le soja, le tofu et les légumineuses.

Il existe plusieurs sources végétariennes d'oméga-3, dont le pourpier qui est une variété de salade contenant des acides gras essentiels oméga-3, mais sachez que la consommation de poisson peut améliorer la santé à bien des niveaux. Vous trouverez des oméga-3 dans les capsules d'huile de poisson.

Un repas composé de poisson régule l'appétit par sa richesse en protéines.

*Pour les viandes, choisissez de préférence la viande maigre* : en suivant le programme Nutrimab[2], vous pourrez manger de la viande maigre deux à trois fois par semaine avec une salade et des légumes, ainsi qu'un fruit frais.

- Pensez de préférence à la viande des grisons car c'est un produit de qualité. Elle contient peu de graisses et de sel et beaucoup de protéines. Elle est riche en vitamines (principalement B1 et B2), en minéraux et en oligoéléments. La viande des grisons a de nombreux avantages car elle est légère, rassasiante et facile à digérer.
- Si vous achetez du bœuf, ne prenez que les morceaux les plus maigres comme le filet, le faux-filet, le gîte ou la noix, le rumsteck, l'aloyau ou bien du bœuf haché maigre.

- En ce qui concerne la viande de porc les morceaux les plus maigres sont le filet mignon et le rôti.
- Pour l'agneau, choisissez de préférence une tranche de gigot d'agneau plutôt que des côtelettes d'agneau.
- La consommation de volaille est préférable à celle de bœuf (excepté la viande des grisons) et de porc car elle est en moyenne moins grasse. Toutefois, il faut enlever la peau du poulet et de la dinde surtout si vous souffrez de maladies inflammatoires car elle est riche en mauvaises graisses. Dans tous les cas, nous vous conseillons d'enlever les parties grasses visibles, avant la cuisson des viandes.
- Il faut préférer le poulet fermier sans la peau en tenant compte de sa provenance (élevage biologique).

*Les œufs :* Pour avoir un bon apport en oméga-3, vous pouvez consommer des œufs enrichis en oméga-3, par exemple ceux qui portent le logo « bleu-blanc-cœur ».

*Les protéines végétales* doivent être consommées avec une priorité pour les légumineuses telles que les lentilles, les pois chiches et les haricots blancs ou rouges.

*Le fromage* doit être consommé en petites portions et toujours associé à de la salade ou à un fruit pour compenser son effet acidifiant.

### Les lipides

Les graisses saturées (beurre...) cèdent la place à des graisses polyinsaturées sous forme de poissons gras et à des graisses mono-insaturées telles que l'huile d'olive, de colza ou de noix.

Pour vos assaisonnements et vos plats, utilisez l'*huile d'olive extra-vierge* et l'*huile de colza* comme huiles de base.

Pour obtenir une combinaison parfaite de leurs bénéfices, mélangez-les ou alternez-les dans vos menus.

Si vous devez choisir une matière grasse autre que les huiles d'olive ou de colza remplacez votre beurre par de l'avocat.

*La margarine à base de colza* est la seule margarine que je recommande.

*Graines de sésame et graines de lin* peuvent agrémenter vos plats pour leur apport en acides gras essentiels et leurs effets anti-inflammatoires.

*Herbes, épices et condiments (vertus antioxydantes) à volonté* : n'hésitez pas à les utiliser dans vos plats. Ils vont leur apporter un goût succulent : ciboulette, persil, basilic, coriandre, fenouil, menthe, gingembre curcuma, oignon, ail, tournesol, origan, feuilles de laurier, aneth, citronnelle, thym, romarin, sauge, cannelle, fenugrec, cumin…

## Déjeuner/dîner star

Composez votre déjeuner Nutrimab[2]

**Entrées**

Salade de crudités : pourpier, laitue, épinard, tomate, concombre, avocat…

Soupe 100 % légumes de saison

Soupe active base Nutrimab[2] (voir page 364)

**Légumes à index glycémique bas**

Légumes cuits à la vapeur ou grillés : brocolis, champignons, épinards, asperges, aubergines, courgettes, poireaux, tomates

**Poissons en priorité**

Poisson stars : saumon, maquereau, cabillaud, anchois, sardine, truite, thon

**En 2e choix**

La volaille et les viandes maigres

**Desserts**
Fruits frais, fruits au four, salade de fruits à index glycémique bas, inférieur à 35
Yaourt au soja
Produits laitiers probiotiques allégés

**Boissons**
2 l d'eau plate par jour
1 verre de vin (rouge de préférence) 10 cl/jour
Thé léger (vert japonais de préférence)
Tisane
Café décaféiné
Jus frais de citron, pamplemousse ou tomate

**Assaisonnement, au choix :**
3 cuil. à soupe d'huile d'olive extra-vierge
3 cuil. à soupe d'huile de colza
Vinaigrette : voir recette Nutrimab² page 405
Herbes, épices, condiments selon vos goûts

Très peu de sel

**Édulcorants**
2 cuil. à soupe de stévia ou sirop d'agave

**Compléments nutritionnels d'huile de poisson et d'huiles végétales et mélange d'antioxydants et de bases reminéralisantes.**

### ➤ *Cas particuliers*

*Si vous n'avez pas réellement faim* à l'heure du déjeuner contentez-vous d'une salade, d'une soupe, d'un jus frais de légumes ou de fruits avec du fromage blanc ou de l'œuf sans le jaune et une petite poignée de noix de Grenoble ou d'amandes.

*Si vous êtes sportif*, vous pouvez manger un repas équilibré selon les règles de la Nutrimab² deux heures avant l'effort.

*Si vous êtes pressé,* vous pouvez préparer un sandwich le matin tout en respectant l'équilibre de la Nutrimab². Vous pouvez prendre un sandwich de pain pita (pain libanais) ou de pain intégral avec de la salade. Par exemple, un sandwich au thon et crudités.

### ➤ *En-cas et repas minute énergétiques et coupe-faim : les* shake *Nutrimab²*

Il n'y a rien de plus sain que les *shake* Nutrimab² pour faire le plein d'énergie tout au long de la journée ! Vous pouvez les boire à tout moment : au petit déjeuner, en en-cas, en dessert…

Faciles à préparer, peu caloriques mais très nourrissants, ils se digèrent bien et sont délicieux.

Pour les préparer, il faut simplement mixer les fruits que vous désirez.

La consistance de cette boisson onctueuse est proche de celle du yaourt mais vous pouvez la rendre plus liquide en ajoutant de l'eau.

L'avantage de cette préparation est qu'elle offre tous les bons nutriments des fruits et des légumes frais.

**Shake *Nutrimab²* *Fruits n° 1***

Vous pouvez utiliser des jus biologiques frais sans sucre ajouté.

**Les fruits entiers biologiques**
1 pomme
1 poire
1 poignée de framboises et de myrtilles et/ou de fraises

**Incorporez le yaourt et le lait**
1 yaourt au soja ou 1 verre de lait de soja ou d'amandes
2 cuil. à soupe de concentré de protéines végétales

**Ajoutez les graines**
1 cuil. à soupe de graines moulues : noix de Grenoble, amandes et sésame

**Facultatif**
1 cuil. à thé de cannelle et/ou de muscade
1 cuil. à soupe de sirop d'agave
1/2 tasse de glace pilée

Mixez le tout jusqu'à obtention d'un mélange onctueux et rajoutez de l'eau (environ 250 ml)

**Shake *Nutrimab²* *Fruits n°* 2**

**Les fruits biologiques**
1 nectarine ou 1/2 banane
1 poire tendre
1 pêche
1 barquette de fruits rouges : mûres, fraises, myrtilles…

**Incorporez le yaourt et le lait**
1 yaourt au soja ou 1 verre de lait de soja ou d'amandes
2 cuil. à soupe de concentré de protéines végétales

**Ajoutez les graines**
1 cuil. à soupe d'amandes et/ou de noix de Grenoble

**Facultatif**
1 cuil. à thé de cannelle et/ou de muscade
1 cuil. à soupe de sirop d'agave
1/2 tasse de glace pilée

Mixez le tout jusqu'à obtenir un mélange onctueux et rajoutez de l'eau (environ 250 ml)

**Shake *Nutrimab² détoxifiant légumes***

**Mixez les légumes suivants**
6 carottes
1 céleri
1 avocat

**Ajoutez**
6 feuilles de basilic
1 peu de gingembre râpé

**Facultatif** : 1 poignée de cresson

## ➤ *La prescription des compléments nutritionnels Nutrimab²*

Bien que l'huile de poisson soit considérée comme un aliment, il est conseillé de toujours vérifier avec un professionnel de santé tous les changements alimentaires que l'on souhaite effectuer, y compris les apports en compléments nutritionnels.

Il n'y a pas de moment précis dans la journée pour la prise des compléments, mais il est plutôt conseillé de les prendre pendant les repas pour une meilleure assimilation.

La prise de compléments alimentaires concentrés en acides gras essentiels, en antioxydants et en minéraux alcalins permet de maîtriser l'inflammation silencieuse. C'est un moyen efficace d'accéder à l'équilibre de l'inflammation.

## Les acides gras essentiels

La quantité d'oméga-3 EPA/DHA à prendre par jour est de 1 à 3 g. Elle peut provenir de l'alimentation, de compléments nutritionnels ou bien d'une combinaison des deux.

Je recommande de compléter les suppléments d'huile de poisson (EPA/DHA) par des compléments nutritionnels à base de GLA qui est un « bon » oméga-6 (issu d'huiles de bourrache et de cassis). En plus d'assurer un apport adéquat en EPA/DHA et en GLA, je vous recommande d'augmenter votre consommation d'acide gras oméga-3 d'origine végétale (ALA) en prenant des graines de lin, des noix de Grenoble, de l'huile de colza et de l'huile de noix.

L'association EPA, DHA, GLA et ALA équilibre les apports en acides gras essentiels pour un meilleur rapport des médiateurs pro- et anti-inflammatoires. Cette combinaison est une arme antivieillissement de première efficacité qui a également une action favorable sur le poids.

## La formule antioxydante base-balance

Pour renforcer le programme anti-inflammatoire de la Nutrimab[2], je recommande d'améliorer la qualité et la quantité d'énergie produite par vos cellules en intégrant à votre stratégie nutritionnelle une supplémentation naturelle de minéraux alcalins spécifiques : citrates de calcium et de magnésium. Cette formule est également riche en zinc, en polyphénols et en antioxydants. Elle recharge l'organisme en principes actifs anti-inflammatoires naturels.

Elle participe à la reminéralisation et au rétablissement de l'équilibre acide-base. La formule antioxydante base-balance contribue à rendre la peau plus lumineuse et plus souple et à protéger les cellules de l'organisme. Elle vous procurera un regain d'énergie. Ces suppléments sont de puissants anti-âge.

## ➤ *La prescription d'exercices physiques anti-inflammatoires*

Le programme de la Nutrimab[2] recommande de combiner trois types d'exercices :

- les exercices d'endurance (cardio-vasculaires) ;
- les exercices de résistance (haltères et poids) ;
- les exercices d'assouplissement (étirements, stretching).

Pour optimiser les bienfaits anti-inflammatoires de la Nutrimab[2], assurez-vous d'inclure ces trois types d'exercices dans votre programme. Vous pouvez varier la nature de vos exercices quotidiens en faisant alterner par exemple :

- du minitrampoline le matin avant de partir au travail (10 minutes) ;
- de la marche active en rentrant du travail (15 à 30 minutes) ;
- des moments de plaisir et de convivialité en allant danser le samedi soir ou en organisant des randonnées avec vos amis et vos enfants le dimanche.

Grâce aux exercices physiques vous allez :

- améliorer votre souffle ;
- maintenir votre souplesse ;
- réguler la sécrétion d'insuline (prévention du diabète) ;
- réguler le taux de cortisol (action sur le stress) ;
- éliminer les acides (régulation de l'équilibre acide-base) ;
- maintenir la masse osseuse (prévention de l'ostéoporose) ;
- maintenir la masse musculaire (régulation énergétique).

Ce qu'il faut retenir c'est que vous devez prendre pour habitude de vie quotidienne ces activités physiques qui apportent joie de vivre, échanges et santé. Leur bénéfice sur le stress est indéniable et vous en avez tous fait l'expérience :

une bonne séance de sport ou de randonnée vient à bout de l'anxiété.

Établissez un programme réaliste que vous pouvez suivre sans grande difficulté. Rappelez-vous surtout que la marche restera toujours une option facile, gratuite dont les bienfaits sont inestimables. Les cardiologues recommandent d'ailleurs 30 minutes de marche rapide par jour pour la prévention des maladies cardio-vasculaires.

## ➤ *La prescription d'exercices de réduction du stress*

### Réalisez la connexion corps-esprit

Contre le stress, les exercices de relaxation profonde sont aussi importants que les exercices physiques.

Les méthodes millénaires basées sur le souffle et le corps, comme le yoga, la méditation et les massages nous apprennent à ressentir notre énergie naturelle pour en tirer tous les bénéfices. N'hésitez pas à les pratiquer au quotidien.

### Réalisez l'instant

Marcher, respirer, observer… ces gestes simples améliorent votre maîtrise de l'inflammation silencieuse et participent à l'équilibre de vie optimal.

Les petits bonheurs se nichent dans des gestes aussi simples que prendre une douche bien chaude les jours de grand froid, être heureux de vivre, être content d'acheter un bouquet de fleurs, avoir des nouvelles d'un ami, avoir trouvé dix minutes pour faire une sieste et se relaxer en écoutant votre musique préférée.

Savoir se détendre et neutraliser le stress permet de traverser la journée avec légèreté. Le quotidien nous donne l'occasion de nous ancrer dans le présent et d'apprécier l'instant.

Réaliser l'instant, c'est être pleinement conscient et concentré sur le moment qui passe, sur ses actes et sur son environnement. Une attitude tout à fait nécessaire dans une civilisation du zapping et des téléphones portables qui nous éloignent de la réalité de l'instant.

### Réalisez le repos et le sommeil

Le sommeil est un véritable anti-inflammatoire naturel. Notre corps a besoin de se reposer et de se régénérer par le sommeil. En dormant, vous reconstituez vos réserves d'énergie. Le manque de sommeil peut entraîner des difficultés de concentration, un état d'anxiété majeure, il augmente les fringales et génère de nombreux symptômes gênants. Prendre soin de soi, c'est aussi respecter ses propres rythmes biologiques et le sommeil en particulier.

## ➤ *La prescription pour une nutrition cutanée*

Pour renforcer l'action anti-âge, je recommande de nourrir votre peau selon les principes de la Nutrimab² anti-inflammatoire. Il y aura ainsi synergie : la nutrition externe complète la nutrition interne.

Le processus naturel de réparation de la peau sera favorisé par les apports des actifs naturels. Ces soins sont recommandés à la fois pour le visage et pour le corps. Appliqués en massages, ils ont un excellent pouvoir antistress et stimulent les circulations lymphatique et veineuse. Ils favorisent aussi la production d'endorphines au niveau du cerveau qui diminuent la perception des douleurs et procurent une sensation de bien-être et de relaxation.

En adoptant cette approche globale, autant intérieure qu'extérieure, qui harmonise le corps et l'esprit, vous aurez l'air plus jeune et transformé et votre peau sera plus radieuse.

Vous avez maintenant assimilé les bases de la Nutrimab². Utilisez votre agenda pilote (voir page 391) pour y inscrire vos habitudes alimentaires, votre humeur, vos facteurs de stress, votre activité physique et les différents éléments qui composent votre programme. Ce suivi est très important car il vous permettra d'accéder plus facilement à votre nouveau mode de vie anti-inflammatoire. C'est le point de départ d'une nouvelle attitude proactive.

Vous augmenterez ainsi vos chances d'atteindre plus facilement vos objectifs.

## Les trois grandes phases du programme Nutrimab²

Voici les trois grandes phases pour transformer et régénérer votre corps, créer plus d'énergie et de puissance métabolique tout en initiant un rajeunissement interne et externe spectaculaire :

### ➤ *Phase 1 : le rééquilibrage métabolique*<br>*Semaine 1 et 2 + week-end détox*

La première phase est une phase de préparation qui va permettre au corps de se purifier en réduisant les substances pro-inflammatoires et les autres toxines.

Son objectif est de vous apporter tous les nutriments nécessaires : glucides, protéines, lipides.

Une de ses caractéristiques principales est de vous aider à baisser rapidement le niveau d'insuline. Cela agira rapidement sur la perte de poids et sur le rajeunissement de votre peau en réduisant l'inflammation grâce à l'abondance des super-aliments et des compléments nutritionnels efficaces. Leur haute valeur biologique et nutritionnelle vous aidera à rééquilibrer votre métabolisme.

Cette première phase est une excellente transition pour se libérer des habitudes alimentaires peu saines, perdre du poids, retrouver l'éclat de sa peau et améliorer l'apparence physique.

Cette étape se déroule en deux parties : transition et détox alcaline reminéralisante.

### 1re partie : transition

Le grand principe de la semaine de transition est de stopper l'inflammation liée à la consommation de graisses et de sucres toxiques en distinguant bien aliments anti-inflammatoires et aliments pro-inflammatoires. Vous allez commencer à éliminer progressivement les aliments et les facteurs environnementaux pro-inflammatoires.

La transition regroupe chacun des éléments de la Nutrimab² : nutrition spécifique, compléments alimentaires, exercices physiques, exercices de relaxation profonde, prescription pour la peau. En les appliquant, vous aidez votre corps à se détoxifier tout en améliorant votre système digestif et vous préparez ainsi votre organisme à la phase suivante.

#### EN PRATIQUE

Pour vous soutenir durant cette transition, je vous propose des compléments nutritionnels naturels ainsi que de super-aliments comme :

- les poissons gras oméga-3, ainsi que les bonnes graisses de poissons ;
- les légumes et les fruits de saison à consommer en abondance ;
- les huiles d'olive et de colza ;
- les graines de sésame et de lin, les noix de Grenoble, les amandes ;

– les jus de fruits frais mixés ;
– les superaliments verts.

Commencez par vider votre placard et votre réfrigérateur de tous les aliments « déclencheurs » : les aliments transformés à base d'édulcorants de synthèse et de colorants, les aliments à base de farine blanche tels que le pain, les pâtes, le riz blanc…, les graisses pro-inflammatoires telles que le beurre et l'huile de tournesol, les aliments industrialisés tels que les gâteaux, les confitures, l'alcool, les produits laitiers, les produits à index glycémique élevé.

## Agenda d'une journée phase 1 transition

### Journée type

*1. Nutrition*

**7 heures : réveil**

Un verre d'eau citronnée

Programme de nutrition cutanée antioxydante

**7 h 30 : petit déjeuner**

Commencez la journée par un petit déjeuner fonctionnel avec la crème Nutrimab[2]

Thé vert ou thé léger

**8 heures**

Marche active de 20 à 45 minutes

Compléments nutritionnels anti-inflammatoires et antioxydants

Programme de relaxation et de respiration consciente

**10 heures : en-cas**

1 tasse de thé vert

1 pomme, 1 poire ou 1 bonne portion de baies au choix (framboises, fraises, groseilles, myrtilles)

**13 heures : déjeuner**

Salade verte aux tomates cerises assaisonnée d'un filet d'huile d'olive

Filet de saumon aux herbes, jus de citron, légumes (choux, carottes, brocolis)

Yaourt au soja ou fromage blanc allégé et sirop d'agave

Une tasse de thé vert

**16 heures : en-cas**

Houmous avec des radis, des branches de céleri

Ou 1 kiwi et 4 amandes bio

**18 h 30 :**

1 grand verre d'eau citronnée

**19 h 30 : dîner**

Soupe de poireaux et d'épinards aux herbes fraîches

Thon aux graines de sésame

Assiette de légumes variés (brocolis, épinards, carottes, poireaux…) et patate douce assaisonnés d'une vinaigrette à l'huile d'olive

1 pêche

Thé vert ou infusion aromatisée

**21 heures : collation optionnelle de fin de soirée**

Compote de pommes ou 1/2 pomme ou une clémentine

**21 h 45 :**

Programme de nutrition cutanée antioxydante

**22 à 7 heures :**

Repos et sommeil

**Buvez 2 litres d'eau par jour bien répartis sur toute la journée.**

*2. Compléments nutritionnels anti-inflammatoires et antioxydants*

Complexe EPA/DHA-GLA-ALA à base d'huile de poisson sauvage et d'huiles végétales concentrées de bonne qualité biologique.

Formule antioxydante et nutriments essentiels + formule détoxifiante et alcalinisante.

Pour renforcer cette phase, je recommande les élixirs de superaliments verts, des cocktails drainants alcalinisants sous forme d'extraits végétaux concentrés. Ce sont de puissants antioxydants et des bases minérales qui vont renforcer l'organisme et la flore intestinale. Dans le cadre de la détox, ils sont associés à un complément unique de probiotiques pour stimuler les défenses naturelles, désacidifier et reminéraliser le milieu intestinal.

*3. Exercices physiques*

Les premiers jours commencez par marcher activement 20 minutes puis augmentez ce temps chaque jour. À la fin de ce programme de transition vous devez faire au moins 45 minutes de marche active ou d'exercices de votre choix par jour.

Prévoyez deux jours de repos répartis sur la semaine.

Si vous pratiquez déjà une activité physique continuez-la et marchez en complément.

*4. Relaxation et respiration consciente*

– Pratiquez les exercices de respiration ou de méditation (page 279).
– Si vous le pouvez faites-vous masser car le massage favorise le drainage des toxines, il est excellent pour le système lymphatique et le système nerveux.
– Achetez des objets qui embelliront votre appartement comme des fleurs ou des plantes qui l'oxygéneront.
– Limitez plus particulièrement le soir les activités qui sont une source de stress.

*5. Nutrition cutanée antioxydante et anti-inflammatoire*

Prenez soin de votre peau matin et soir avec un programme de nutrition cutanée antioxydante et anti-inflammatoire qui complète l'approche nutritionnelle pour favoriser la régénération cellulaire et protéger la peau des agressions extérieures.

*6. Agenda pilote*

Tenez le journal de votre alimentation, de votre humeur et de vos activités physiques.

PRÉPAREZ LA PHASE DÉTOX ALCALINISANTE ET REMINÉRALISANTE

- *La veille, préparez votre matériel détox* : mixeur pour les jus et les bouillons, sélection de musiques de relaxation, un bon livre…
- Remplissez votre réfrigérateur des aliments détox, c'est-à-dire de bons fruits et légumes frais, des herbes, des épices et des condiments. Votre cuisine doit regorger de couleurs !
- *Ayez une liste des recettes de jus de légumes et de fruits frais* que vous souhaitez boire. Vous composerez vous-même ces jus. C'est une bonne occasion de découvrir de nouveaux goûts. N'hésitez pas à varier jus et soupes.
- *Éliminez* tout ce qui a une consistance solide.
- Le soir, couchez-vous tôt.

## 2e partie : la détox alcalinisante et reminéralisante

Cette deuxième partie a pour but d'alcaliniser l'organisme et d'apporter des enzymes végétales ainsi que des phytonutriments qui participeront à la réparation du corps. C'est une phase de détoxination très active, au cours de laquelle seront éliminés les toxines et les déchets métaboliques accumulés dans l'organisme, qu'il est recommandé de faire durant trois jours consécutifs lors d'un week-end par exemple. Vous allez détoxiner votre corps en stimulant les organes d'élimination (foie, reins, intestins, poumons) par une cure de fruits et de légumes frais biologiques, exclusivement sous forme de soupes, potages et de jus de légumes et de fruits frais. Le but est la mise au repos du système digestif et la réduction drastique des toxines pro-inflammatoires. C'est une phase très active qui a un effet bénéfique sur un organisme encrassé par les toxines, les acides et les mauvaises graisses pro-inflammatoires.

BÉNÉFICES

Les jus de fruits et de légumes renforcent les défenses de l'organisme car ils sont riches en vitamines et en minéraux essentiels. Leurs fibres aident à diminuer le taux de cholestérol et à réguler le taux de sucre sanguin. Rassasiantes, elles vous empêchent d'avoir des fringales au cours de la journée et améliorent le transit intestinal.

La détoxination régulière apporte donc les vitamines et minéraux anti-inflammatoires et les antioxydants nécessaires pour rétablir l'équilibre de l'inflammation et l'équilibre acide-base dans votre organisme.

Cette reminéralisation permet aussi d'améliorer votre sommeil, d'augmenter votre niveau d'énergie, d'atténuer les marques du temps sur votre visage : votre peau resplendira de santé.

Pour ceux qui souhaitent adopter un mode de vie anti-inflammatoire sain, ce programme est un excellent moyen de se purifier et de se refaire une santé.

Comme vous le constaterez, cette étape dépurative offre de nombreux bienfaits. Toutefois, elle ne doit pas se prolonger au-delà de trois jours et sera remplacée progressivement par une alimentation saine plus variée. Vous pouvez pratiquer ce programme détoxinant de reminéralisation deux à trois fois par an comme une cure de jouvence et de bien-être.

EN PRATIQUE

À chaque repas, les légumes et les fruits sont consommés à volonté.

| Pour vous soutenir pendant votre cure détox | | |
|---|---|---|
| **Légumes** | | |
| asperge<br>aubergine<br>avocat<br>blette<br>brocoli<br>céleri<br>cœur de palmier | chicorée<br>chou de Bruxelles<br>chou frisé<br>chou-fleur<br>chou-rave<br>concombre<br>courgette | cresson<br>germes et pousses (blé, soja plantes)<br>haricot vert<br>mâche<br>poireau<br>radis |
| **Fruits à index glycémique bas (inférieur à 35)** | | |
| citron<br>fraise<br>framboise | grenade<br>mûre | pêche<br>pomme<br>poire |
| **Herbes, condiments et épices** | | |
| Spiruline, chlorelle, pousse de blé, pousse d'orge, graine de lin.<br>Eau et boisson drainantes : jus de citron vert, thé vert, tisanes.<br>Les germes ou les jeunes pousses renferment beaucoup d'enzymes, de minéraux et de vitamines pouvant être mixés dans les soupes. Cet apport en énergie est élevé et vous aidera à tenir durant cette phase de détoxination. | | |

LA SOUPE ACTIVE BASE NUTRIMAB²

La soupe active base Nutrimab² est une alternative efficace à la cure détoxinante. Elle stimule votre métabolisme, aide à éliminer les graisses et les toxines de votre organisme.

Nous avons choisi en priorité les aliments anti-inflammatoires comme le chou et le brocoli, les herbes et les épices pour cette soupe facile à réaliser. Elle vous procurera une sensation de bien-être car ses ingrédients alimentent votre corps en substances nutritives, renforcent votre système immunitaire et votre énergie vitale.

Elle peut être servie épaisse, légère, veloutée ou grumeleuse. Vous pourrez la consommer par la suite en prévention santé. Servie chaude, la soupe est rassasiante et elle se suffit alors à elle-même.

**Soupe active base Nutrimab[2]**

1/2 chou blanc
1 brocoli
1 poivron rouge et 1 poivron vert
8 carottes
1 botte de céleri
4 oignons blancs
1 poireau
6 tomates en grappe
2 petits bulbes de fenouil
Poivre, sel (1 pincée)
Ail, herbes fraîches et curcuma
3 l d'eau

Lavez les légumes, épluchez et coupez-les en petits morceaux. Ébouillantez les tomates et ôtez-leur la peau puis coupez-les en petits morceaux.
Plongez le tout dans 3 l d'eau bouillante. Laissez mijoter jusqu'à ce que les légumes soient tendres. Salez et poivrez.

## Agenda d'une journée type détox alcalinisante et remineralisante

Durée : trois jours

*1. Nutrition*

**7 heures : réveil**

Un verre d'eau citronnée

Programme de nutrition cutanée antioxydante

**7 h 30 : petit déjeuner**

Une citronnade chaude au gingembre ou un thé vert

Soupe miso

Préparez-vous un grand verre de jus de légumes purifiant avec 1/3 de jus de concombre, 1/3 de jus de céleri, 1/3 de jus de carotte, des herbes fraîches aux choix

Attendez quelques minutes puis buvez un verre de jus de fruits frais

**8 heures**

Marche active de 20 à 45 minutes

Compléments nutritionnels anti-inflammatoires et antioxydants

Programme de relaxation et de respiration consciente

**10 heures : en-cas**

Une grande tasse de tisane aux plantes

Un jus de fruits et de légumes frais avec 1/2 avocat mûr, 1 pomme, 1 filet de jus de citron fraîchement pressé, des herbes fraîches, 1 verre de jus de légumes biologiques avec par exemple 3 carottes et 1 céleri

**13 heures : déjeuner**

Soupe active base Nutrimab², page 364.

Jus de fruits frais mixés : 1 citron pressé, 1/2 pamplemousse pressé, 1/2 pomme, cannelle
Une tasse d'infusion aromatisée ou thé vert

**16 heures : en-cas**
Jus de légumes : 1 grand verre

**19 heures (environ) : dîner**
Soupe active base Nutrimab[2],
Une tasse d'infusion de menthe ou de camomille

**21 heures : collation optionnelle de fin de soirée**
2 citrons et 1 pamplemousse pressés

**21 h 45 :**
Programme de nutrition cutanée antioxydante

**22 à 7 heures :**
Repos et sommeil

**Buvez 2 litres d'eau minimum par jour répartis sur toute la journée.**

*2. Compléments nutritionnels anti-inflammatoires et antioxydants*

Complexe EPA/DHA-GLA-ALA à base d'huile de poisson sauvage et d'huiles végétales concentrées de bonne qualité biologique.

Formule antioxydante et nutriments essentiels + formule détoxifiante et alcalinisante.

Pour renforcer la phase détox, je recommande les élixirs de superaliments verts (à base de chlorelle), des cocktails drainants alcalinisants sous forme d'extraits végétaux concentrés. Ce sont de puissants antioxydants et des bases minérales qui vont renforcer l'organisme. Ils sont associés à un complément unique de probiotiques pour stimuler les défenses naturelles, favoriser la désacidification et rééquilibrer la flore intestinale.

Ces cures participent à la détoxination et potentialisent les effets rééquilibrants du programme.

*3. Exercices physiques*

Pratiquez les 3 types d'exercices de la Nutrimab² :

- cardio-training ;
- renforcement musculaire ;
- étirements.

Alternez suivant les explications du programme page 298.

*4. Relaxation et respiration consciente*

- Pratiquez les exercices de respiration ou de méditation (page 277).
- Si vous le pouvez faites-vous masser car le massage favorise le drainage des toxines, il est excellent pour le système lymphatique et le système nerveux.
- Achetez des objets qui embelliront votre appartement comme des fleurs ou des plantes qui l'oxygéneront.
- Limitez plus particulièrement le soir les activités qui sont une source de stress.

*5. Nutrition cutanée antioxydante et anti-inflammatoire*

Prenez soin de votre peau matin et soir avec un programme de nutrition cutanée antioxydante et anti-inflammatoire qui complète l'approche nutritionnelle pour favoriser la régénération cellulaire et protéger la peau des agressions extérieures.

*6. Agenda pilote*

Tenez le journal de votre alimentation de votre humeur et de vos activités physiques.

**Conseils**

– N'oubliez pas de boire au moins de 2 litres d'eau minérale non gazeuse par jour et des tisanes sans sucre.

– Dès que vous avez faim, servez-vous un bol de soupe active base Nutrimab[2].

– Choisissez les jus de légumes qui vous conviennent. Si vous n'aimez pas leur goût ajoutez-y simplement du jus de carotte, de pomme ou d'avocat qui les adouciront. Vous pouvez sucrer avec du stévia ou bien du sirop d'agave uniquement et ajouter des herbes et des épices aux vertus anti-inflammatoires (ail, basilic, cannelle, ciboulette, curcuma, gingembre, laurier, muscade).

### ➤ *Phase 2 : revitalisation et recharge énergétique*

L'objectif de cette phase est d'augmenter les réserves alcalines et antioxydantes et de recharger le corps en nutriments protecteurs anti-inflammatoires. Les aliments qui pourraient augmenter votre niveau d'insuline ne sont pas inclus dans cette phase.

Après avoir perdu du poids et baissé votre niveau d'insuline dans la phase 1, vous allez amorcer plus en profondeur le processus de rajeunissement interne et externe et continuer à perdre des kilos jusqu'à atteindre votre poids idéal.

Dans la phase 2, vous continuez à consommer les aliments préconisés dans la phase 1 (soupe active base Nutrimab[2], jus de légumes et de fruits frais, potages) mais vous ajouterez au fur et à mesure des jours des aliments riches en bonnes graisses et en bons glucides, les légumineuses riches en fibres, mais aussi des protéines (de préférence d'origine végétale les premiers jours).

EN PRATIQUE

Pendant les premiers jours de la phase 2, vous continuerez à privilégier les soupes et les jus de fruits et de légumes frais de la phase détox, mais vous ajouterez progressivement des aliments solides dans votre assiette. Commencez par les salades de légumes, des assiettes et paniers de crudités. Puis, intégrez progressivement durant la semaine des protéines végétales (steak de soja, yaourt au soja, lait d'amandes ou de soja, éventuellement boissons ou crèmes protéinées en sachets), et des légumes secs tels que les haricots secs, blancs, rouges et noirs, les haricots de Soissons, les haricots mungos, les lentilles et les pois chiches. Riches en phytonutriments anti-inflammatoires et antioxydants, ce sont des alliés minceur riches en fibres qui aident à stabiliser la glycémie et offrent un bon apport en protéines.

En fin de semaine, lorsque vous sentez que votre corps s'est réhabitué à sa nouvelle alimentation, ajoutez des poissons gras.

Votre assiette ressemble alors à celle préconisée dans la phase de transition.

### Agenda d'une journée type de phase 2 revitalisation et recharge énergétique

*1. Nutrition*

**7 heures : au réveil**

Un verre d'eau citronnée

**7 h 30 : petit déjeuner**

Crème Nutrimab² (page 341)

Une infusion citron gingembre

**8 heures**

Marche active de 20 à 45 minutes

Compléments nutritionnels anti-inflammatoires et anti-oxydants

Programme de relaxation et de respiration consciente

**10 heures : en-cas**
1 fruit

**13 heures : déjeuner**
Soupe 100 % légumes
Assiette de légumes variés : brocolis, poireaux, carottes, tomates, poivrons rouges et jaunes, choux, épinards, aubergines, champignons de Paris, pleurotes
1 yaourt probiotique allégé ou au soja
4 noix de Grenoble ou 1 cuil. à soupe d'amandes bio effilées

**16 heures : en-cas**
*Shake* Nutrimab[2] (page 350)
Ou jus de légumes ou jus de fruits frais
Thé vert ou infusion

**19 h 30 : dîner**
Soupe miso au tofu épicé
Salade de pousses d'épinards, pourpier, avocat, patates douces et tomates rôties aux fines herbes
Une assiette de salade de fruits frais (index glycémique inférieur à 35) avec 4 amandes bio
Tisane ou thé vert

**21 heures : collation optionnelle de fin de soirée**
1 tasse de mûres et de fraises

**21 h 45 :**
Programme de nutrition cutanée antioxydante

**22 à 7 heures :**
Repos et sommeil

**Buvez 2 litres d'eau minimum par jour bien répartis sur toute la journée.**

*2. Compléments nutritionnels anti-inflammatoires et antioxydants*

Complexe EPA/DHA-GLA-ALA à base d'huile de poisson sauvage et d'huiles végétales concentrées de bonne qualité biologique.

Formule antioxydante et nutriments essentiels + formule détoxifiante et alcalinisante.

Je recommande les élixirs de superaliments verts, des cocktails drainants alcalinisants sous forme d'extraits végétaux concentrés. Ce sont de puissants antioxydants et des bases minérales qui vont renforcer l'organisme et la flore intestinale.

Ces cures potentialisent les effets rééquilibrants du programme.

*3. Exercices physiques*

Pratiquez les 3 types d'exercices de la Nutrimab²

- cardio-training ;
- renforcement musculaire ;
- étirements.

Alternez suivant les explications du programme page 298.

*4. Relaxation et respiration consciente*

- Pratiquez les exercices de respiration ou de méditation (page 277).
- Si vous le pouvez faites-vous masser car le massage favorise le drainage des toxines, il est excellent pour le système lymphatique et le système nerveux.
- Achetez des objets qui embelliront votre appartement comme des fleurs ou des plantes qui l'oxygéneront.
- Limitez plus particulièrement le soir les activités qui sont une source de stress.

*5. Nutrition cutanée antioxydante et anti-inflammatoire*

Prenez soin de votre peau matin et soir avec un programme de nutrition cutanée antioxydante et anti-inflammatoire qui complète l'approche nutritionnelle pour favoriser la régénération cellulaire et protéger la peau des agressions extérieures.

*6. Agenda pilote*

Tenez le journal de votre alimentation, de votre humeur, de vos exercices physiques et de relaxation.

**Petit déjeuner sucré**
**phase 2 revitalisation et recharge énergétique**

Crème Nutrimab[2] du petit déjeuner star
ou
1 portion de chacune des catégories suivantes :

**1. Glucides à index glycémique bas**
1 tasse de fruits frais
1 verre moyen de jus de fruits et de légumes frais
1 verre de *shake* Nutrimab[2] (voir p. 350)
1 tranche de pain intégral
1 tasse de flocons ou gruau d'avoine à l'ancienne
2 cuil. à soupe de stévia ou de sirop d'agave
1 cuil. à soupe de confiture bio sans sucre ajouté

**2. Protéines**
1 yaourt au soja
1 yaourt probiotique allégé
3 cuil. à soupe de fromage blanc maigre (0 à 20 % de matière grasse)

**3. Lipides**
1 cuil. à soupe de graines de lin
1 cuil. à soupe de graines de sésame
1 cuil. à soupe d'amandes bio effilées
4 noix de Grenoble

**4. Boissons**
Thé vert (japonais de préférence)
Tisane
Café décaféiné

**Et compléments nutritionnels** d'huile de poisson sauvage et d'huiles végétales + mélange d'antioxydants et de bases reminéralisantes

## Petit déjeuner salé
## phase 2 revitalisation et recharge énergétique

1 portion de chacune des catégories suivantes :

**1. Glucides à index glycémique bas**
1 verre moyen de jus de légumes frais
1 verre *shake* Nutrimab² (voir p. 350)
1 tranche de pain intégral (avec guacamole)
1 tomate

**2. Protéines**
1 omelette au blanc d'œuf oméga-3
1 tranche de saumon fumé (30 g)
1 yaourt au soja
1 tasse de fromage blanc (0 à 20 % de matière grasse)
1 yaourt probiotique allégé
1 verre de lait de soja ou d'amandes

**3. Lipides**
1 cuil. à soupe d'huile d'olive ou de colza
1/2 avocat (guacamole en guise de beurre)
1 cuil. à soupe de graines de lin
1 cuil. à soupe de graines de sésame
1 cuil. à soupe d'amandes bio effilées
4 noix de Grenoble

**4. Boissons**
Thé vert (japonais de préférence)
Tisane
Café décaféiné

**Et compléments nutritionnels** d'huile de poisson sauvage et d'huiles végétales et mélange d'antioxydants et de bases reminéralisantes.

## Déjeuner/dîner phase 2 revitalisation et recharge énergétique

1 portion de chacune des catégories suivantes :

**1. Glucides**
**Entrées**
Salade fraîcheur : pourpier, laitue, tomates, concombre, avocat...
Soupe active base Nutrimab[2] page 364
Soupe 100 % légumes de saison
Soupe miso

**Légumes à index glycémique inférieur à 35**
Légumes cuits à la vapeur ou grillés : brocoli, poireau, carotte, tomate, poivron rouge et jaune, chou, épinard, aubergine, champignon de Paris et autres champignons

**Desserts**
1 bol de fruits frais, fruits au four, salade de fruits à index glycémique inférieur à 35 : pêche, abricot, grenade, pamplemousse, myrtille, framboise, fraise, mûre
1 cuil. à soupe de fruits secs à index glycémique inférieur à 35 : abricot sec

**2. Protéines**
Poissons stars : saumon, maquereau, cabillaud, anchois, sardines, truite, thon

Autres produits de la mer
Ou soja bio : steak de soja
Soupe miso

**3. Lipides**

**Assaisonnement**
3 cuil. à café d'huile d'olive extra-vierge
3 cuil. à café d'huile de colza
3 cuil. à café de vinaigrette Nutrimab² : recette page 405

**4. Boissons**
Éventuellement 1 verre de vin (rouge de préférence) 10 cl/jour
Thé léger (vert japonais de préférence)
Tisane
Café décaféiné
Jus de citron, pamplemousse, grenade ou tomate (frais)

**Herbes, épices condiments** : ail, oignon, origan, romarin, basilic, céleri, persil, gingembre, curcuma, cannelle

**Sucre naturel**
2 cuil. à soupe de stévia ou de sirop d'agave
1 cuil. à soupe de confiture sans sucre ajouté

**5. Compléments nutritionnels** : complexe d'huile de poisson sauvage et d'huiles végétales Nutrimab², formule drainante détoxinante, formule d'antioxydants et de nutriments essentiels

### ➤ *Phase 3 : stabilisation et régénération cellulaire*

La phase 3 est une phase de stabilisation à adopter à long terme. Vous apprendrez à équilibrer votre assiette tout en vous faisant plaisir grâce à la méthode de compensation.

Jusqu'à présent vous étiez guidé par des recommandations précises qui ne laissaient pas beaucoup de place à l'improvisation. Désormais, vous avez franchi un cap et devenez votre « propre médecin ». Pour vous y aider, il est important que mes nouvelles recommandations soient réduites au minimum et intégrées de manière naturelle.

Au cours de cette phase, vous n'allez plus être soutenu par la motivation de voir votre poids baisser. Cela peut vous amener à vous interroger sur la nécessité de la stabilisation. Il est en effet important de consolider les bénéfices obtenus pour ne pas reprendre le poids perdu et faire réapparaître des symptômes inflammatoires. Dépasser des limites de poids risquerait de compromettre tous les efforts que vous avez patiemment réalisés.

À ce stade, vous intégrez complètement le mode de vie anti-inflammatoire qui est une nouvelle manière de vous nourrir d'aliments excellents pour votre santé. Vous irez instinctivement vers une meilleure alimentation. La chose la plus importante est de prendre plaisir à chacun de vos repas. Ce qui est nouveau, c'est l'éventail de possibilités qui permet de créer sur mesure son programme alimentaire en fonction de ses besoins et de ses habitudes de vie.

Les superaliments des phases 1 et 2 vous ont aidé à diminuer l'inflammation pour atteindre vos objectifs de perte de poids et de rajeunissement.

Après avoir achevé votre programme, atteint votre poids idéal et une fois que votre corps sera habitué à sa nouvelle alimentation vous pourrez inclure dans vos plats des pommes de terre, des pâtes, du riz, du fromage, de la viande... Seront toujours à éviter le sucre blanc et la farine blanche ainsi que les produits industrialisés.

Cette phase beaucoup plus souple que les deux précédentes comporte deux règles de stabilisation : la compensation raisonnée et la règle des 10 %.

## La compensation raisonnée dans l'assiette

La Nutrimab$^2$ n'est pas un programme de privation mais un programme de compensation. Vous allez, lors de cette étape, pouvoir apporter plus de flexibilité à l'application du programme en mettant en œuvre la procédure de compensation pour gérer les écarts.

La compensation étant une des règles de base de la Nutrimab$^2$, je vous propose de concevoir en toute liberté vos menus avec la liste des aliments du tableau PAI (page 156) et de compenser les aliments pro-inflammatoires par des aliments anti-inflammatoires.

## Les 10 % de liberté

Cette phase de stabilisation vous offre la possibilité de faire 10 % d'écarts. Une semaine d'alimentation correspond à trois repas par jour pendant sept jours, c'est-à-dire vingt et un repas. Il ne s'agit pas de calcul mathématique. Ainsi, par exemple, si vous dînez dans un restaurant qui propose un choix de magnifiques desserts n'hésitez pas à vous faire plaisir. N'ayez pas mauvaise conscience : vous pouvez faire quelques exceptions.

Choisissez de préférence un dessert à base de fruits, mais si vous être tenté par un gâteau au chocolat, occasionnellement, cela ne pose pas de problème grâce à la règle des 10 % offerte durant cette phase de stabilisation. Un autre exemple : si vous avez eu un écart de conduite pendant les fêtes ou tout simplement lors d'un repas entre amis, ne vous inquiétez pas car vous pouvez rééquilibrer votre assiette lors du repas suivant et reprendre le programme.

Vous pouvez ainsi prendre une entrée, un plat, un accompagnement et un dessert, et ouvrir votre alimentation aux aliments à index glycémique modéré, c'est-à-dire jusqu'à 50.

Lorsque vous décidez de faire un « écart » celui-ci devra être programmé afin d'éviter que votre balance de l'inflammation penche trop du côté pro-inflammatoire.

Ce qui n'est pas souhaitable c'est que vous preniez l'habitude d'avoir toujours dans votre assiette habituelle 10 % de mauvais aliments. Ce serait contraire à la logique de l'approche anti-inflammatoire.

Il s'agit d'opter au mieux pour un style de vie sain. Par conséquent, vous devez porter votre attention sur les 90 % de repas sains et non sur les 10 % de repas à tendance pro-inflammatoires.

Durant cette phase, les 10 % de liberté vous donnent la possibilité de prendre *1 à 2 repas « festifs »* par semaine à midi ou le soir. Prévoyez alors une période entre chacun des repas pour laisser le temps au corps de revenir au calme intérieur de façon à ne pas régresser dans votre progression. Sachez qu'une gourmandise n'a pas besoin d'être bourrée de sucre, de chocolat, de farine, de blé, de mauvaises graisses toxiques, d'additifs, de produits chimiques ni de crème. Vous pouvez vous faire plaisir avec les desserts aux fruits que je préconise, vous vous sentirez bien et n'aurez pas mauvaise conscience.

Les fêtes et autres cérémonies exceptionnelles ne doivent pas donner lieu à un sentiment de culpabilité. Le plus simple est de profiter de l'instant présent, car ces moments exceptionnels de notre vie sont faits pour ça.

Toutefois, pour ne pas réduire à néant vos efforts, voici quelques conseils qui minimiseront l'impact des aliments pro-inflammatoires :

- prenez avant de partir un *shake* Nutrimab[2] qui aura pour effet de stabiliser votre taux de sucre sanguin et donc de couper la faim ;
- entre deux verres d'alcool, buvez un verre d'eau citronnée ;

- choisissez les aliments les moins inflammatoires possibles. Ne restez pas à côté de ces canapés ou de ce gâteau qui vous font tant envie ;
- sortez de temps en temps pour vous aérer et prendre un peu de recul. Pensez au chemin parcouru ;
- en rentrant, buvez une « formule drainante et détoxinante », qui vous permettra de réduire les effets secondaires de ces écarts et planifiez dans votre agenda le programme détoxifiant.

Si vous ne parvenez pas à revenir à votre programme après un écart important, aidez-vous du programme détox alcalinisante et reminéralisante (page 361) et des exercices de réduction du stress pour retrouver l'équilibre et le calme intérieur.

## Le programme de secours : la journée détox alcalinisante et reminéralisante

C'est par mesure de sécurité que j'ai inclus un programme de secours correspondant à une pleine journée de détox alcalinisante et reminéralisante. Ainsi vous pourrez gérer les éventuels écarts sans revenir à la case départ.

Les règles de base de la Nutrimab² ainsi que ses deux repas festifs par semaine ne peuvent pas à elles seules garantir la stabilisation et la maîtrise du poids dans cette période hautement réactive. Cette journée de détox est à la fois votre gage de sécurité et la garantie d'une efficacité à long terme du programme Nutrimab² sur votre perte de poids et votre rajeunissement.

La seule différence avec la phase détox est que si vous prolongez cette journée sur un week-end à ce stade du programme, vous pouvez ajouter à vos menus détoxinants des *shake* Nutrimab² (voir pages 350-351) ainsi qu'un repas anti-inflammatoire de la phase 1 de transition (voir page 356).

## Petit dejeuner sucré phase 3 de stabilisation

Crème Nutrimab[2] du petit déjeuner star
Ou
1 portion de chacune des catégories suivantes :

**1. Glucides à index glycémique bas et modéré inférieur à 50**
1 tasse de fruits frais
1 verre moyen de jus de fruits et légumes frais
1 verre de *shake* Nutrimab[2], pages 350-351
2 à 3 tranches de pain intégral, aux graines de lin ou au sarrasin
2 cuil. à soupe de müesli sans sucre, ni miel, ni riz soufflé, ni fruits confits
1 tasse de flocons ou de gruau d'avoine à l'ancienne
1 tasse de porridge
1 tasse de céréales type All-Bran®

**2. Protéines**
1 yaourt au soja
1 yaourt nature probiotique allégé
1 petit pot de fromage blanc (0 à 20 % de matière grasse)
1 tasse de lait de soja ou d'amandes bio
1 tasse de lait demi-écrémé

**3. Lipides au choix**
1 cuil. à soupe de graines de lin
1 cuil. à soupe de graines de sésame
1 cuil. à soupe d'amandes bio effilées
4 noix de Grenoble
1 cuil. à soupe d'huile d'olive ou de colza (sur le pain)
1/2 avocat (guacamole sur le pain par exemple)
1 fine couche de beurre allégé sur le pain

**4. Boissons**
Thé (de préférence vert)
Tisane
Café décaféiné ou non

5. **Compléments nutritionnels** : complexe d'huile de poisson sauvage et d'huiles végétales Nutrimab², formule antioxydante et nutriments essentiels

## Petit dejeuner salé
## phase 3 de stabilisation

1 portion de chacune des catégories suivantes :

1. **Glucides à index glycémique modéré inférieur à 50**

1 verre de jus de légumes et de fruits frais
2 à 3 tranches de pain intégral, aux graines de lin ou au sarrasin
1 tomate
1 verre de *shake* Nutrimab² pages 350-351

2. **Protéines animales**

1 tranche de saumon fumé
Omelette aux œufs bio oméga-3 (3 blancs sans jaune ou 1 jaune pour 2 blancs)
Viande maigre : une tranche de jambon maigre
5 tranches fines de viande des grisons
Volaille (une dizaine de dés de poulet sans peau, dans l'omelette par exemple)
1 petite portion (30 g) de fromage maigre à moins de 25 % de matière grasse (tome de Savoie par exemple)
1 verre de lait de soja ou tofu

3. **Lipides au choix**

1 cuil. à soupe de graines de lin
1 cuil. à soupe de graines de sésame
1 cuil. à soupe d'amandes bio effilées
4 noix de Grenoble
1 cuil. à soupe d'huile d'olive ou de colza (sur le pain)
1/2 avocat (guacamole sur le pain par exemple)
1 fine couche de beurre allégé sur le pain

**4. Boissons**
Thé (de préférence vert)
Tisane
Café décaféiné ou non

**Herbes, épices, condiments**

**5. Compléments nutritionnels** : complexe d'huile de poisson sauvage et d'huiles végétales Nutrimab[2], formule antioxydante et nutriments essentiels

## Dejeuner/dîner phase 3 de stabilisation

1 portion dans chacune des catégories suivantes :

**1. Glucides à index glycémique inférieur à 50**

**Entrée**
Soupe active base Nutrimab[2], page 364
Salade fraîcheur : pourpier, laitue, tomate, concombre, avocat…
Soupe 100 % légumes de saison

**Légumes**
Légumes cuits à la vapeur ou grillés : brocoli, poireau, carotte, tomate, poivron rouge et jaune, chou, épinard, aubergine, champignon de Paris et autres champignons.
Légumes secs : lentilles, haricots secs, pois chiches

**Complément**
Une petite portion de féculents (l'équivalent en volume de 2 sushis) de riz basmati, thaï ou complet, de quinoa ou de pâtes *al dente* (spaghettis, tagliatelles, vermicelles…), de pommes de terre, ignames, makis, sashimis

**Desserts**
1 bol de fruits frais à IG inférieur 50

1 bol de fruits au four sans sucre
1 cuil. à soupe de fruits séchés : figues, abricots…
1 sorbet 100 % fruits sans sucre
1 carré de chocolat noir à 70 % de cacao/jour
1 tarte aux fruits,
1 mousse de fruits frais
1 compote de fruits

**2. Protéines**

**Protéines animales**
Protéines stars : poisson gras ou poisson oméga-3 : saumon, maquereau, cabillaud, anchois, truite, thon, sardine
Viande maigre bio :
– 5 tranches fines de viande des grisons
– 2 tranches de jambon maigre
– Steak haché à 10 % de matière grasse
Volaille bio : blanc de volaille, poulet sans la peau, lapin
Œufs bio oméga-3 (3 blancs sans le jaune ou 2 blancs pour 1 jaune)
Fromages : pas plus de trois fois par semaine, en petites portions toujours associées à une salade verte, sans pain
1 yaourt 0 à 20 % de matière grasse
1 fromage blanc type faisselle ou cottage cheese

**Protéines végétales**
Soja bio : graines et fève de soja, soupe miso, tofu, steak de soja, yaourt au soja

**3. Lipides au choix**
1 cuil. à soupe d'huile d'olive extra-vierge
1 cuil. à soupe d'huile de colza
1 cuil. à soupe d'huile de sésame
1 cuil. à soupe d'huile de noix
1 cuil. à soupe de graines de lin
1 cuil. à soupe de graines de sésame
1 cuil. à soupe d'amandes bio effilées
4 noix de Grenoble

Assaisonnements : 3 cuil. à café/jour de vinaigrette, voir recette page 405

**4. Boissons**
2 l d'eau plate par jour
1 à 2 verres de vin (rouge de préférence), 10 à 20 cl/jour
Thé léger (vert, japonais de préférence)
Tisane
1 tasse à café décaféiné ou non par jour
1 verre moyen de jus de fruits fraîchement pressés et sans sucre ajouté

**Sucre naturel**
2 cuil. à soupe de stévia ou de sirop d'agave
2 cuil. à café de confiture sans sucre ajouté

**Herbes, épices, condiments**

**Compléments nutritionnels** : complexe d'huile de poisson sauvage vierge et d'huile végétale Nutrimab[2], formule antioxydante et nutriments essentiels

## Agenda d'une journée de phase 3 stabilisation
### Journée type

*1. Nutrition*

**7 heures : réveil**
Un verre d'eau citronnée
Programme de nutrition cutanée antioxydante

**7 heures : petit déjeuner**
Crème Nutrimab[2] (page 341)
Ou

1 à 2 tranches de pain complet avec de la confiture bio sans sucre ajouté

Un petit bol de fruits frais à index glycémique modéré ou bas

Yaourt au probiotique allégé ou au soja

1 cuil. à soupe d'amandes et/ou 3 noix de Grenoble

Ou

1 omelette bio aux tomates, au basilic et à l'huile d'olive et une tranche de pain intégral

1 grand verre de jus de légumes frais

+ thé vert

**8 heures**

Marche active de 20 à 45 minutes

Compléments nutritionnels anti-inflammatoires et antioxydants

Programme de relaxation et de respiration consciente

**10 heures : en-cas**

Thé vert

1 yaourt probiotique bio avec des tranches de kiwi et 1 cuil. à soupe de noisettes concassées

**13 heures : déjeuner**

Apéritif : *mojito* vierge (sirop d'agave, citron vert, feuilles de menthe, eau gazeuse, glace pilée)

Poulet au curry et au citron vert

Riz sauvage et aubergines grillées aux graines de sésame et banane plantain

Sorbet à la mangue

Thé à la menthe ou café léger avec un petit carré de chocolat noir à 70 % de cacao

**En-cas de l'après-midi**

*Shake* Nutrimab[2] (pages 350-351)

Un thé vert

**Dîner**
Darne de cabillaud aux baies roses
Haricots verts, chou-fleur et potiron
Soupe de fruits rouges à la menthe et aux amandes grillées
Tisane

**Collation optionnelle de fin de soirée**
Yaourt au soja allégé avec 2 cuil. à café de confiture bio

**21 h 45 :**
Programme de nutrition cutanée antioxydante

**22 à 7 heures :**
Repos et sommeil

**Buvez 2 litres d'eau minimum par jour bien répartis sur la journée.**

*2. Compléments nutritionnels anti-inflammatoires et antioxydants*

Complexe EPA/DHA-GLA-ALA à base d'huile de poisson sauvage et d'huiles végétales concentrées de bonne qualité biologique. Formule antioxydante et nutriments essentiels

*3. Exercices physiques*

Pratiquez les 3 types d'exercices de la Nutrimab[2] :

- cardio-training ;
- renforcement musculaire ;
- étirements.

*4. Relaxation et respiration consciente*

- Pratiquez les exercices de respiration ou de méditation (page 279).

– Si vous le pouvez faites-vous masser car le massage favorise le drainage des toxines, il est excellent pour le système lymphatique et le système nerveux.
– Achetez des objets qui embelliront votre appartement comme des fleurs ou des plantes qui l'oxygéneront.
– Limitez plus particulièrement le soir les activités qui sont une source de stress.

*5. Nutrition cutanée antioxydante et anti-inflammatoire*

Prendre soin de sa peau matin et soir avec un programme de nutrition cutanée antioxydante et anti-inflammatoire qui complète l'approche nutritionnelle pour favoriser la régénération cellulaire et protéger la peau des agressions extérieures.

*6. Agenda pilote*

Tenez le journal de votre alimentation, de votre humeur et de vos exercices physiques et de relaxation.

En intégrant le mode de vie de la Nutrimab² vous découvrirez de nombreuses façons de se faire du bien sans forcément manger :

– s'occuper de soi ;
– prendre le temps d'apprécier des petits bonheurs quotidiens comme un massage, une séance de réflexothérapie ;
– partir en week-end ;
– aller au cinéma avec des amis ;
– faire du sport ;
– développer une nouvelle activité : danse, peinture, apprendre à jouer d'un instrument de musique, faire du théâtre ;
– s'offrir un bouquet de fleurs, un soin de beauté, une séance chez le coiffeur…

## En résumé, les éléments essentiels d'une longue et délicieuse vie

1. Fruits et végétaux frais et multicolores constituent la base de l'alimentation.
2. Mangez au moins une grande salade ou une bonne soupe avant chaque repas.
3. Privilégiez la cuisson des légumes à la vapeur plutôt qu'au four, ou faites-les revenir à la poêle. Encore mieux : mangez-les crus ou très légèrement cuits.
4. Choisissez les féculents à base de farine complète. Consommez vos pâtes *al dente*. Diminuez tous les glucides à base de farine blanche.
5. Diminuez les viandes rouges ou trop grasses et leurs produits dérivés. Limitez la consommation des autres protéines d'origine animale. Privilégiez les protéines végétales et les poissons gras riches en oméga-3.
6. Consommez les produits laitiers avec parcimonie. Éliminez-les si vous constatez des signes d'intolérance.
7. Usez des matières grasses avec modération. Les huiles de colza, d'olive et de noix sont recommandées.
8. Privilégiez les « bons » desserts à base de fruits en les sucrant modérément. Rendez aux gâteaux, tartes, pâtisseries et autres glaces leur statut d'antan : ils doivent être réservés aux circonstances exceptionnelles.
9. Salez modérément pendant la cuisson et ne posez pas la salière sur la table.
10. Mangez le moins possible d'aliments acidifiants et pro-inflammatoires au cours du repas du soir.
11. Consommez le plus rarement possible des aliments transformés ou préemballés.
12. Pensez à lire les étiquettes y compris les petits caractères.
13. N'oubliez pas de boire deux litres d'eau par jour.

14. Pratiquez régulièrement une activité physique et des exercices de relaxation profonde pour prendre soin de votre corps et votre esprit.
15. Soignez votre peau comme vous soignez votre façon de manger.

# Votre agenda

Voici l'agenda type qui vous aidera à établir une stratégie anti-inflammatoire efficace.

Nous vous conseillons de le consulter au moins deux fois par jour :

– le matin pour bien vérifier les objectifs établis la veille ;
– le soir pour établir le programme du lendemain.

En soi, tenir un journal ne fait évidemment pas brûler de calories, mais c'est le meilleur exercice à faire si vous cherchez à perdre du poids et à obtenir un changement radical dans votre vie.

La conclusion d'une étude américaine a établi que les personnes suivant un régime pouvaient doubler la quantité de kilos perdus en notant simplement ce qu'elles mangeaient dans un journal.

Une attitude proactive est donc essentielle. La plupart des succès de notre vie résultent de la définition d'objectifs précis à atteindre qui doivent être simples, mesurables et réalistes, effectués à partir d'un bilan. Vous ciblerez vos objectifs pour adapter votre stratégie anti-inflammatoire, minceur et anti-âge à votre mesure.

Surtout, afin de ne pas perdre de vue vos buts, reportez-vous aussi souvent que possible aux informations que vous allez remplir à la page suivante.

Jour après jour, cet agenda vous permettra d'avoir suffisamment de recul sur votre alimentation et sur votre mode de vie.

Progressivement, vous ressentirez des changements majeurs et vous acquerrez de bons réflexes et de bonnes habitudes de vie.

Sur le long terme, ces automatismes feront complètement partie de votre quotidien.

Lorsque vous commencez votre carnet, il est important de cibler les bénéfices que vous espérez en retirer, ils vous soutiendront au quotidien. Même au tout début, faire le point sur ses attentes est constructif, cela vous permettra de mesurer le chemin parcouru.

Si vous vous sentez fatigué ou légèrement déprimé, si vous avez fait une entorse à votre programme nutritionnel ou d'exercices physiques, rappelez-vous que lorsque vous serez tenté de perdre vos nouvelles habitudes, le journal sera là pour vous recentrer sur vos objectifs.

Dans quelques semaines, vous paraîtrez en bien meilleure forme et vous vous sentirez mieux. Cet agenda doit donc vous permettre de faire un point sur votre santé physique, mentale et émotionnelle afin d'en tirer les bénéfices et de rester en bonne santé, dynamique et motivé.

## Testez votre âge fonctionnel et biologique

Faites le test suivant en répondant par oui ou non avant de commencer ma méthode.

Je vous recommande de photocopier ce test, car vous l'utiliserez de nouveau par la suite.

Cochez « Oui » en face de chaque affirmation avec laquelle vous êtes d'accord et « Non » en face de celles avec lesquelles vous ne vous sentez pas d'accord.

| | Oui | Non |
|---|---|---|
| – Je suis d'humeur changeante ............ | ☐ | ☐ |
| – Mon visage est marqué .................. | ☐ | ☐ |
| – Je suis agité(e) la nuit .................. | ☐ | ☐ |
| – Je m'énerve facilement .................. | ☐ | ☐ |

| | Oui | Non |
|---|---|---|
| – Ma peau paraît fatiguée ................. | ☐ | ☐ |
| – Ma peau paraît sèche ................... | ☐ | ☐ |
| – Je souffre de rougeurs sur le visage dues à des allergies ........................... | ☐ | ☐ |
| – Je parais plus âgé(e) que mon âge ........ | ☐ | ☐ |
| – Je me sens plus âgé(e) que mon âge ...... | ☐ | ☐ |
| – J'ai des problèmes de ballonnements et de transit ............................ | ☐ | ☐ |
| – J'ai froid la plupart du temps ; je porte des pulls quand les autres sont en manches courtes ...................... | ☐ | ☐ |
| – J'ai mal aux articulations quand je me lève le matin .................. | ☐ | ☐ |
| – J'ai des moments de confusion quand je n'arrive pas à me concentrer ......... | ☐ | ☐ |
| – Je me sens souvent débordé(e) et sous pression | ☐ | ☐ |
| – Je ressens un gros stress au travail ........ | ☐ | ☐ |
| – Je suis envahi(e) de sentiments d'angoisse .. | ☐ | ☐ |
| – J'ai l'impression que quelque chose manque dans ma vie ..................... | ☐ | ☐ |
| – J'ai l'impression de traverser ma vie tel un automate, sans ambition, sans but et sans passion ......................... | ☐ | ☐ |
| – J'ai l'impression que ma mémoire devient moins bonne avec l'âge .............. | ☐ | ☐ |
| – Ma vie contient trop peu de défis, trop peu de ce que je veux, et trop de ce que je ne veux pas | ☐ | ☐ |
| – Je n'ai pas confiance en ma mémoire ...... | ☐ | ☐ |
| – Je vis continuellement avec des sentiments de frustration, de culpabilité ou de dépression ... | ☐ | ☐ |
| – J'ai l'impression de ne pas contrôler ma vie . | ☐ | ☐ |
| – Je déteste sortir de mon lit le matin ....... | ☐ | ☐ |

L'objectif de ce questionnaire est de répondre « non » à toutes ces questions.

Ne vous inquiétez pas si vous avez répondu « oui » à la plupart des questions.

Lorsque vous répondrez à nouveau à ce test dans deux semaines, je vous garantis que vous répondrez « non » à beaucoup plus d'entre elles.

Vous pouvez périodiquement faire ce questionnaire pour rester sur votre trajectoire.

Si vous remarquez que vous répondez « oui » à une question alors que vous répondiez « non », voyez cela comme une opportunité pour examiner à nouveau votre alimentation, votre mode de vie, ainsi que les soins que vous donnez à votre peau.

Nom : ........................................................

Prénom : ..................................................

Date : .........................................................

Collez ici une photo de vous avant de commencer l'agenda, puis quatre-vingt-dix jours après. Vous pourrez constater vos changements et vos progrès :

| Avant | Après |
|---|---|

1. Quelles sont mes trois raisons de suivre ce programme ?

..........................................................................................
..........................................................................................
..........................................................................................
..........................................................................................
..........................................................................................
..........................................................................................
..........................................................................................
..........................................................................................

2. Mes objectifs :
   (À lire une fois par semaine pour ne pas oublier et rester concentré sur mes buts à suivre.)

..........................................................................................
..........................................................................................
..........................................................................................
..........................................................................................
..........................................................................................
..........................................................................................
..........................................................................................
..........................................................................................

3. Listez maintenant les premiers objectifs que vous désirez atteindre cette semaine.

..........................................................................................
..........................................................................................
..........................................................................................
..........................................................................................
..........................................................................................
..........................................................................................
..........................................................................................
..........................................................................................
..........................................................................................
..........................................................................................

4. Qu'est-ce que ce nouveau style de vie va m'apporter ?
..........................................................................................
..........................................................................................
..........................................................................................
..........................................................................................
..........................................................................................

5. Quel est mon niveau d'activité physique ? Quelles sont mes pratiques sportives ?
(Notez le nombre d'heures effectué par semaine.)
..........................................................................................
..........................................................................................
..........................................................................................
..........................................................................................
..........................................................................................

6. Quelles sont mes habitudes de vie ?
En général je me couche à : ..............................................
Je dors (nombre d'heures par nuit) : ................................
Si je fume, je fume depuis combien d'années : .................
Nombre de cigarettes au quotidien : ................................
Combien de verres d'alcool je consomme par jour ? .........
Combien de verres d'eau je bois par jour ? ......................
Autres informations : ........................................................

7. Je détermine les habitudes que je veux changer :
..........................................................................................
..........................................................................................
..........................................................................................
..........................................................................................
..........................................................................................
..........................................................................................
..........................................................................................
..........................................................................................

## ➤ *Carnet de bord*

Remplissez cette page chaque jour, vous prendrez ainsi conscience de vos erreurs et vous les remplacerez par de bonnes habitudes qui amélioreront votre hygiène de vie.

**JOUR ...... / SEMAINE ..... :**

| | | |
|---|---|---|
| Petit déjeuner :<br>....... h<br>..............................<br>..............................<br>..............................<br>..............................<br>..............................<br>..............................<br>..............................<br>..............................<br>..............................<br>.............................. | Déjeuner :<br>........h<br>..............................<br>..............................<br>..............................<br>..............................<br>..............................<br>..............................<br>..............................<br>..............................<br>..............................<br>.............................. | Dîner :<br>....... h<br>..............................<br>..............................<br>..............................<br>..............................<br>..............................<br>..............................<br>..............................<br>..............................<br>..............................<br>.............................. |
| Compléments nutritionnels Nutrimab[2]<br>............................................................................<br>............................................................................ | | |
| Collation :<br>....... h.......<br>..............................<br>..............................<br>..............................<br>..............................<br>..............................<br>..............................<br>.............................. | Collation :<br>........h.......<br>..............................<br>..............................<br>..............................<br>..............................<br>..............................<br>..............................<br>..............................<br>.............................. | Notes :<br>....... h.......<br>..............................<br>..............................<br>..............................<br>..............................<br>..............................<br>..............................<br>..............................<br>.............................. |

BILAN DE LA JOURNÉE

### ➤ *Mon bilan anti-inflammatoire Nutrimab² quotidien*

**J'ai suivi mon programme Nutrimab²** .............. ☐
J'ai mangé quand j'avais faim ........................ ☐
J'ai eu un apport en eau suffisant .................. ☐
J'ai respecté le ratio GLP (glucides-lipides-protéines) .. ☐
J'ai bien combiné les aliments ...................... ☐

**J'ai pris soin de ma peau avec des ingrédients et des nutriments anti-inflammatoires** .............. ☐

**J'ai pratiqué un exercice physique** ................ ☐
Marche active .............. ☐ 🕓....................
Trampoline ................ ☐ 🕓....................
Poids et haltères ............ ☐ 🕓....................
Étirement/Stretching ........ ☐ 🕓....................
Autres : .................... ☐ 🕓....................

**J'ai pensé à me relaxer** .......................... ☐
Lecture .................... ☐ 🕓....................
Musique .................. ☐ 🕓....................
Cinéma, film .............. ☐ 🕓....................
Méditation ................ ☐ 🕓....................
Relaxation pragmatique ...... ☐ 🕓....................
Respiration ................ ☐ 🕓....................
Autres : .................... ☐ 🕓....................

**J'ai eu une attitude anti-inflammatoire sur une échelle de 1 à 10** ...................... ☐

**Sinon, mes petites échappatoires ont été :**

Café .................... ☐ ....................

Alcool .................. ☐ ....................

Tabac ................... ☐ ....................

Nombre d'heures de sommeil ☐ ....................

Qualité du sommeil ........ ☐ ....................

Hyperexcitation, hypersensibilité ☐ ....................

Autres : ................. ☐ ....................

**Ai-je atteint mes objectifs ?**

**Quels sont les changements positifs expérimentés au cours de cette journée ?**

Poids .................... ☐

Énergie et Vitalité .......... ☐

Éclat de la peau........... ☐

Diminution des signes de fatigue ☐

Réduction des symptômes.... ☐

Capacité d'attention......... ☐

Mémoire.................. ☐

Créativité ................. ☐

**Chaque soir, énumérez au moins un succès personnel :**

..........................................................................................

..........................................................................................

..........................................................................................

**Progression dans le style de vie Nutrimab[2] et niveau d'implication sur une échelle de 1 à 10 :**

..........................................................................................

..........................................................................................

..........................................................................................

### ➤ *Humeur du jour*

**Mes ressentis : ☺ 😐 ☹**

**Comment vous sentez-vous ? Notez vos ressentis en fin de journée :**

..............................................................................................

..............................................................................................

..............................................................................................

Le « petit plus » beauté : favorisez les cosmétiques naturels, sans paraben.

# Conclusion

J'ai montré dans ce livre comment de simples changements alimentaires pouvaient inverser des phénomènes silencieux nocifs pour notre santé.

La forte expansion des maladies chroniques s'explique par l'épidémie d'inflammation silencieuse. Elle n'est pas uniquement la conséquence de notre paresse ou d'une tendance à une suralimentation excessive, elle résulte d'un ensemble de comportements sur lesquels nous pouvons agir.

Maîtriser l'inflammation implique donc que nous soyons conscients de l'impact de nos choix sur notre santé et vigilants sur la qualité de notre mode de vie et de ce que nous mangeons. Ce que je propose ne sont pas des changements temporaires mais de nouvelles habitudes de vie qui garantiront durablement une meilleure santé et une bonne vitalité.

Et comme l'union fait la force, la stratégie intégrative Nutrimab$^2$ est « globale », elle puise ce qu'il y a de meilleur dans les différentes médecines traditionnelles ou modernes, orientales ou occidentales. De nombreuses études scientifiques existent aujourd'hui et ont prouvé leur efficacité et leur innocuité dans le combat contre l'inflammation silencieuse et dans la prévention des troubles liés à l'âge.

C'est pourquoi je demeure optimiste, nous pouvons agir, chacun à notre niveau, contre cette épidémie. L'effort vaut le résultat.

# Annexes

# Les recettes

## Les basiques Nutrimab[2]

### ➤ *Vinaigrette*

**Recette 1**

Mélangez 3 cuil. à soupe d'huile d'olive, 1 cuil. à soupe d'huile de noix, 1 cuil. à soupe de vinaigre balsamique. Ajoutez de l'ail ou de l'oignon et si vous le désirez des herbes (basilic, estragon) et ou des épices (curcuma).

**Recette 2**

Mélangez 4 cuil. à soupe d'huile d'olive ou de colza, 5 cuil. à soupe de jus de citron, 2 cuil. à soupe de vinaigre balsamique, 1 cuil. à café de moutarde de Dijon. Ajoutez des épices et des herbes.

### ➤ *Mayonnaise*

*Vous ne trouverez pas de mayonnaise riche en graisses mono-insaturées dans les magasins, mais vous pouvez la préparer.*

1 œuf, 4 cuil. à café de moutarde, 1 pincée de poivre et de sel, 1/2 cuil. à café de sucre stévia, 4 cuil. à soupe d'huile de colza et 4 cuil. à soupe de jus de citron frais.

Mélangez le tout à l'aide d'un robot ou d'un bol mélangeur jusqu'à ce que la combinaison soit homogène. Ajoutez 6 cuil. à soupe d'huile de colza (ou d'huile d'olive) et ajoutez le jus de citron par la suite. Mettez le tout au réfrigérateur.

## Soupes, potages et veloutés de légumes

➤ *Potage de poireaux*

4 poireaux
2 patates douces
1 branche de céleri
2 cuil. à soupe d'huile d'olive
Sel, poivre

Émincez les poireaux et le céleri. Faites chauffer l'huile dans une marmite. Ajoutez les poireaux et le céleri. Faites cuire à couvert pendant 15 min à feu doux.

Couvrez d'eau, puis ajoutez les pommes de terre coupées en morceaux. Laissez cuire 20 min. Mixez. Salez et poivrez.

➤ *Velouté de potiron*

1 kg de potiron
2 oignons
2 patates douces
1 cube de bouillon de volaille bio
2 cuil. à café de cumin en poudre
2 cuil. à soupe d'huile d'olive
Sel, poivre

Faites revenir les oignons émincés dans l'huile d'olive pendant 2 min. Ajoutez le potiron coupé en cubes et les morceaux de pommes de terre. Couvrez d'eau et faites cuire 3 min. Ajoutez le cube de bouillon de volaille. Laissez mijoter pendant 20 min. Salez.

Mixez et reversez dans la marmite, saupoudrez de cumin, de poivre et mélangez le tout.

### ➤ *Potage de cresson*

1 botte de cresson
1 ou 2 oignons
2 patates douces
2 cuil. à soupe d'huile d'olive
Sel, poivre

Faites revenir les oignons émincés dans l'huile pendant 3 min. Ajoutez le cresson et faites cuire pendant 5 min. Ajoutez les pommes de terre coupées en rondelles, recouvrez d'eau. Salez et laissez cuire 15 min. Mixez.

### ➤ *Potage d'avocat froid*

1 avocat mûr
1 pomme
1/2 jus de citron
1 cuil. à soupe d'huile d'olive extra-vierge
25 cl de bouillon de légumes non gras froid
Sel, poivre
Noix de muscade râpée
1/2 cuil. à café de coriandre moulue
1 pincée de poivre de Cayenne
1/2 bouquet de ciboulette

Pelez la pomme et coupez-la en petites tranches.

Faites revenir les morceaux de pomme avec le jus de citron dans l'huile d'olive. Laissez refroidir.

Pelez l'avocat, ouvrez-le et retirez le noyau. Coupez la chair en dés et arrosez immédiatement de jus de citron. Mixez ensemble l'avocat, la pomme et le bouillon de légumes, assaisonnez.

Saupoudrez le potage de ciboulette ciselée, servez.

### ➤ *Minestrone*

800 g de légumes au choix : chou-fleur, brocoli, courgette, carotte, poireau, céleri branche, pois mange-tout, courge, chou chinois, chou frisé, céleri, 100 g de haricots blancs cuits (éventuellement en conserve)
1/2 l de bouillon de légumes
1 bouquet garni
1 pincée de sel
Poivre noir
Persil haché fin
2 cuil. à café d'huile d'olive extra-vierge

La veille, faites tremper les haricots blancs (100 g environ) dans une grande quantité d'eau. Changez l'eau pour cuire les haricots à feu moyen pendant environ une heure.

Lavez les légumes, éventuellement les peler, puis les couper en morceaux.

Portez à ébullition le bouillon de légumes puis ajoutez-y les haricots blancs et la feuille de laurier. Faites mijoter le tout pendant 20 min jusqu'à ce que les légumes soient tendres. Retirez les feuilles de laurier, salez et poivrez.

Versez dans les assiettes et arrosez de quelques gouttes d'huile d'olive. Parsemez de persil.

# Les œufs

➤ *Omelette aux épinards ou à la tomate*

***Pour 1 personne***

2 œufs oméga-3 sans le jaune (ou 1 jaune pour 2 blancs d'œufs)
1 petit oignon frais finement haché
1 feuille de thym
1 brin de ciboulette ou de basilic frais
1 pincée de sel
Poivre noir
100 g d'épinards en branches ou 1 tomate
1 cuil. à soupe d'huile d'olive

Fouettez les œufs. Faites revenir l'oignon puis les épinards ou la tomate dans l'huile d'olive.

Ajoutez les œufs et les condiments. Laissez cuire selon votre goût.

# Les salades

➤ *Salade composée aux noix de Grenoble et au thon*

***Pour 1 personne***

1 belle poignée de roquette
Quelques feuilles de laitue
Quelques petites tomates
1 petite boîte de thon au naturel
1 échalote
4 cerneaux de noix de Grenoble
Huile d'olive

Mélangez les feuilles dans un saladier. Versez le thon après l'avoir émietté.

Ajoutez les tomates coupées en morceaux, l'échalote émincée et les cerneaux de noix. Arrosez d'un filet d'huile d'olive et de jus de citron.

*Quelques recettes sont présentées avec l'aimable autorisation de M. Gérard Idoux, chef du restaurant* Le Récamier *à Paris.*

### ➤ *Tartare de courgettes, ricotta, menthe poivrée* La Cigale Récamier©

***Pour 1 personne***

1/2 courgette
1/4 d'oignon blanc
40 g de ricotta
1 feuille de menthe
Huile d'olive
Vinaigre de Xérès
Sel, poivre

Coupez la courgette en petits dés, ébouillantez-la, puis passez-la sous l'eau glacée. Coupez l'oignon et faites-le fondre à l'huile d'olive. Incorporez la courgette, saisissez et réservez.

Dans un saladier, écrasez légèrement la ricotta. Salez, poivrez. Ajoutez la feuille de menthe ciselée, une pointe de vinaigre de Xérès et de l'huile d'olive.

Formez des quenelles avec les deux éléments, décorez avec quelques feuilles d'endives rouges et de la menthe.

### ➤ *Avocat dans sa coque,*
### *suprême de pamplemousse, pousse de luzerne*
### La Cigale Récamier©

***Pour 4 personnes***

4 avocats
2 pamplemousses
1 barquette de pousses de luzerne
150 g de fromage blanc à 0 % de matière grasse ou de soja
1 œuf dur
2 cuil. à café de moutarde de Dijon
Sel, poivre

Réalisez une mayonnaise légère (voir page 405). Mixez l'œuf dur avec la moutarde et le fromage blanc. Salez, poivrez.

Ouvrez les avocats en deux, sortez la pulpe pour la couper en dés, conservez les coques.

Liez à la mayonnaise légère et remettez dans chaque coque.

Levez les suprêmes de pamplemousse et servez à côté des coques.

### ➤ *Salade de pois gourmands, carotte,*
### *panais et vinaigrette aigre-douce*
### La Cigale Récamier©

***Pour 4 personnes***

400 g de pois gourmands
2 belles carottes de créance
2 panais

Vinaigrette :
1 jus d'une orange
1 cuil. à soupe de vinaigre balsamique

1 cuil. à soupe de sauce soja
1/2 cuil. à café de gingembre râpé
1/2 cuil. à café de curry
1 cuil. à soupe d'huile de sésame
4 cuil. à soupe d'huile de soja
Sel, poivre

Garniture :
2 cuil. à soupe de pignons de pin grillés
1/2 zeste d'orange râpé
20 g de raisins secs trempés dans du vinaigre de Xérès
Quelques bouquets de mâche

Faites cuire les pois gourmands, les bâtonnets de panais et les rondelles de carotte dans de l'eau bouillante salée. Passez-les sous l'eau glacée pour conserver leurs couleurs et égouttez-les.

Préparez la vinaigrette : dans un saladier, versez le jus d'orange, le vinaigre balsamique, la sauce soja et les épices. Incorporez progressivement les deux huiles. Laissez macérer 15 min.

Mêlez les légumes dans un saladier, incorporez la vinaigrette, les raisins et les pignons de pin. Décorez de quelques feuilles de mâche.

➤ *Belle salade de poissons fumés*
La Cigale Récamier©

***Pour 4 personnes***

120 g de saumon fumé
120 g d'estragon fumé
1 cuil. à café d'huile d'olive
120 g de lisette (petit maquereau)

Garniture :
60 g de carottes épluchées et taillées en bâtonnets
60 g de céleri-rave épluché et taillé en bâtonnets
1 gousse d'ail écrasée non pelée
8 grains de poivre
40 cl d'huile d'olive
10 g de batavia rouge, soit environ 8 feuilles
10 g de cresson effeuillé, soit une petite poignée
20 g de salade frisée ou de pourpier
2 petits avocats très mûrs
8 g de racine de gingembre et/ou de zeste de citron
1 cuil. à soupe d'échalotes hachées
48 graines de poivre vert
4 cuil. à soupe de persil plat
24 baies, mûres ou groseilles

Sauce d'accompagnement : 8 cl de vinaigrette gourmande (page 414).

Lavez, égouttez les salades et tous légumes frais. Pelez les petits avocats.

Versez tous les ingrédients dans un grand saladier, ajoutez le saumon, l'estragon fumé et la lisette.

Ajoutez la sauce d'accompagnement. Servez.

### ➤ *Salade Gourmande* La Cigale Récamier©

***Pour 2 personnes***

200 g de haricots verts fins équeutés
12 pointes d'asperges fraîches, bien épluchées
6 jolies feuilles de salade (batavia, trévise, pourpier)
2 grosses crevettes
2 langoustines
2 noix de saint-jacques

1 petite boîte de chair de crabe
Huile d'olive
Eau de cuisson des légumes : 1,5 l d'eau + 30 g de gros sel

Jetez les haricots verts dans la casserole remplie d'eau bouillante salée avec 30 g de sel,

Faites-les cuire *al dente* pendant 4 à 8 min.

Sortez-les rapidement de l'eau de cuisson et les plongez-les 10 secondes dans une bassine d'eau glacée puis égouttez-les. Décortiquez les crustacés. Poêlez les noix de saint-jacques 20 secondes de chaque côté avec 1 filet d'huile d'olive.

Ajoutez 30 g de gros sel à la sauce vinaigrette gourmande (voir ci-dessous) et assaisonnez-en les haricots verts et les asperges.

Répartissez harmonieusement dans l'assiette, déposez dans chaque assiette 1 grosse crevette, 1 langoustine, 1 noix de saint-jacques et décorez avec la chair de crabe.

➤ *Vinaigrette gourmande* La Cigale Récamier©

1 cuil. à café de jus de citron
3 cuil. à café d'huile d'olive
1 cuil. à café d'huile de sésame
1 cuil. à café de vinaigre de Xérès
1 cuil. à café de cerfeuil
1 cuil. à café d'estragon

Mélangez le tout à l'aide d'un robot ou d'un bol mélangeur jusqu'à ce que la combinaison soit homogène. Vous pouvez conserver la vinaigrette au réfrigérateur.

# Les poissons

## ➤ *Escalope de saumon aux brocolis et pois gourmands*

***Pour 2 personnes***

160 g de saumon par personne
2 portions de riz sauvage
300 g de brocolis
300 g de pois gourmands
Huile d'olive
1/2 orange
Quelques amandes effilées
Sel, poivre

Faites cuire les légumes à la vapeur *al dente* pendant 4 à 8 min. Faites cuire le riz, égouttez.

Poêlez le saumon avec 1 cuil. à soupe d'huile d'olive. Assaisonnez le saumon d'un filet de jus frais d'orange pressé et de quelques amandes effilées, salez, poivrez.

Servez les légumes avec un filet d'huile d'olive et quelques herbes fraîches. Ajoutez les 2 portions de riz, servez.

## ➤ *Dorade royale à la vapeur de thym, buisson de légumes nouveaux*
La Cigale Récamier©

***Pour 4 personnes***

2 dorades royales de 600 g chacune
1 botte de jeunes carottes
4 petits fenouils
500 g de brocolis
1 botte de navet jaune

4 petits poireaux
4 artichauts poivrade
2 courgettes
100 g de pois gourmands
200 g de pousses d'épinards ou de tétragones
1 citron

Sauce :
3 tomates bien fermes
1 botte d'aneth
1 botte d'estragon
1 botte de ciboulette
1 botte de basilic
Sel et poivre
1 brin de thym
Huile d'olive
Vinaigre balsamique

Levez les dorades en filets (demandez à votre poissonnier).

Faites cuire à l'eau bouillante carottes, navets, fenouils, brocolis, poireaux, courgettes, pois gourmands. Passez-les sous l'eau glacée puis égouttez-les pour qu'ils conservent leurs couleurs.

Faites cuire les artichauts poivrade à l'étouffée en ajoutant un peu d'eau, du jus de citron ou de sel au besoin.

Ôtez les queues des pousses d'épinards.

Ôtez la peau des tomates en les plongeant 30 secondes dans l'eau de cuisson des légumes puis en les refroidissant dans l'eau glacée.

Coupez la tomate en quatre, ôtez le cœur et les pépins. Coupez les quartiers en petits dés. Ajoutez l'huile d'olive et les herbes ciselées.

Faites un court-bouillon de légumes en ajoutant le thym.

Utilisez une poissonnière pour la cuisson.

Chauffez les légumes à la vapeur. Incorporez un filet d'huile d'olive, le basilic. Assaisonnez.

## Les desserts

### ➤ *Lait d'amandes*

***Pour 1 personne***

1 verre de lait d'amandes
1/2 banane
2 cuil. à café de sirop d'agave
1 pincée de poudre de vanille, de cannelle et/ou de muscade
2 à 3 figues ou fruits séchés

Mixez tous les ingrédients durant 3 à 4 min pour obtenir un lait d'amandes homogène. Allongez avec un peu d'eau selon la texture désirée.

Variante : faites tremper dans l'eau des fruits secs durant une nuit avant de les mixer.

### ➤ *Salade de fruits aux noix de Grenoble et aux amandes*

***Pour 1 personne***

150 à 200 g de fruits frais (figues, oranges, pommes, poires, fruits rouges, 1/4 banane)
100 g de fromage blanc allégé
4 amandes ou 1 cuil. à soupe d'amandes hachées
1 cuil. à soupe de cerneaux de noix de Grenoble
1 cuil. à café de sirop d'agave
Vanille
Cannelle en poudre

Pelez, retirez les graines des fruits, coupez-les en morceaux.

Parfumez le fromage blanc avec de la vanille ou la cannelle, incorporez les amandes et les cerneaux et sucrez selon votre goût. Mélangez le tout avec les fruits.

### ➤ *Soufflé aux petits-suisses allégés et salade de fruits rouges*
La Cigale Récamier©

***Pour 2 personnes***

4 petits-suisses allégés
2 cuil. à soupe de sirop d'agave
4 jaunes d'œufs
8 blancs d'œufs

Rassemblez tous les ingrédients dans un bol, battez et mélangez le tout.

Versez la préparation dans un moule à soufflé. Mettez au four à 195 °C pendant 7 min. Surveillez la cuisson et baissez la température s'il le faut. Servez avec la salade de fruits.

### ➤ *Soupe de pêches blanches à la mélisse*
La Cigale Récamier©

***Pour 4 personnes***

4 pêches blanches
25 cl d'eau
1 citron
1 gousse de vanille
1 cuil. à soupe de sirop d'agave
8 feuilles de mélisse

Ôtez la peau des pêches à l'eau bouillante, refroidir.

Faites un sirop avec 25 cl d'eau, le jus du citron. Ajoutez la gousse de vanille, la cuillère à soupe de sirop d'agave et les 8 feuilles de mélisse ciselées.

Ouvrez les pêches en deux, ôtez le noyau. Poêlez les pêches 5 min. Laissez refroidir le tout.

Servez en assiette creuse, avec éventuellement une boule de glace à la vanille.

# Tableaux des index glycémiques

**Aliments et produits à IG bas**

| | | | |
|---|---|---|---|
| Amarante | 35 | Brugnon, nectarine (blancs ou jaunes ; fruit frais) | 35 |
| Cassoulet | 35 | Céleri-rave (cru ; rémoulade) | 35 |
| Coing (fruit frais) | 35 | Compote, purée de fruits (sans sucre) | 35 |
| Crème glacée (au fructose) | 35 | Farine de pois chiches | 35 |
| Figue (fraîche) | 35 | Grenade (fruit frais) | 35 |
| Haricot adzuki | 35 | Haricot borlotti | 35 |
| Haricot blanc, cannellini | 35 | Haricot noir | 35 |
| Haricot rouge | 35 | Jus de tomate | 35 |
| Levure | 35 | Levure de bière | 35 |
| Lin, sésame, pavot (graines de) | 35 | Maïs ancestral (indien) | 35 |
| Moutarde | 35 | Orange (fruit frais) | 35 |
| Pain Essène (de céréales germées) | 35 | Pêche (fruit frais) | 35 |
| Petits pois (frais) | 35 | Pois chiches (boîte) | 35 |
| Pomme (compote) | 35 | Pomme (fruit frais) | 35 |
| Prune (fruit frais) | 35 | Purée d'amandes blanches (sans sucre) | 35 |
| Quinoa | 35 | Riz sauvage | 35 |
| Sauce tomate, coulis de tomate (sans sucre) | 35 | Tomate séchée | 35 |

| | | | |
|---|---|---|---|
| Tournesol (graines) | 35 | Vermicelle de blé dur | 35 |
| Wasa™ fibre (24 %) | 35 | Yaourt au soja (aromatisé) | 35 |
| Yaourt, yoghourt, yogourt (nature) | 35 | Abricot (fruit frais) | 30 |
| Ail | 30 | Betterave (crue) | 30 |
| Carotte (crues) | 30 | Confiture (sans sucre) | 30 |
| Fromage blanc** non égoutté | 30 | Fruit de la passion, maracudja, grenadille pourpre | 30 |
| Haricot vert | 30 | Lait de soja | 30 |
| Lait d'avoine (non cuite) | 30 | Lait d'amande | 30 |
| Lait frais/poudre | 30 | Lait (écrémé ou non) | 30 |
| Lentille brune | 30 | Lentille jaune | 30 |
| Mandarine, clémentine | 30 | Marmelade (sans sucre) | 30 |
| Navet (cru) | 30 | Pamplemousse (fruit frais) | 30 |
| Poire (fruit frais) | 30 | Pois chiches | 30 |
| Salsifis | 30 | Tomate | 30 |
| Vermicelle de soja | 30 | Airelle, myrtille | 25 |
| Cerise | 25 | Chocolat noir (> 70 % de cacao) | 25 |
| Farine de soja | 25 | Flageolet | 25 |
| Fraise (fruit frais) | 25 | Framboise (fruit frais) | 25 |
| Graines de courge | 25 | Groseille | 25 |
| Groseille à maquereau | 25 | Haricot mungo (soja) | 25 |
| Hummus, homus, humus | 25 | Lentille verte | 25 |
| Mûre | 25 | Pois cassés | 25 |
| Purée de cacahuètes (sans sucre) | 25 | Purée de noisettes entières (sans sucre) | 25 |
| Purée d'amandes complètes (sans sucre) | 25 | Artichaut | 20 |
| Aubergine | 20 | Cacao en poudre (sans sucre) | 20 |
| Cerise des Antilles, acérola | 20 | Chocolat noir (> 85 % de cacao) | 20 |

| | | | |
|---|---|---|---|
| Cœur de palmier | 20 | Fructose | 20 |
| Jus de citron (sans sucre) | 20 | Pousse de bambou | 20 |
| Ratatouille | 20 | Sauce tamari (sans sucre ni édulcorants) | 20 |
| Yaourt au soja (nature) | 20 | Agave (sirop) | 15 |
| Amande | 15 | Asperge | 15 |
| Blette, bette | 15 | Brocoli | 15 |
| Cacahuètes, arachides | 15 | Céleri branche | 15 |
| Céréales germées | 15 | Champignon | 15 |
| Chou-fleur | 15 | Choucroute | 15 |
| Chou | 15 | Choux de Bruxelles | 15 |
| Concombre | 15 | Courgette | 15 |
| Échalote | 15 | Endive, chicorée | 15 |
| Épinard | 15 | Fenouil | 15 |
| Gingembre | 15 | Graines germes | 15 |
| Groseille noire, cassis | 15 | Haricot coco, haricot mange-tout, coco plat, coco | 15 |
| Noisette | 15 | Noix | 15 |
| Noix de cajou | 15 | Oignon | 15 |
| Olives | 15 | Oseille | 15 |
| Pesto | 15 | Physalis | 15 |
| Pignon de pin | 15 | Piment | 15 |
| Pistache | 15 | Poireau | 15 |
| Poivron | 15 | Radis | 15 |
| Rhubarbe | 15 | Salade (laitue, scarole, frisée, mâche, etc.) | 15 |
| Soja (graines/noix) | 15 | Son (de blé, d'avoine…) | 15 |
| Tofu (soja) | 15 | Avocat | 10 |
| Crustacés (homard, crabe, langouste) | 5 | Épices (poivre, persil, basilic, origan, carvi, cannelle, vanille, etc.) | 5 |
| Vinaigre | 5 | | |

**Aliments et produits à IG moyen**

| | | | |
|---|---|---|---|
| All-Bran™ | 50 | Barre énergétique de céréales (sans sucre) | 50 |
| Biscuits (farine complète ; sans sucre) | 50 | Chayotte, cristophine (purée de) | 50 |
| Jus de pomme (sans sucre) | 50 | Jus d'airelle rouge/ canneberge (sans sucre) | 50 |
| Jus d'ananas (sans sucre) | 50 | Kaki | 50 |
| Kiwi | 50 | Litchi (fruit frais) | 50 |
| Macaronis (blé dur) | 50 | Mangue (fruit frais) | 50 |
| Muësli (sans sucre) | 50 | Patate douce | 50 |
| Pâtes complètes (blé entier) | 50 | Riz basmati long | 50 |
| Riz complet brun | 50 | Surimi | 50 |
| Topinambour, artichaut de Jérusalem | 50 | Airelle rouge, canneberge | 45 |
| Ananas (fruit frais) | 45 | Banane (verte) | 45 |
| Banane plantain (crue) | 45 | Blé (type Ebly) | 45 |
| Boulgour, bulgur complet (blé, cuit) | 45 | Capellini | 45 |
| Céréales complètes (sans sucre) | 45 | Couscous intégral | 45 |
| Farine de farro (intégrale) | 45 | Farine de kamut (intégrale) | 45 |
| Jus de pamplemousse (sans sucre) | 45 | Jus d'orange (sans sucre et pressé) | 45 |
| Noix de coco | 45 | Orge | 45 |
| Pain grillé, farine intégrale sans sucre | 45 | Petits pois (boîte) | 45 |
| Pilpil (de blé) | 45 | Raisin (fruit frais) | 45 |
| Riz basmati complet | 45 | Sauce tomate, coulis de tomate (avec sucre) | 45 |
| Seigle (intégral ; farine pain) | 45 | Abricot sec | 40 |
| Avoine | 40 | Beurre de cacahuètes (sans sucre ajouté) | 40 |

| | | | |
|---|---|---|---|
| Chicorée (boisson) | 40 | Épeautre (intégral) | 40 |
| Farro | 40 | Fève (crue) | 40 |
| Figue sèche | 40 | Flocons d'avoine (non cuit) | 40 |
| Gelée de coings (sans sucre) | 40 | Haricot rouge (boîte) | 40 |
| Jus de carotte (sans sucre) | 40 | Kamut intégral | 40 |
| Lactose | 40 | Lait de coco | 40 |
| Pain 100 % intégral au levain pur | 40 | Pain azyme (farine intégrale) | 40 |
| Pâtes intégrales, *al dente* | 40 | Pepino, poire-melon | 40 |
| Pruneau | 40 | Pumpernickel | 40 |
| Purée de sésame, tahin | 40 | Sablé (farine intégrale, sans sucre) | 40 |
| Sarrasin, blé noir (intégral ; farine ou pain) | 40 | Sorbet (sans sucre) | 40 |
| Spaghettis *al dente* (cuits 5 minutes) | 40 | | |

**Aliments et produits à IG élevé**

| | | | |
|---|---|---|---|
| Sirop de maïs | 115 | Maltose (bière) | 110 |
| Amidons modifiés | 100 | Glucose | 100 |
| Sirop de blé, sirop de riz | 100 | Sirop de glucose | 100 |
| Farine de riz | 95 | Fécule de pomme de terre (amidon) | 95 |
| Pomme de terre au four | 95 | Pomme de terre frite | 95 |
| Pain blanc sans gluten | 90 | Pomme de terre en flocons (instantanée) | 90 |
| Riz gluant | 90 | Arrowroot, herbe aux flèches | 85 |
| Carotte (cuite) | 85 | Céléri-rave (cuit) | 85 |
| Corn-flakes, flocons de maïs | 85 | Farine de blé blanche | 85 |
| Gâteau de riz | 85 | Lait de riz | 85 |
| Maïzena (amidon de maïs) | 85 | Miel | 85 |
| Navet (cuit) | 85 | Pain hamburger | 85 |

| | | | |
|---|---|---|---|
| Pain très blanc, pain de mie (type Harry's®) | 85 | Panais | 85 |
| Pop corn (sans sucre) | 85 | Riz à cuisson rapide (précuit) | 85 |
| Riz soufflé, galettes de riz | 85 | Tapioca | 85 |
| Fève (cuite) | 80 | Pomme de terre en purée | 80 |
| Courges (diverses) | 75 | Doughnuts | 75 |
| Gaufre au sucre | 75 | Lasagnes (blé tendre) | 75 |
| Pastèque | 75 | Potiron | 75 |
| Riz au lait (sucré) | 75 | Amarante soufflée | 70 |
| Bagels | 70 | Baguette, pain blanc | 70 |
| Banane plantain (cuite) | 70 | Barre chocolatée (sucrée) | 70 |
| Biscotte | 70 | Biscuit | 70 |
| Bouillie de farine de maïs | 70 | Brioche | 70 |
| Céréales raffinées sucrées | 70 | Chips | 70 |
| Colas, boissons gazeuses, sodas (type Coca-Cola®) | 70 | Croissant | 70 |
| Datte | 70 | Farine de maïs | 70 |
| Gnocchi | 70 | Mélasse | 70 |
| Mil, millet, sorgho | 70 | Nouilles (blé tendre) | 70 |
| Orge perlé | 70 | Pain azyme (farine blanche) | 70 |
| Pain de riz | 70 | Polenta, semoule de maïs | 70 |
| Pomme de terre bouillie pelée | 70 | Raviolis (blé tendre) | 70 |
| Risotto | 70 | Riz blanc standard | 70 |
| Rutabaga, chou-navet | 70 | Spécial K® | 70 |
| Sucre blanc (saccharose) | 70 | Sucre roux (complet/intégral) | 70 |
| Tacos | 70 | Ananas (boîte) | 65 |
| Betterave (cuite) | 65 | Châtaigne, marron | 65 |
| Confiture (sucrée) | 65 | Couscous | 65 |
| Farine semi-complète | 65 | Fruit à pain, arbre à pain | 65 |
| Gelée de coings (sucrée) | 65 | Igname | 65 |
| Maïs courant en grains | 65 | Marmelade (sucrée) | 65 |

| | | | |
|---|---|---|---|
| Mars®, Sneakers®, Nuts®, etc. | 65 | Muësli (avec sucre, miel…) | 65 |
| Pain au chocolat | 65 | Pain au seigle (30 % de seigle) | 65 |
| Pain bis (au levain) | 65 | Pain complet | 65 |
| Pomme de terre cuite dans sa peau (eau/vapeur) | 65 | Raisin sec | 65 |
| Sirop d'érable | 65 | Sorbet (sucré) | 65 |
| Tamarin (doux) | 65 | Abricot (boîte, au sirop) | 60 |
| Banane (mûre) | 60 | Crème glacée classique (sucrée) | 60 |
| Farine complète | 60 | Lasagnes (blé dur) | 60 |
| Mayonnaise (industrielle, sucrée) | 60 | Melon | 60 |
| Orge mondé | 60 | Ovomaltine | 60 |
| Pain au lait | 60 | Pizza | 60 |
| Porridge, bouillie de flocons d'avoine | 60 | Poudre chocolatée (sucrée) | 60 |
| Raviolis (blé dur) | 60 | Riz de Camargue | 60 |
| Riz long | 60 | Riz parfumé | 60 |
| Biscuits sablés (farine, beurre, sucre) | 55 | Boulgour, bulgur (blé, cuit) | 55 |
| Jus de mangue (sans sucre) | 55 | Ketchup | 55 |
| Manioc (amer) | 55 | Manioc (doux) | 55 |
| Moutarde (avec sucre ajouté) | 55 | Nèfle | 55 |
| Nutella® | 55 | Papaye (fruit frais) | 55 |
| Pêche (boîte, au sirop) | 55 | Riz rouge | 55 |
| Spaghettis blancs bien cuits | 55 | Sushi | 55 |
| Tagliatelles (bien cuites) | 55 | | |

# Bibliographie


**Livres**

Bond G., *Mieux manger retour aux sources*, Paris, Oskar Éditions, 2005.

Bourre J.-M., *La Vérité sur les oméga-3*, Paris, Odile Jacob, 2004.

Cordain L., *The Paleo Diet*, Hoboken (NJ), Wiley, 2002.

De Lorgeril M., Salen P., *Le Pouvoir des oméga-3*, Monaco, Alpen, 2004.

Fricker J., *Le Régime crétois. Bienfaits et recettes pour la vie d'aujourd'hui*, Paris, Hachette Pratique, 2000.

Grosgogeat H., *La Méthode acide-base*, Paris, Odile Jacob, 2007.

Harper J., *Detox Handbook*, Londres, Dorling Kindersley, 2002.

Perricone N., *The Perricone Weight-Loss Diet*, New York, Ballantine Books, 2005.

Presles P., Solano C., *Prévenir*, Paris, Robert Laffont, 2006.

Rafal S., *L'Alimentation anti-oxydante*, Paris, Marabout, 2004.

Reinagel M., *Inflammation Free Diet Plan*, McGraw Hill, 2006.

Sears B., *Le Régime oméga*, Québec, Les Éditions de l'Homme, 2002.

Sears B., Lawren B., *Le Juste Milieu dans votre assiette*, Québec, Les Éditions de l'Homme, 2003.

Seignalet J., *L'Alimentation ou la troisième médecine*, Paris, Éditions de l'Œil, coll. « Écologie humaine François-Xavier de Guibert », 2004.

Servan-Schreiber D., *Guérir le stress, l'anxiété et la dépression sans médicaments ni psychanalyse*, Paris, Robert Laffont, 2003.

Servan-Schreiber D., *Anticancer, prévenir et lutter grâce à nos défenses naturelles*, Paris, Robert Laffont, 2003.

Simopoulos A., Robinson J., *Le Régime oméga-3*, Grenoble, EDP Sciences, 2004.

Thurin J.-M., Baumann N., *Stress, pathologies et immunité*, Paris, Flammarion, 2003.

Vormann J., Goedecke T., Banziger E., *En harmonie avec l'équilibre acido-basique*, Delémont, Éditions Viridis, 2003.

Walker N. W., *Votre santé par les jus frais de légumes et de fruits*, Éditions d'Utovie, 1999.

Weill A., *Huit Semaines pour retrouver une bonne santé*, Paris, J.-C. Lattès, 1998.

Willet W. C., *Manger, boire et vivre en bonne santé*, Québec, Les Éditions de l'Homme, 2003.

## Articles

Abramson J.-L., Vaccarino V., « Relationship between physical activity and inflammation among apparently healthy middle-aged and older US adults », *Arch. Intern. Med.*, 2002, 162(11), p. 1286-1292.

Aggarwal B. B., Harikumar K. B., « Potential therapeutic effects of curcumin, the anti-inflammatory agent, against neurodegenerative, cardiovascular, pulmonary, metabolic, autoimmune and neoplasic diseases », *Int. J. Biochem. Cell. Biol.*, 2009, 41(1), p. 40-49.

Ajani U. A., Ford E. S. *et al.*, « Dietary fiber and c-reactive protein », *Findings from National Health and Nutrition Examination Survey Data*, 2004, 134, p. 1181-1185.

Akiyama H., Barger S. *et al.*, « Inflammation and Alzheimer's disease », *Neurobiol. Aging*, 2000, 21(3), p. 383-421.

Andersson C. X., Gustafson B. *et al.*, « Inflamed adipose tissue, insulin resistance and vascular injury », *Diabetes Metab. Res. Rev.*, 2008, 24(8), p. 595-603.

Antuna-Puente B., Feve B. *et al.*, « Obesity, inflammation and insulin resistance : which role for adipokines ? », *Thérapie*, 2007, 62(4), p. 285-292.

Antuna-Puente B., Feve B. *et al.*, « Adipokines: the missing link between insulin resistance and obesity », *Diabetes Metab.*, 2008, 34(1), p. 2-11.

Baer D. J., Judd J. T. *et al.*, « Dietary fatty acids affect plasma markers of inflammation in healthy men fed controlled diets : A randomized crossover study », *Am. J. Clin. Nutr.*, 2004, 79, p. 969-973.

Barham J. B., Edens M., « Addition of eicosapentaenoic acid to gamma-linolenic acid-supplement diets prevents serum arachidonic acid accumation in humans », *J. Nutr.*, 2000, 130, p. 1925-1931.

Bastard J. P., Maachi M. *et al.*, « Recent advances in the relationship between obesity, inflammation, and insulin resistance », *Eur. Cytokine Netw.*, 2006, 17(1), p. 4-12.

Belluzzi A., Boschi S. *et al.*, « Polyunsaturated fatty acids and inflammatory bowel disease », *Am. J. Clin. Nutr.*, 2000, 71 (suppl.), p. 339S-342S.

Bhathena S. J., « Relationship between fatty acids and the endocrine and neuroendocrine system », *Nutr. Neurosci.*, 2006, 9(1-2), p. 1-10.

Black P. H., « Stress and the inflammatory response : A review of neurogenic inflammation », *Brain Behav. Immun.*, 2002, 16, p. 622-653.

Bower J., Ganz P. *et al.*, « Inflammatory response to psychological stress in fatigued breast cancer survivors : Relationship to glucocorticoid », *Brain Behav. Immun.*, 2007, 21, p. 251-258.

Brighenti F., Valtuena S. *et al.*, « Total antioxidant capacity of the diet is inversely and independently related to plasma concentration of high sensitivity C-reactive protein in adult Italian subjects », *Br. J. Nutr.*, 2005, 93(5), p. 619-625.

Bruun J., Helge J. W. *et al.*, « Diet and exercise reduce low-grade inflammation and macrophage infiltration in adipose tissue but not in skeletal muscle in severely obese subjects », *Am. J. Physiol. Endocrinol. Metab.*, 2006, 290(5), p. E961-967.

Bucher H. C., Hengstler P. *et al.*, « n-3 polyunsaturated fatty acids in coronary heart disease : A meta-analysis of randomized controlled trials », *Am. J. Med.*, 2002, 112, p. 298-304.

Cancello R., Clement K., « Is obesity an inflammatory illness ? Role of low-grade inflammation and macrophage infiltration in human white adipose tissue », *BJOG*, 2006, 113(10), p. 1141-1147.

Cancello R., Henegar C. *et al.*, « Reduction of macrophage infiltration and chemoattractant gene expression changes in white adipose tissue of morbidly obese subjects after surgery-induced weight loss », *Diabetes*, 2005, 54(8), p. 2277-2286.

Capuron L., Dantzer R., « Cytokines and depression : The need for a new paradigm », *Brain Behav. Immun.*, 2003, 17, p. S119-S124.

Chainani-wu N., « Safety and inflammatory activity of curcumin : A component of turmeric (curcuma longa) », *J. Altern. Complementary Med.*, 2003, 9(1), p. 161-168.

Chun O. K., Chung S. J. *et al.*, « Serum C-Reactive Protein concentrations are inversely associated with dietary flavonoid intake in US adults », *J. Nutr.*, 2008, 138(4), p. 753-760.

Clark A., Seidler A. *et al.*, « Inverse association between sense of humor and coronary heart disease », *Int. J. Cardiol.*, 2001, 80(1), p. 87-88.

Clarke J. O., Mullin G. E., « Review of complementary and alternative approaches to immunodulation », *Nutr. Clin. Pract.*, 2008, 23(1), p. 49-62.

Clement K., Viguerie N. *et al.*, « Weight loss regulates inflammation-related genes in white adipose tissue of obese subjects », *FASED J.*, 2004, 18(14), p. 1657-1669.

Conner E. M., Grisham M. B., « Inflammation, free radicals, and antioxidants », *Nutrition*, 1996, 12(4), p. 274-277.

Cooper N. R., Bradt B. M., « Focal inflammation in the brain : Role in Alzheimer's disease », *Immunol. Res.*, 2000, 21(2-3), p. 159-165.

De Caterina R., Zampolli A., « From asthma to atherosclerosis. 5-lipoxygenase, leukotrienes, and inflammation », *N. Engl. J. Med.*, 2004, 350(1), p. 4-7.

Dedoussis G. V., Kanoni S. *et al.*, « Mediterranean diet and plasma concentration of inflammatory markers in old and very old subjects in the Zincage population study », *Clin. Lab. Med.*, 2008, 46(7), p. 990-996.

Detopoulou P., Panagiotakos D. B. *et al.*, « Dietary choline and betaine intakes in relation to concentration of inflammatory markers in healthy adults : The Attica study », *Am. J. Clin. Nutr.*, 2008, 87(2), p. 424-430.

De Vizia B, Raia V. *et al.*, « Effect of an 8-month treatment with omega-3 fatty acids (eicosapentaenoic and docosahexaenoic) in patients with cystic fibrosis », *J. Parenter Enteral. Nutr.* 2003, 27(1), p. 52-57.

Elosua R., Bartali B. *et al.*, « Association between physical activity, physical performance, and inflammatory biomarkers in an elderly population : The Inchianti study », *J. Gerontol. A Biol. Sci. Med. Sci.*, 2005, 60A(6), p. 760-767.

Erkkila A. T., Lehto S., *et al.*, « N-3 Fatty acids and 5-y risks of death and cardiovascular disease events in patients with coronary artery disease », *Am. J. Clin. Nutr.*, 2003, 78, p. 65-71.

Erlinger T. P., Gaullar E. *et al.*, « Relationship between systemic markers of inflammation and serum Beta-Carotene levels », *Archives of Internal Medicine,* 2000, 161, p. 1903-1908.

Eskandari F., Webster J. I. *et al.*, « Neural immune pathways and their connection to inflammatory diseases », *Arthritis Res. Ther.*, 2003, 5, p. 251-265.

Esposito K., Pontillo A. *et al.*, « Effect of weight loss and lifestyle changes on vascular inflammatory markers in obese women : A randomized trial », *JAMA*, 2003, 289(14), p. 1799-1804.

Esposito K., Marfella R. *et al.*, « Effect of a mediterranean-style diet on endothelial dysfunction and markers of vascular inflammation in the metabolic syndrome », *JAMA*, 2004, 292, p. 1440-1446.

Faarvang K. L., Nielsen G. L. *et al.*, « Fish oils and rheumatoid arthritis : A randomized and double-blind study », *Ugeskr. Laeger* 1994, 156(23), p. 3495-3498.

Faintuch J., Horie L. M. *et al.*, « Systemic inflammation in morbidly obese subjects : Response to oral supplementation with alpha-linolenic acid », *Obes. Surg*, 2007, 17(3), p. 341-347.

Fan E., Zhang L. *et al.*, « Benefical effects of resveratrol on atherosclerosis », *J. Med. food*, 2008, 11(4), p. 610-614.

Fan Y. Y., Ramos K. S. *et al.*, « Modulation of atherogenesis by dietary gamma-linolenic acid », *Adv. Exp. Med. Biol.*, 1999, 469, p. 485-491.

Fernandez-Real J. M., « Insulin resistance, inflammation, and serum fatty acid composition », *Diabetes Care.*, 2003, 26(5), p. 1362-1368.

Fernandez-Real J. M., « Insulin resistance and inflammation in an evolutionary perspective : The contribution of cytokine genotype/phenotype to thriftiness », *Diabetologia,* 1999, 42, p. 1367-1374.

Ferretti A., Nelson G. J. *et al.*, « Increased dietary arachidonic acid enhances the synthesis of vasoactive eicosanoids in humans », *Lipids,* 1997, 32, p. 435-439.

Finch C. E., Morgan T. E., « Systemic inflammation, infection, ApoE alleles, and Alzheimer's disease : A position paper », *Curr. Alzheimer Res.*, 2007, 4(2), p. 185-189.

Ford E. S., Mokad A. H. *et al.*, « Healthy eating index and C-reactive protein concentration: Findings from the National health and Nutrition Examination Survey III 1988-94 », *Eur. J. Clin. Nutr.*, 2005, 59(2), p. 278-283.

Forster-Powell K., Holt S. H. *et al.*, « International table of glycemic index and glycemic load values », *Am. J. Clin. Nutr.*, 2002, 76, p. 5-56.

Gao X., Bermudez O. I. *et al.*, « Plasma C-reactive protein and homocysteine concentrations are related to frequent fruit and vegetable intake in Hispanic and non-Hispanic white elders », *J. Nutr.*, 2004, 134, p. 913-918.

Gorinstein S., Jastrzebski Z. *et al.*, « The atherosclerotic heart disease and protecting properties of garlic : Contemporary data », *Mol. Nutr. Food Res.*, 2007, 51(11), p. 1365-1381.

Guerre-Millo M., « Adipose tissue and adipokines: for better or worse », *Diabetes Metab.*, 2004, 30(1), p. 13-19.

Gupta A., Pansari K., « Inflammation and Alzheimer's disease », *Int. J. Clin. Pract.*, 2003, 57(1), p. 36-39.

Gupta A., Watkins A. *et al.*, « Coagulation and inflammatory markers in Alzheimer's and vascular dementis », *Int. J. Clin. Pract.*, 2005, 59(1), p. 52-57.

Hardam W. E., « N-3 fatty acids and cancer therapy », *J. Nutr*. 2004, 134, p. 3427S- 3430S.

Harper C. R., Jacobson T. A. *et al.*, « The fats of life : The role of omega-3 fatty acids in the prevention of coronary heart disease », *Arch. Int. Med.*, 2001, 161, p. 2185-2192.

Harris W. S., Poston W. C. *et al.*, « Tissue n-3 and n-6 fatty acids and risk for coronary heart disease events », *Atherosclerosis*, 2007, 193(1), p. 1-10.

Henderson S. T., « High carbohydrate diets and Alzheimer's disease », *Med. Hypotheses*, 2004, 62(5), p. 689-700.

Hirsch E. C., Hunot S. *et al.*, « Neuroinflammatory processes in Parkinson's disease », *Parkinsonism Relat. Disort.*, 2005, 1, p. 9-15.

Hirsch E. C., Breidert T. *et al.*, « The role of glial reaction and inflammation in Parkinson's Disease », *Ann. NY Acad. Sci.*, 2003, 991, p. 214-228.

Holvoet P., « Relation between metabolic syndrome, oxidative stress and inflammation and cardiovascular disease », *Verth. K. Acad. Geneeskd. Belg.*, 2008, 70(3), p. 193-219.

Hu F. B., Willett W. C., « Optimal diets for prevention of coronary heart disease », *JAMA*, 2002, 288(20), p. 2569-2578.

Hyogo H., Yamagishi S. « Advanced glycation end products (AGEs) and their involment in liver disease », *Curr. Pharm. Des.*, 2008, 14(10), p. 969-972.

Jain S., Mills P. J., « Effects of perceived stress and uplifts on inflammation and coagulability », *Psychophysiology*, 2007, 44(1), p. 154-160.

Kelley D. S., « Modulation of human immune and inflammatory responses by dietary fatty acids », *Nutrition*, 2001, 17 (7-8), p. 669-673.

King D. E., « Dietary fiber, inflammation, and cardiovascular disease », *Mol. Nutr. Food Res.*, 2005, 49(6), p. 594-600.

Kiyonori K., Wakai K. *et al.*, « Risk of colorectal cancer is linked to erythrocyte composition of fatty acids as biomarkers for dietary intakes of fish, fat, and fatty acids », *Cancer Epidemiology Biomarkers & Prevention*, 2006, 15, p. 1791-1798.

Kremer J. M., Bigauouette J. *et al.*, « Effects of manipulation of dietary fatty acids on clinical manifestations of rheumatoid arthritis », *Lancet*, 1985, 1(8422) p. 184-187.

Kremer J. M., Mawrence D. A., « Dietary fish oil and olive oil supplementation in patients with rheumatoid arthritis. Clinical and immunologic effects », *Arthritis Rheum*, 1990, 33(6), p. 810-820.

Kressel G., Trunz B. *et al.*, « Systemic and vascular markers of inflammation in relation to metabolic syndrome and insulin resistance in adult with elevated atherosclerosis risk », *Atherosclerosis*, 2009, 202(1), p. 263-271.

Kris-Etherton P. M., Harris W. S. *et al.*, « Fish consumption, fish oil, omega-3 fatty acids, and cardiovascular disease », *Circulation*, 2002, 106, p. 2747-2757.

Kris-Etherton P. M., Harris W. S. *et al.*, « Omega-3 fatty acids and cardiovascular disease : New recommendations from the American Heart Association », *Arterioscler. Thromb. Vasc. Biol.*, 2003, 23, p. 151-152.

Kumar P., Strang A., Ho M. *et al.*, « The effects of borage oil supplementation on non-steroidal anti-inflammatory drug. Requirements in patients with rheumatoid arthritis », *Journal of Complementary and Integrative Medicine*, vol. 5, n° 1, 2008, article 23.

Kuriki K., Hirose K. *et al.*, « Breast cancer risk and erythrocyte composition of n-3 highly unsaturated fatty acids in Japanese », *Int. J. Cancer,* 2007, 121(2), p. 377-385.

Lemaitre R. N., King I. B. *et al.*, « N-3 Polyunsaturated fatty acids, fatal ischemic heart disease, and nonfatal myocardial infraction in older adults : the cardiovascular health study », *Am. J. Clin. Nutr.*, 2003, 77(2), p. 319-325.

Lemaitre R. N., King I. B. *et al.*, « N-3 Polyunsaturated fatty acids, fatal ischemic heart disease, and nonfatal myocardial infarction in older adults : the cardiovascular health study », *Am. J. Clin. Nutr.*, 2003, 77, p. 319-325.

Lim G. P., Yang F., « Ibuprofen suppresses plaque pathology and inflammation in a mouse model for Alzheimer's disease », *J. Neurosci.*, 2000, 20(15), p. 5709-5714.

Lin J. K., Tsai S. H., « Chemoprevention of cancer and cardiovascular disease by resveratrol », *Proc. Natl. Sci. Counc. Repub. China B.*, 1999, 23(3), p. 99-106.

Liu S., Manson J. E. *et al.*, « Relation between a diet with a high glycemic load and plasma concentrations of high-sensitivity c-reactive protein in middle-aged women », *Am. J. Clin. Nutr.*, 2002, 75(3), p. 492-498.

Logsdon C. D, Fuentes M. K. *et al.*, « Rage and rage ligand in cancer », *Curr. mol. ed.*, 2007, 7(8), p. 777-789.

MacLean C. H., Newberry S. J. *et al.*, « Effects of omega-3 fatty acids on cancer risk : A systematic review », *JAMA*, 2006, 295(4), p. 4303-4315.

Mangge H., Hermann J. *et al.*, « Diet and rheumatoid arthritis : A review », *Scand. J. Rheumatol.*, 1999, 28, p. 201-209.

Martin A. R., Villegas I. *et al.*, « Resveratrol, a polyphenol found in grapes, suppresses oxidative damage and stimulates apoptosis during early colonic inflammation in rats », *Biochemical Pharmacology*, 2001, 67(7), p. 1399-1410.

Matsuyama W., Mitsuyama H. *et al.*, « Effects of omega-3 polyunsaturated fatty acids on inflammatory markers in COPD », *Chest.*, 2005, 128(6), p. 3817-3827.

McFarlin B. K., Flynn M. G. *et al.*, « Physical activity status, but not age, influences inflammatory biomarkers and toll-like receptor 4 », *J. Gerontol. A Biol. Sci. Med. Sci.*, 2006, 61(4), p. 388-393.

Menon V. P., Sudheer A. R., « Antioxidant and anti-inflammatory properties of curcumin », *Adv. Exp. Med. Biol.*, 2007, 595, p. 105-125.

Michaud D. S., Fuchs C. S. *et al.*, « Dietary glycemic load, carbohydrate, sugar, and colorectal cancer risk in men and women », *Cander. Epidemiol. Biomarkers. Prev.* 2005, 14(1), p. 138-147.

Mickelborough T. D., Rundell K. W., « Dietary polyunsaturated fatty acids in asthma- and exercise-induced bronchoconstriction », *Eur. J. Clin. Nutr.*, 2005, 59(12), p. 1335-1346.

Miller G. E., « Cynical hostility, depressive symptoms, and the expression of inflammatory risk markers for coronary heart disease », *J. Behav. Med.*, 2003, 26(6), p. 501-515.

Mozzaffarian D., Pishon T. *et al.*, « Dietary intake of trans fatty acids and systemic inflammation in women », *Am. J. Clin. Nutr.*, 2004, 79, p. 606-612.

Nanri A., Yoshida D. *et al.*, « Dietary pattems and C-reactive protein in Japanese men and women », *Am. J. Clin. Nutr.*, 2008, 87(5), p. 1488-1496.

Nilsson J., Bengtsson E. *et al.*, « Inflammation and immunity in diabetic vascular complications », *Curr. Opin. Lipidol.*, 2008, 19(5), p. 519-524.

O'Keefe J. H., Harris W. S. *et al.*, « From Inuit to implementation : Omega-3 fatty acids come of age », *Mayo Clin. Proc.*, 2000, 75, p. 607-614.

O'Reilly J., Upton M. *et al.*, « Plasma C-reactive protein concentration indicates a direct relation between systemic inflammation and social deprivation », *Heart,* 2006, 92, p. 533-535.

Pawlosky R. J., « Physiological compartmental analysis of alpha-linolenic acid metabolism in adult humans », *Journal of Lipid Research,* vol. 42, août 2001, p. 1257-1265.

Pek S. B., Nathan M. H., « Role of eicosanoids in biosynthesis and secretion of insulin », *Diabete. Metab.*, 1994, 20(2), p. 146-149.

Perry C. G., Cleland S. J. *et al.*, « Low-grade inflammation is notably suppressed by conventional anti-inflammatory treatment : A randomized crossover trial », *Heart,* 2004, 90(7), p. 804-805.

Pischon T., Hankinson S. E. *et al.*, « Habitual dietary intake of n-3 and n-6 fatty acids in relation to inflammatory markers among US men and women », *Circulation,* 2003, 108, p. 155-160.

Pradhan A. D., « C-reactive protein, interleukin 6, and risk of developing type 2 diabetes mellitus », *JAMA,* 2001, 286, p. 327-334.

Price C. L., Knight S. C., « Advanced glycation : A novel outlook on atherosclerosis », *Curr. Pharm. Des.*, 2007, 13(36), p. 3681-3687.

Pullen P. R., Nagamia S. H., « Effects of Yoga on inflammation and exercise capacity in patients with chronic heart failure », *J. Card. Fail.*, 2008, 14(5), p. 407-413.

Remasamy R., Yan S. F. *et al.*, « Receptor for advanced glycation end products : Fundamental roles in the inflammatory response. Winding the way to the pathogenesis of endothelial dysfunction and atherosclerosis », *Ann. NY Acad. Sci.* 2008, 1126, p. 7-13.

Ridker P. M., Stampfer M. J. *et al.*, « Novel risk factors for systemic atherosclerosis : A comparison of C-reactive protein, fibrinogen, homocysteine, lipoprotein(a) and standard cholesterol screening as predictors of peripheral arterial disease », *JAMA,* 2002, 285 (19), p. 2481-2485.

Rissanen T., Voutilainen S. *et al.*, « Fish-oil derived fatty acids, docosahexaenoic acid and docosapentaenoic acid, and the risk of acute coronary events : The kuopio ischaemic heart disease risk factor study », *Circulation,* 2000, 102, p. 2677-2679.

Roberts C. K., Won D. *et al.*, « Effect of a short-term diet and exercise intervention on oxidative stress, inflammation, MMP-9, and monocyte chemotactic activity in men with metabolic syndrome factor », *Journal of applied Physiology*, 2006, 100(5), p. 1657-1665.

Ronti T., Lupattelli G. *et al.*, « The endocrine function of adipose tissue : An update », *Clin. Endocrinol. (Oxf)*, 2006, 64(4), p. 355-365.

Rosenkranz M. A. *et al.*, « Neural circuitry underlying the interaction between emotion and asthma symptom exacerbation », *Proc. Nat. Acad. Sci. USA*, 2005, 102, p. 13319-13324.

Sala G., « Peripheral cytokine release in Alzheimer patients : Correlation with disease severity », *Neurobiol. Aging.*, 2003, 24(7), p. 909-914.

Shacker E., « Chronic inflammation and cancer », *Oncology*, 2002, 16(2), p. 217-226.

Sandoval-Chacon M., Thompson J. H. *et al.*, « Anti-inflammatory actions of Cat's Claw : The role of NF-kB », *Alimentary Pharmacology and Therapeutics,* 1998, 12, p. 1279-1289.

Shanmugam N. N., Figarola J. *et al.*, « Proinflammatory Effects of advanced Lipoxidation end Products in Monocytes », *Diabetes*, 2008, 57, p. 879, 888.

Schmidt E. B., Skou H. A. *et al.*, « N-3 Fatty acids from fish and coronary artery disease: Implications for public health », *Public Health Nutr.*, 2000, 31, p. 91-98.

Schulze M. B., Hoffmann K. *et al.*, « Dietary pattern, inflammation, and incidence of type 2 diabetes in women », *Am. J. Clin. Nutr.*, 2005, 82(3), p. 675-684.

Seidner D. L., Lashner B. A. *et al.*, « An oral supplement enriched with fish oil, soluble fiber and antioxidants for corticosteroid sparing in ulcerative colitis : A randomized, controlled trial », *Clin. Gastroenterol. Hepatol.*, 2005, 3(4), p. 358-369.

Serhan C. N., Savill J., « Resolution of inflammation : The beginning programs the end », *Nat. Immunol.*, 2005, 6(12), p. 1191-1197.

Silvera S. A., Jain M. *et al.*, « Dietary carbohydrates and breast cancer risk : A prospective study of the roles of overall glycemic index and glycemic load », *Int. J. Cancer,* 2005, 114(4), p. 653-658.

Sima A. V., Stancu. *et al.*, « Vascular endothelium in atherosclerosis », *Cell Tissue Res.*, 2009, 335(1), p. 191-203.

Simon J. A., Hodgkins M. L. *et al.*, « Serum fatty acids and the risk of coronary heart disease », *Am. J. Epidemiol.*, 1995, 142, p. 469-476.

Simopoulos A. P., « Omega-3 fatty acids in inflammation and autoimmune diseases », *J. Am. Coll. Nutr.*, 2002, 21, p. 495-505.

Simopoulos A. P., « Essential fatty acids in health and chronic disease », *Am. J. Clin. Nutr.,* 1999, 70 (suppl.), p. 560S-569S.

Simopoulos A. P., Leaf A. *et al.*, « Essentiality of and recommended dietary intakes for omega-6 and omega-3 fatty acids », *Ann. Nutr. Metab.*, 1999, 43, p. 127-130.

Sinclair A. J., Mann N. J., « Short-term diets rich in arachidonic acid influence plasma phospholipid polyunsatured fatty acid levels and prostacyclin and thromboxane production in humans », *J. Nutr.*, 1996, 126, p. S1110-S1114.

Steptoe A., Wardle J., « Positive affect and health-related neuroendocrine, cardiovascular and inflammatory processes », *PNAS*, 2005, 102(18), p. 6508-6512.

Suarez E. C., « C-Reactive protein is associated with psychological risk factors of cardiovascular disease in apparently healthy adults », *Psychosom. Med.*, 2004, 66(5), p. 684-691.

Surette M. E., Edens M., « Dietary echium oil increases plasma and neutrophil long-chain (n-3) fatty acids and lowers serum triacylglycerols in hypertriglyceridemic humans », *J. Nutr.*, 2004, 134, p. 1406-1411.

Syrenicz A., Garanty-Bogacka B. *et al.*, « Low-grade systemic inflammation and the risk of type 2 diabetes in obese children and adolescents », *Neuro. Endocrinol. Lett.*, 2006, 27(4), p. 453-458.

Takeuchi M., Yamaguishi S., « Possible involvement of advanced glycation end-products (AGEs) in the pathogenesis of Alzeimer's disease », *Curr. Pharm. Des.*, 2008, 14(10), p. 973-978.

Terry P., Lichtenstein P. *et al.*, « Fatty fish consumption and risk of prostate cancer », *Lancet,* 2001, 357, p. 1764-1766.

Tikellis C., Thomas C. *et al.*, « Cardia inflammation associated with a western diet is mediated via activation of RAGE by AGEs », *Am. J. Physiol. Endocrinol. Metab.*, 2008, 295, p. 323-330.

Tripathi S., Bruch D., Kittur D. S., « Ginger extract inhibits LPS induced macrophage activation and function », *BMC Complement. Altern. Med.*, 2008, 8, p. 1.

Unoki H., Yamagishi S., « Advanced glycation end products and insulin resistance », *Curr Pharm Des.*, 2008, 14(10), p. 987-989.

Upritchard J. E., « Effect of supplementation with tomato juice, vitamin E, and vitamin C on LDL oxidation and products of inflammation activity in type 2 diabetes », *Diabetes Care,* 2000, 23, p. 733-738.

Vanden Heuvel J. P., « Diet, fatty acids, and regulation of genes important for heart disease », *Curr. Atheroscler. Rep.*, 2004, 6(6), p. 432-440.

Vasto S., Carruba G., « Inflammation, ageing and cancer », *Mech. Ageing Dev.*, 2009, 130(1-2), p. 40-45.

Waite N., Lodge J. *et al.*, « The impact of fish-oil supplements on insulin sensitivity », *J. Hum. Nutr. Diet.*, 2008, 21(4), p. 402-403.

Wegge J. K., Roberts C. K. *et al.*, « Effect of diet and exercise intervention on inflammatory and adhesion molecules in post-menopausal women on hormone replacement therapy and at risk for coronary artery disease », *Metabolism*, 2004, 53(3), p. 377-381.

Willet W. C., « The role of dietary n-6 fatty acids in the prevention of cardiovascular disease », *J. Cardiovasc. Med.* (Hagerstown), 2007, 1, p. 542-545.

Wong K. W., « Clinical efficacy of n-3 fatty acid supplementation in patients with asthma », *J. Am. Diet Assoc.*, 2005, 105(1), p. 98-105.

Yaqoob P., Knapper J. A. *et al.*, « Effect of olive oil on immune function in middle-aged men », *Am. J. Clin. Nutr.*, 1998, 67, p. 129-135.

Yaffe K., « Inflammatory markers and cognition in well-functioning African-American and white elders », *Neurology*, 2003, 61(1), p. 76-80.

Yamagishi S., Ueda S., « Food-derived advanced glycation end products (AGEs) : A novel therapeutic target for various disorders », *Curr. Pharm. Des.*, 2007, 13(27), p. 2832-2836.

Yamagishi S., Matsui T. *et al.*, « Possible link of food-derived advanced glycation end products (AGEs) to the development of diabetes », *Med. Hypotheses*, 2008, 71(6), p. 876-878.

Yeh G. Y., Wayne P. M. *et al.*, « Tai Chi exercise in patients with chronic heart failure », *Med. Sport. Sci.*, 2008, 52, p. 195-208.

Yirmiya R., « Depression in medical illness : the role of the immune system », *West. J. Med.*, 2000, 173(5), p. 333-336.

Yudkin J. S., « Inflammation, obesity, stress and coronary heart disease. Is interleukin-6 the link ? », *Atherosclerosis*, 2000, 148, p. 209-214.

Ziccardi P., Nappo F. *et al.*, « Reduction of inflammatory cytokine concentrations and improvement of endothelial functions in obese women after weight loss over one year », *Circulation,* 2002, 105, p. 804.

# Carnet d'adresses

Les informations que vous trouverez ci-dessous sont régulièrement mises à jour sur le site :

www.lacureofficine.com

www.mapromesseantiagenutrimab.com

En plus des adresses utiles, vous trouverez de multiples informations sur la diversité des domaines d'intervention de la Promesse anti-âge : forum, conseils sur l'amélioration du style de vie, la nutrition, les compléments nutritionnels et la cosmétique.

Conseils sur la Méthode Nutrimab$^2$ :

www.lacureofficine.com ou sur le site www.mapromesseantiagenutrimab.com

Informations sur les apports en compléments nutritionnels :

www.mapromesseantiagenutrimab.com

Cosmétiques actifs, cures sources de bien-être, toutes les informations sur :

www.lacureofficine.com

## Les supermarchés bio et marchés bio

Naturalia

www.naturalia.fr

Biocoop

www.biocoop.fr

Les marchés biologiques à Paris :

*6ᵉ arrondissement*

Boulevard Raspail, entre les rues du Cherche-Midi et de Rennes ; métro Rennes ou Sèvres-Babylone ; ouvert le dimanche de 9 à 14 heures

*8ᵉ arrondissement*

Terre-plein boulevard des Batignolles ; métro : Rome ou Place de Clichy ; ouvert le samedi de 9 à 14 heures

## Les restaurants spécialisés

Restaurant *La Cigale Récamier*
4, rue Récamier – 75007 Paris
Tél. : 01 45 48 86 58

Bar à soupe et bar à jus
www.soup-juice.com

Les restaurants bio
www.dietobio.com/bio/fr/restaurants

Les restaurants végétariens
www.annuaire-parisien.com/restaurant-vegetarien-paris

## Autres adresses utiles

Où acheter la soupe miso ?
Vous trouverez la soupe miso dans les supermarchés asiatiques.

Où acheter un minitrampoline et un podomètre ?
www.decathlon.fr

Association française des praticiens en drainage lymphatique manuel
8, rue Émile-Gilbert – 75012 Paris
Tél. : 01 43 42 04 40

Fédération française de hatha-yoga
50, rue Vaneau – 75007 Paris
Tél. : 01 45 48 04 64
www.ff-hatha-yoga.com

Association française d'acupuncture
3, rue de l'Arrivée – 75749, Paris Cedex 15
www.acupuncture-france.com

Institut national de la santé et de la recherche médicale – Inserm
www.inserm.fr
Site très intéressant d'informations pratiques accessibles à tous, sur la santé, le bien-être, abordant des questions de société très variées : les dépendances, l'alcool, le tabac, le vieillissement, l'obésité chez les jeunes, etc.

Aprifel
www.aprifel.com
Cet organisme a pour mission de délivrer une information approfondie et actualisée sur les fruits et légumes et leurs effets sur la santé, auprès des professionnels de la santé.

Arborcom
www.arborcom.com
Ce site fournit de multiples informations en anglais et en français sur la nutrition, les vitamines, les minéraux, la nutrition des sportifs.

Bleu-Blanc Cœur
www.bleu-blanc-cœur.com
Ce site représente une association d'agriculteurs, d'éleveurs et d'industriels français de l'agroalimentaire qui, constitués en réseau, proposent des produits issus d'une filière dont la principale caractéristique est d'utiliser la graine de lin dans l'alimentation animale pour enrichir les produits issus de ces animaux en acides gras oméga-3.

Enreco
www.enreco.com
Ce site fournit un grand nombre d'informations sur l'histoire et les bénéfices nutritionnels du lin ainsi que des centaines de documents scientifiques sur les acides gras oméga-3 et oméga-6. Il permet de mesurer la différence de comportement des scientifiques français et américains concernant le problème posé par l'utilisation des graines ou de l'huile de lin en nutrition humaine.

# Remerciements

Je souhaite remercier les nombreux amis et partenaires qui m'ont assisté dans la rédaction et le processus de création de ce livre. Je tiens également à remercier toutes celles et tous ceux qui m'ont soutenu pour que ce projet voie le jour, et notamment :

Je remercie mon père, le professeur Yves Grosgogeat, dont la carrière me sert d'exemple. Assurant le rôle de mentor, il me donne le sentiment d'être à la fois protégé et stimulé.

Mon éditeur Odile Jacob pour son enthousiasme, sa vivacité d'esprit et son soutien.

Merci à Helena Compper, la responsable de l'équipe de recherche, sans qui ce travail n'aurait pu aboutir. C'est avec elle que nous avons très vite tracé les grandes lignes de ce qu'il faudrait dire dans ce livre, ainsi que la mise en cohérence de ce concept scientifique avec le mode de vie, la beauté et l'anti-âge. Je veux remercier son exceptionnelle patience et sa générosité qui m'ont soutenu depuis que je me suis consacré à l'exploration de la médecine intégrative.

Je remercie aussi mon frère Laurent Grosgogeat pour ses encouragements et sa vision internationale.

Je remercie également le professeur Bernard Swynghedauw, ancien interne des Hôpitaux de Paris, membre titulaire de la Société française de cardiologie et directeur de recherches émérite à l'Institut national de la santé et de la recherche médicale (Inserm).

J'adresse aussi tous mes remerciements au professeur Robert A. Vogel, docteur en cardiologie et professeur de médecine à l'Université du Maryland, directeur médical du Centre de longévité Pritikin en Floride (USA) ainsi que le président de ce centre, monsieur Paul Tager Lehr, qui ont tous les deux offert leurs conseils et leur accueil chaleureux dans ce projet de développement d'une médecine du style de vie.

Je tiens à remercier madame Janine Gallais-Hamonno pour avoir relu et apporté ses corrections pertinentes à ce livre et aussi monsieur Luc Jacob-Duvernet, éditeur, pour ses nombreux conseils et encouragements.

Mes remerciements à Mirco Braccini, photographe et directeur artistique de renom pour sa contribution à la photographie de la couverture de ce livre et à la directrice de la Société Casthel-Braccini, Castillane Cat-Rastler, pour ses talents de prospection des nouvelles tendances.

Merci à mes collègues de la faculté de médecine Paris-XIII qui m'ont apporté leur savoir, en particulier le docteur Izan Tsou-Ho, directeur de l'enseignement du diplôme universitaire de naturothérapie et le docteur Christian Charon pour leur ouverture d'esprit.

Je remercie également tous les patients qui m'ont gentiment autorisé à utiliser leurs témoignages. Cette méthode n'aurait jamais existé sans leur volonté d'explorer une voie alternative et nouvelle.

Merci à toute l'équipe de rédaction qui m'a aidé dans l'écriture de cet ouvrage.

Mon dernier remerciement ira à ma mère, Françoise, qui a parfaitement équilibré ses petits plats pour que je puisse mener de front consultations, recherches et écriture pendant ces dernières années.

Cet ouvrage a été transcodé et mis en pages
chez NORD COMPO (Villeneuve d'Ascq)

*Impression réalisée par*

CPI
BRODARD & TAUPIN

La Flèche (Sarthe), le 18-02-2011
N° d'impression : 62822
N° d'édition : 7381-2609-X
Dépôt légal : février 2011

*Imprimé en France*

*Imprimé en France*